中国制造企业转型升级与技术创新能力协同发展研究

王玉梅 等 著

本书是国家自然科学基金项目"产学研合作创新网络演化的机理、模型及政策研究"(批准号 71473055)、中国博士后科学基金第七批特别资助项目"传统企业转型升级技术改造模式、实现路径与机制研究"(批准号 2014T70058)、国家社会科学基金青年项目"企业技术创新的知识管理与人才管理耦合演化机理与推进机制研究"(批准号 09TQC016)、全国统计科学研究项目"基于技术创新动态能力视角的中国传统企业转型升级状况分析与促进对策研究"(批准号 2015LY09)、山东省自然科学基金项目"新时期中国制造业转型升级驱动因子萃取、模式映射对接与实施路径研究:技术能力视角"(批准号 ZR2016GM23)、国家自然科学基金项目"创新型企业成长要素协同与成长绩效:基于全要素视角"(批准号 71540017)的阶段性研究成果,受青岛科技大学学术专著出版基金资助。感谢陈忠全、梁玉冰对本书内容框架设计提出的建议。

科 学 出 版 社

北 京

内 容 简 介

本书依据技术创新理论、企业转型升级理论，以及系统动力学理论等理论，分析制造业转型升级与技术创新协同发展机理与动力。对制造业转型升级与技术创新协同发展过程，以及制造业技术创新与营销创新协同作用机理进行系统研究。本书以协同发展实现路径研究和协同发展制度、机制研究为落脚点，为转型升级与技术创新协同演化机理、定量评价、实现模式与路径研究奠定基础，既是对转型升级理论和技术创新理论研究的深化，也是对协同理论应用领域的拓展。

本书适合于技术创新、转型升级等相关领域科研工作者学习、研究参考使用。

图书在版编目（CIP）数据

中国制造企业转型升级与技术创新能力协同发展研究 / 王玉梅等著. —北京：科学出版社，2019.1
　ISBN 978-7-03-054952-5

　Ⅰ.①中… Ⅱ.①王… Ⅲ.①制造工业–企业升级–技术革新–研究–中国
Ⅳ.①F426.4

中国版本图书馆 CIP 数据核字（2017）第 260581 号

责任编辑：马　跃　李　嘉 / 责任校对：张林红
责任印制：张　伟 / 封面设计：无极书装

科 学 出 版 社 出版
北京东黄城根北街 16 号
邮政编码：100717
http://www.sciencep.com

北京虎彩文化传播有限公司印刷
科学出版社发行　各地新华书店经销

*

2019 年 1 月第 一 版　开本：720×1000　B5
2019 年 1 月第一次印刷　印张：13
字数：260 000
定价：106.00 元
（如有印装质量问题，我社负责调换）

作 者 简 介

　　王玉梅，女，1973年10月出生，管理学博士、博士后，烟台南山学院特聘教授、青岛科技大学教授，山东省科技项目评审专家。研究领域为技术创新管理、转型升级研究等。近年来，承担国家社会科学基金项目、国家自然科学基金项目、国家科技部重大项目、中国博士后科学基金第七批特别资助项目等纵向科研项目44项，在国家核心以上期刊发表论文80多篇，出版学术专著6部，获国防科技进步二等奖、黑龙江省科技进步一等奖、山东省社会科学优秀成果三等奖等科研奖励30余项。

前　　言

　　《中国制造企业转型升级与技术创新能力协同发展研究》是国家自然科学基金项目"产学研合作创新网络演化的机理、模型及政策研究"（批准号 71473055）、中国博士后科学基金第七批特别资助项目"传统企业转型升级技术改造模式、实现路径与机制研究"（批准号 2014T70058）、国家社会科学基金青年项目"企业技术创新的知识管理与人才管理耦合演化机理与推进机制研究"（批准号 09TQC016）、全国统计科学研究项目"基于技术创新动态能力视角的中国传统企业转型升级状况分析与促进对策研究"（批准号 2015LY09）、山东省自然科学基金项目"新时期中国制造业转型升级驱动因子萃取、模式映射对接与实施路径研究：技术能力视角"（批准号 ZR2016GM23）、国家自然科学基金项目"创新型企业成长要素协同与成长绩效：基于全要素视角"（批准号 71540017）的阶段性研究成果，受青岛科技大学学术专著出版基金资助。

　　新时期，国内外经济发展环境的变化对中国制造业的转型升级问题产生了强烈的倒逼因素并提出紧迫的要求，从协同视角研究转型升级与技术创新这个有机整体演化规律与发展问题已成为中国制造业发展急需研究解决的重要课题，具有重要的科学意义。结合"十三五"时期国家经济社会发展及学科发展的需要，加强对技术创新的战略方向引领，这必将突破传统学派的理论思想，形成中国管理学的新格局。本书以中国制造业为研究对象，将协同理论引入转型升级与技术创新的理论分析，给出中国制造业转型升级与技术创新协同演化机理；运用改进的复合 DEA（data envelopment analysis，数据包络分析）方法，对中国制造业转型升级与技术创新协同发展进行定量评价；运用 Vensim 计算机模拟仿真软件进行灵敏度分析，给出中国制造业转型升级与技术创新协同发展实现路径。这既是对转型升级理论和技术创新理论研究的深化，也是对协同理论应用领域的拓展。

　　王玉梅完成本书内容框架的设计，完成第 1~9 章主要内容的写作，研究生孙玉洁、周广菊、王玲慧、林双、徐祎柯、林婪等参与本书第 6 章部分内容的调研与分析，并在此基础上完成了研究生学位论文的写作。

目　　录

第1章 绪 论

1.1 研究背景

近年来，国内制造业纷纷进行了转型升级与技术创新，也取得了一定的成果，但有待进一步研究和探索的内容还很多。一方面，全球经济环境的大调整、大变革、大转换已给中国仍处于高成本、低效率发展模式的制造业带来严峻挑战；另一方面，中国正在加快实施的四大国家战略（即以转换经济发展方式为主线的全局战略，创新驱动发展战略，国民经济结构、产业发展结构调整和优化战略，坚持城镇化、信息化、工业化、农业现代化的同步协调发展战略），给作为上述国家战略实施主体的制造业提供了广阔空间和重要战略契机。

（1）随着国内外政治、经济环境的变化，出现了众多新业态、新技术，这给中国制造业通过技术创新与转型升级提升竞争优势，实现制造强国的战略目标，带来强烈的战略机遇与倒逼机制。

第一，全球金融危机给世界各国的国民经济增长、产业结构及社会需求带来的大调整使中国制造业技术创新与转型升级面临新的挑战和压力。

在全球经济结构急需调整的背景下，发达国家通过反倾销和反补贴税、制定劳工标准、提高关税、加强社会责任等手段实行经济贸易保护。未来经济发展的一段时期内，全球各国在市场、环境、技术、资源等方面的竞争更趋激烈，加上能源资源消耗、环境污染、气候条件的变化等全球性问题越来越复杂，国际经济发展进入相对低速增长期，由注重速度向注重质量转化，这将倒逼中国制造业通过技术创新与转型升级来应对竞争。

第二，全球新兴产业的不断涌现和科技创新加速发展，给中国制造业技术创新与转型升级带来新的发展机遇，同时也使中国制造业面临严峻国际竞争挑战。

目前，正在进入一个新兴产业快速发展的新时代。中国的新兴产业虽然已经具备了较好的发展基础，但是由于相关联的传统产业的技术基础还很薄弱，中国新兴产业的发展速度与发达国家的差距仍然较大。另外，由于新兴产业缺乏相应技术来源，抢占未来科技和经济发展制高点的竞争将会变得日趋激烈。

第三，国际生产方式的大转变和大变革，给中国制造业培育自身的国际竞争新优势提供了新的契机。

随着先进制造技术、工业技术与信息技术的深度融合，制造业企业的生产方式面临着虚拟化、数字化、知识化、敏捷化、网络化、全球化的大转变。新时代制造业发展不断突破时间、终端设备、空间的束缚，给中国制造业培育自身的国际竞争新优势提供了新的契机。因此，加快提升制造技术、工业技术与信息技术的深度融合，充分发挥技术创新在制造业转型升级中的驱动作用，是中国制造业实施转型升级和产业结构调整战略所面临的一项重大项目。

（2）我国经济发展要求加快转变传统产业发展方式的新任务、新形势，使中国制造业通过技术创新与转型升级提升竞争优势更加紧迫。

第一，国家实施的四大战略发展的宏伟目标，对中国制造业技术创新与转型升级产生紧迫要求。

目前，四大国家战略及具体目标如下。创新驱动发展战略：到 2020 年初步建成国家创新体系；国家发展全局战略：以加快经济发展速度为主向注重经济发展质量为主的经济增长方式转变；国民经济结构调整战略；环境发展战略：2020 年碳排放占单位 GDP（国内生产总值）比值与 2005 年相比降低 40%~45%。制造业占全国工业 GDP 的 96%，所以可以说，四大国家战略的实施主体是中国的制造业企业。没有中国制造业的技术创新与转型升级，国家战略是无法实现的。一方面，中国制造业转型升级本身就是国家四大战略的关键内容，并发挥着主体作用。另一方面，国家四大战略又为中国制造业实施转型升级与技术创新提供了明确而清晰的思路与目标，并对中国制造业加快实施技术创新与转型升级形成了紧迫的要求。

第二，中国制造业在长期的历史发展过程中依托低技术、高耗能、低人力成本的粗放型发展方式已难以实现可持续发展，必须加快制造业的技术创新与转型升级。

目前，中国已成为世界上具有重要影响力的工业大国，但是过度依赖低人力成本、传统技术和大量的环境、能源、资源消耗，已成为制约中国制造业发展的瓶颈因素。从未来的发展趋势看，随着制造业发展所需要的各种要素结构性矛盾的日渐突出，能源、资源、环境污染、气候变化等全球治理问题更趋紧迫。

第三，中国转变产业链低端运行格局的任务十分艰巨。

伴随着世界经济全球化、网络化、数字化发展的趋势，发达国家借助其技术优势，占据和控制了制造业主要产业链的战略核心环节。发达国家通过掌控制造业主要产业链的产品品牌、核心技术、网络销售渠道，以及全球经济大数据，控制了制造业主要产业链上的重要战略资源，不断获得制造业主要产业链上的高额利润。而中国制造业中的大部分企业是全球各个产业链上的生产型加工企业与装配企业，制造业主要产业链上的网络销售渠道、核心技术、精准专业的服务等"高端制造业产业环节"处于全球制造业主要产业链的中低端环节。因此，中国制造业通过实施转型升级与技术创新，在全球产业链上寻求竞争优势，是一项十分重要且艰巨的任务。

第四，中国新时期发展的工业化、城镇化、信息化、农业现代化同步协调发展的经济战略，为中国制造业技术创新与转型升级提供新的发展空间。

《中国企业转型升级的途径——百位企业 CEO 调查报告》通过对中国百家企业 CEO（chief executive officer，首席执行官）的调查发现，2008 年以来中国制造业面临的主要问题有：订单不稳定，内需不足，外需下降；风险控制意识不够、风险防控体系不全、风险管理能力不足；原材料价格大幅波动；产品创新与研发（R&D）投入不足；节能环保形势严峻；资金周转压力大，融资渠道不畅；人力资源结构不合理、人力成本上升。在国际竞争程度加剧及全球经济危机影响的背景下，中国制造业面临着如何发挥自身比较优势与竞争优势来提升国际竞争力的挑战。一是在国际新时期的分工体系下，中国制造业处于产业价值链的低端环节，风险承受能力较低，当面临国际经济、社会环境动荡时，高额利润绝大部分流向产业价值链高端环节。这些产业链高端环节以核心技术和精准的专业服务不断获得高额利润，使得产业价值链低端制造业所能获得的利润空间不断缩小。二是受外部环境的影响与内部条件的制约，中国制造业自主创新能力较为薄弱，关键核心技术和装备主要依赖进口，产品技术含量与附加值较低。三是资源短缺、原材料价格上涨、环保压力增大，制造业成本优势逐步丧失。四是中国制造业具有的国际知名品牌较少，行业集中度较低，规模经济发展不强。面对国际经济形势新格局，应尽快增强中国制造业自主创新能力，转变制造业资源要素驱动的粗放型的生产方式，提高制造业产品的高科技含量，提高智能制造能力，提高制造业企业的信息化管理水平。

综上所述，当前和未来时期，是中国制造业实施转型升级与技术创新的关键时期。本书将积极研究和着力解决中国制造业转型升级与技术创新的战略方向、动因、模式、路径与机制等突出问题，为中国制造业提升产业价值链地位，加快实现向新型智能化、网络化、信息化、数字化、工业化发展模式转变做出贡献。

1.2　问题的提出

据经济合作与发展组织（Organization for Economic Co-operation and Development，OECD）报告，制造业占该组织各国工业 GDP 的 92%以上，中国制造业的发展推动了中国近年来经济的高速度增长。然而，工艺落后、高耗能、低附加值、技术水平偏低、产业链水平低端等痼疾，始终阻碍着制造业的发展。2008 年之后，美、日、德等国意识到，制造业的落后发展是导致全球金融危机的重要因素之一，2016 年，美国制定了《美国制造业创新战略规划》，在该规划中，美国强调制造业技术创新、转型升级在国家发展中的重要地位。新时期，国务院印发的《中国制造 2025》提出坚持创新驱动、质量为先、绿色发展、结构优化、人才为本的基本方针。2016 年，《"十三五"国家自主创新能力建设发展规划》中，进一步将科技创新作为国家经济增长与社会发展的新引擎，提升了创新的战略高度。而科技创新及制造业升级不能凭空进行，必须以现有的产业资源及优势为基础。新时期我国国内外政治、经济、社会、技术发展环境发生深刻变化，十九大报告强调"加快建设制造强国，加快发展先进制造业"①，充分说明加快制造业转型升级对产业结构调整的重要作用。技术创新作为世界各国支撑制造业转型升级的主要动力，一方面能够提升制造业发展所需要的知识储备、专业能力和技术能力；另一方面，可以更有效地实现产业链和价值链从低端向 R&D、设计、品牌、服务等高端延伸，并最终决定着中国制造业能否成功转型升级。另外，必须基于战略的谋划，使创新供给和需求的连接率急速提升。

为此，从协同视角研究转型升级与技术创新这个有机整体的演化规律与发展问题已成为中国制造业发展急需研究解决的重要课题。

1）科学意义：为技术创新理论、转型升级理论、协同理论和制造业发展的交叉融合提供新的解释

从目前公开出版的国内外研究文献看，相关研究成果的内容包括技术创新、转型升级等很多方面。研究方法多是以描述性介绍和规范性分析为主的理论分析。研究形式大多数是论文，专著较少。对于中国制造业技术创新与转型升级协同的相关研究成果还非常少。

结合中国"十三五"时期的国家经济、社会、产业发展，以及学科建设的需要，针对中国制造业具体情况的转型升级发展与技术创新，应该加强对技术创新的战略方向引领。本书以中国制造业为研究对象，将协同理论引入转型升级与技术创新的理论分析，给出中国制造业转型升级与技术创新协同的演化机理；运用改进的复合 DEA 方法，对中国制造业转型升级与技术创新协同发展进行定量评价；运用 Vensim 计算机模拟仿真软件进行灵敏度分析，给出中国制造业转型升级与技术创新协同发展的实现路径。

---

① 习近平：决胜全面建成小康社会 夺取新时代中国特色社会主义伟大胜利——在中国共产党第十九次全国代表大会上的报告. http://www.gov.cn/zhuanti/2017-10/27/content_5234876.htm，2017-10-27.

2）应用前景：为中国制造业在新的历史发展时期实现高质量发展和供给侧结构改革提供重要的途径

"十三五"时期中国制造业如何实现供给侧结构改革已成为中国国民经济和社会发展中迫切需要解决的问题。除了实施更具竞争力的产业政策，从协同视角寻找适合中国制造业转型升级和技术创新的科学模式与实现路径是一个重要的途径。本书一方面从协同供给侧——技术创新视角研究制造业转型升级的驱动因子萃取，另一方面从协同需求侧——转型升级视角研究制造业技术创新模式映射对接，并给出两者协同发展的实现路径与制度政策保障机制，为促进创新技术向规模化、经济和高绩效的本土制造能力的转化，以及中国制造业转型升级政策的制定提供现实理论支持和决策依据。具体关键科技应用前景如下。

（1）对中国制造业发展新模式、新技术的选择具有多方面的启示。

根据实际发展需要，在众多的创新技术中，究竟有哪些技术创新驱动因素能够真正地影响中国制造业转型升级和产业结构调整？如何使中国制造业成功地实现转型升级？如何实现中国技术创新与中国制造业协同发展？发展的路径如何选择？市场需求与竞争的动态特征、技术自身的动态特征、企业自身的技术创新水平及政策保障体系等情境因素又会对中国制造业转型升级产生什么影响？通过对这些问题的研究，本书将为中国制造业制定与选择更为合理的转型升级与技术创新协同模式提供重要决策依据。

（2）实现制造业技术创新能够畅通地向中国制造业转型升级渗透。

中国制造业能否成功地、高效地转型升级，制造业所需的技术创新将起到至关重要的作用。那么，在全球经济大调整、大转换、大变革的背景下，如何建立有效的制造业转型升级与技术创新协同发展的推进机制？如何探索找到高效、科学的制造业转型升级与制造业技术创新协同发展的实现路径和模式？通过对上述问题的研究，本书认为制造业转型升级为科技成果转化提供了现实载体，将制造业的创新发展与转型升级融为一体，为大力推进网络化、数字化、绿色化、智能化制造提供理论参考。

（3）完善中国制造业发展、推进技术创新与转型升级协同的保障机制和制度政策体系。

中国制造业的转型升级与技术创新协同发展涉及成百上千万家企业，政府制度和政策环境究竟会对制造业转型升级与技术创新协同发展产生哪些影响？现行制度环境因素对中国制造业推进转型升级与技术创新协同发展又有哪些阻力与障碍？新型的制度政策保障机制包括哪些内容？如何才能使制度环境对中国制造业转型升级与技术创新协同发展起到有效作用？通过对这些问题的定性与定量研究，本书最终的研究结论将为政府制定与完善中国制造业推进转型升级与技术创新协同发展的保障机制、管理措施、制度政策提供重要的借鉴。

1.3 技术创新研究现状分析

近年来，国内的大量制造业企业纷纷进行了转型升级与技术创新协同，也取得了一定的成果，但有待进一步研究和探索的内容还很多。

国外学者最早开始对技术创新问题展开相关的研究。美国学者熊彼特最早提出了"创新理论"。他在《经济发展理论》（1912 年出版）一书中指出"创新是引起生产函数变动的最主要要素，而资金、劳动力也会引起经济规模的变化，但不会引起经济效率的变动"。他的理论成果指出经济发展不会随着投入的增加、规模的扩大而实现效率的增长。

20 世纪 50 年代，中国政府相关部门、产业界、学术界开始认识到科技发展对社会经济发展的促进和支撑作用，意识到必须依赖科技发展促进经济发展。

1）中国技术创新研究的领域概况

（1）创新研究的领域分布。

从研究领域分布看，中国技术创新问题的研究领域主要集中在企业创新研究、创新理论研究、产业创新研究、创新扩散研究等几个研究领域。在这些研究领域中学者们最关注的研究领域是自主创新研究领域、创新能力研究领域、创新机制研究领域、创新行为研究领域。

（2）各领域研究的主要问题。

创新研究领域的主要研究问题：有关二次创新问题、市场创新与产品创新的关系问题、非专利技术模仿相关问题、开放式自主创新相关问题、创新的一般模式与方式相关问题、供应商参与下的创新模式相关问题、顾客参与行为下的商业模式创新相关问题、创新与企业家精神相关问题、集成创新相关问题、创新的后方支持系统相关问题、经济增长与创新质量相关问题等。

在企业创新研究领域，企业创新行为相关问题、企业自主创新相关问题、企业创新管理相关问题、企业创新机制相关问题、企业创新绩效相关问题、企业创新能力相关问题、企业创新中的知识管理相关问题、企业创新环境相关问题等是中国学者主要研究的问题。在企业创新行为子领域，中国学者主要研究的问题是：大中小型企业规模不同的条件下的企业创新行为相关问题、企业技术创新行为的非均衡和非线性发展效率相关问题、国家经济体制转型和产业结构调整时期企业技术创新行为的科学化、合理化、效率化相关问题等；而企业创新潜力与企业家创新意愿及创造性效率的关系相关问题、企业的创新能力与创新需求依赖关系相关问题、中国企业整体的技术能力发展与各类跨国公司技术转移关系问题等则是企业创新能力子领域中国学者主要研究的问题；企业创新过程的协调合作相关问题、企业的创新实现途径相关问题等成为企业创新管理子领域中国学者主要研究的问题；企业创新网络中各节点企业如何推动核心企业制度创新的互动机制问题，从规模角度而言的大中型国有企业及三资[①]企业的企业冗员、创新机制、企业绩效与创新能力相关问题，企业网络能力与外部网络环境相关问题，创新之间的调节机理相关问题等成为企业创新机制子领域中国学者主要研究的问题；在企业创新环境子领域，中国学者主要研究的问题是：企业全员创新素质与创新环境协调关系相关问题、企业内外部创新环境协调相关问题；知识转移对企业自主创新能力的影响大小和稳定性相关问题、企业组织创新氛围提升企业自主技术创新能力的途径和模式相关问题等成为企业自主创新子领域中国学者主要研究的问题；在企业创新中的知识管理子领域，中国学者主要研究的问题是：企业创新能力形成过程中知识管理效率相关问题，企业知识整合、知识创新、知识扩散相关问题，企业创新文化机理与创新模式相关问题等；对创新绩效的影响计量相关问题、企业创新网络的协同绩效相关问题、企业文化创新绩效相关问题等成为企业创新绩效子领域中国学者主要研究的问题。

在产业创新研究领域，中国学者主要研究产业创新管理与产业创新机制两大类问题。产业技术创新管理再设计与流程再造相关问题、产业新产品概念创新与开发方法相关问题等成为产业创新管理子领域中国学者研究的主要问题。技术创新与产业组织的相互作用相关问题、路径创新与产业价值转移相关问题、战略新兴产业自主创新相关问题、产业创新的技术轨道相关问题、产业创新机制和产业创新效率相关问题、新兴产业绿色技术创新过程与实现模式相关问题等成为产业创新机制子领域中国学者研究的主要问题。

在创新扩散研究领域，中国学者主要研究的问题是技术创新溢出的动态门槛模式相关问题、创新扩散计量的随机模型相关问题、国际性技术外溢与对经济影响效果关系相关问题、技术创新转移中创新价格模型等。

区域创新系统的自主创新能力测度相关问题、政府创新政策体系相关问题、区域创新系统中的地方政府作用相关问题、国家创新系统与创新实现模式的相关问题成为创新体系领域中国学者主要研究的问题。

区域的技术创新能力与效率相关问题、区域间的知识管理与区域创新扩散相关问题、高技术产业区的创新网络实现与效率优化相关问题、区域创新方法与区域创新机制和效率相关问题等成为区域创新研究领域中国学者主要研究的问题。

（3）创新各领域研究的进展。

创新各领域主要研究进展是研究各领域的问题更加细化和深入。在企业创

---

① 三资是指中外合资经营企业、中外合作经营企业、外商独资经营企业等三资。

新研究领域，中国学者关注的研究重点主要集中在以下几个方面：①企业技术创新行为在不同治理环境下所产生的绩效影响问题。②全员创新和创新环境问题。③企业技术创新能力与地区资本结构优化的关系相关问题。④高新技术创新与传统企业协同发展的规律相关问题。⑤企业环境创新、技术创新互动机制相关问题。

中国学者的研究成果有以下特点。

一是自主创新、知识管理创新、创新创业、协同创新等新的研究领域得到关注。

二是企业创新、创新体系、创新扩散等领域的研究相对集中、持续深入。此外，供应商创新、组织因素对创新的影响，客户创新、新产品开发与供应商参与等也成为研究集中领域。

2）中国技术创新方法与模型研究的进展

中国学者的研究领域和研究成果主要集中在国外技术创新理论、国外创新思想对中国传统学术思维方式的影响等方面。研究方法与模型主要是问卷描述性统计分析调查方法与模型、案例调研和分析方法与模型、逻辑归纳方法与模型、逻辑推演方法与模型，对国外的结构化的创新理论研究不够深入。

3）学者对技术创新研究的有关争论

（1）学者对创新理论起源的有关观点。

国内外学者研究技术创新问题时间较长。其中，亚当·斯密（Adam Smith）被认为是现代创新理论的奠基者，熊彼特被认为是"创新理论"的开创者，卡尔·马克思（Karl Heinrich Marx）被认为是最早提出创新是隐藏的社会经济发展与进步最为重要的核心推动力的学者。

（2）学者关于企业是创新主体的争论。

在早期的市场经济下，学者们关于技术创新研究的观点中，提出了企业应是技术创新的主体。侯经川和姜彦福（2004）、傅家骥（1998）、雷家骕和施晓江（2007）等提出了技术创新的核心主体应该是以经济利益为目标的企业。但是在具体内涵研究中，一些学者认为，企业应为创新的投资主体、技术应用主体、决策主体、受益主体，另一些学者认为企业应为创新的 R&D 主体、投资主体、决策主体、受益主体。雷家骕进一步提出，在当今国内外环境下，企业可以是R&D 主体，因为科技创新、经济发展、环境变化均是极为迅速的，而面向新产品开发的技术整合企业不可能依靠自己的资源来开发、研究所有所需要的技术，尤其是面向批量化产销、产业链、供应链的技术整合与创新需求，使企业认识到，创新是企业应对新形势、新环境的有力支撑，是不能规避的现实。

企业从新产品创意出发，面向新产品开发的新技术的使用、新技术的整合、新技术的引入、新技术的选择。新技术的开发必须与最初创意的产品协调发展。

（3）学者们对创新扩散相关概念的有关争论。

技术转移、企业技术创新扩散概念是学者们争论比较多的，从这三个概念的内涵本质上看，企业技术创新扩散是企业技术创新所拥有的技术、信息、知识被其他企业引入、模仿、消化的过程。技术扩散是指技术、知识、信息的传播，以及企业新技术被非所有者购买、使用的过程。企业技术转移与企业技术扩散相比较，其差别在于企业技术扩散是无明确目标的，企业技术转移是有明确目标的；企业技术转移中，企业作为技术拥有者，通过知识产权等方式，有明确的谋利目标要求，但是企业技术扩散难以通过知识产权保护等方式寻求回报，其是市场化的行为。

（4）学者们对产业创新路径的有关争论。

目前国内产业发展所需技术，实际上有两种产业创新路径：一种是产业"市场导向"创新路径；另一种是"投资导向"创新路径。

（5）学者们对区域创新模式"谁优谁劣"的有关争论。

由于区域创新能力、区域经济发展水平、区域创新技术需求不完全一致，目前似乎还难以断言现有关于区域创新模式的观点"谁优谁劣"。

4）中国技术创新研究成果中有价值的研究成果

（1）关于创新概念的界定。

在熊彼特（2012）创新概念基础上，中国学者一致认为，技术创新就是以获取商业超额利益为目标，企业家抓住新兴市场的盈利机会，建立起效能更强、费用更低、效率更高的运作系统，并重新组织生产要素和条件，不断地创新产出。也有学者认为，技术创新就是一个新的技术思想从提出，到实验，再到实施的过程，是社会经济性与知识产权或技术发明相结合变为产业技术的实践过程。也有学者指出，"技术创新不仅包括新产品的开发研究，它本质上是一项系统工程，还包括生产方式和工艺创新、观念创新、市场创新等方式的结合"。

（2）企业创新较有价值的研究成果。

创新的主体是"企业"等相关问题，形成了较有价值的成果。例如，傅家骥（1998）在国内学者还没有认识到技术创新对企业、社会、经济发展重要性的背景下，就在国有企业改革中引入了技术创新的概念，并系统地阐明了技术创新的构成要素，以及技术创新对企业、社会、经济发展的重要性。黄擎明和蔡宁（1994）研究了工业企业技术创新模型。陈金贤和杨凤林（1996）指出企业技术创新与企业家精神之间存在着密切的关系。顾新一等（1993）提出了"企业二次创新过程模式"。吴晓波等（2009）根据"二次创新"提出了技术创新与技术创造的"后发优势"模式、条件、机理。关士续（2002）从可持续发展角度对企业技术创新能力进行了综合评价，建立了企业技术创新机制模型，阐述了技术创新可持续发展机制。官建成和陈凯华（2009）分析了企业治理结构，建立了治理结构对技术创新行为互相作用和影响的机制模型，揭示了关键因素之间的互动关系及其变化规律，分析了企业创新行为和企业核心竞争力之间的关系。

（3）创新扩散较有价值的研究成果。

学者从三个关键管理过程角度出发，分析划分了技术创新扩散过程，即创新供给者与创新采用者之间的创新交流管理子过程、创新采用管理子过程、创新供给管理子过程。李垣等（2008）从随机因素分析出发，构建了资源供给约束下的创新随机扩散与经济增长模型。

（4）产业创新较有价值的研究成果。

蔡希贤和史焕伟（1995）揭示了汽车、零件、半导体、计算机、电子等产业形成与发展的规律，以及创新的过程构成。雷家骕和施晓江（2007）构建了电子企业技术轨道的数理分析理论和理论定性分析框架。谢伟等（2011）提出了产业技术学习过程与产业创新绩效模式。

（5）区域创新较有价值的研究成果。

对于区域创新方面的研究，国内也有较大进展。程源和傅家骥（2002）对"技术后发性"特征进行了概括，提出了区域创新与"技术区域"概念；其中，程源提出了区域分析视角下技术创新能力的研究框架、区域分析视角下模仿创新的效应模型、区域分析视角下空间相对科技实力的异质性概念；傅家骥则给出了区域技术创新能力的地理空间测算模型，以及区域分析视角下后发区域（技术）创新系统的边界特征、运行特征、模式选择、提升路径。魏达志和陈光（2002）从区域分析视角提出了改进的 A-U（Abernathy-Utterback）模型，并对该分布的形成原因进行了分析。

1.4　转型升级理论研究现状

1.4.1　转型升级的国外理论研究现状

关于转型升级的国外研究文献都是将升级和转型分开单独进行研究，研究成果也区分为升级研究、转型研究，还没有发现将两者合并起来的研究。

1. 转型理论的国外研究成果现状

本书首先选择国际顶级管理类期刊，按这些期刊的影响力高低不同，选择具有较高影响因子的期刊，对转型理论的国外研究成果进行梳理。其中国外学者Tsui 等（2004）总结出管理领域的十大期刊分别为 AMR（*Academy of Management*

Review）、ASQ（*Administrative Science Quarterly*）、AMJ（*Academy of Management Journal*）、SMJ（*Strategic Management Journal*）、ROB（*Research in Organizational Behavior*）、HRM（*Human Research Management*）、JOM（*Journal of Management*）、OS（*Organization Science*）、JB（*Journal of Business*）、JIBS（*Journal of International Business Studies*）。在综合考虑各期刊的影响力后，本书最终选定 AMR、ASQ、AMJ、SMJ、JOM、JIBS、OS、HRM 作为目标期刊，在 EBSCOhost 和 ProQuest 中进行检索。需要指出的是，SMJ 和 OS 分别创刊于 1980 年和 1990 年。因而，这两个期刊的检索范围分别是 1980~2015 年和 1990~2015 年。与此同时，为了使文献的检索更全面，本书又扩充了部分相关文献的检索，如 *Information Knowledge Systems Management*、*Strategy & Leadership* 及 *Systems Engineering* 等，最终本书共确定 118 篇相关文献，如表 1-1 所示。

表 1-1 发表"转型"相关研究成果的期刊文献（时间范围：1980~2015 年）（单位：篇）

期刊名称	关于转型文献数量
Academy of Management Journal （AMJ）	13
Academy of Management Review（AMR）	7
Administrative Science Quarterly（ASQ）	9
Strategic Management Journal（SMJ）	9
Journal of Management（JOM）	3
Journal of International Business Studies（JIBS）	7
Organization Science（OS）	8
Human Research Management（HRM）	7
Information Knowledge Systems Management	5
Strategy & Leadership	4
Systems Engineering	2
其他	44
合计	118

通过以上文献统计数据，可以发现文献统计数据较多的转型国外研究成果主要集中于转型影响因素研究、转型战略研究、转型模型分析、转型的实现路径研究和其他主题几个方面。有关转型的国外研究文献主题分布具体如表 1-2 所示。

表 1-2　发表"转型"相关的研究文献主题分布（时间范围：1980~2015 年）（单位：篇）

研究主题	1980~1989 年	1990~1999 年	2000~2005 年	2006~2015 年
企业转型的战略	0	6	13	14
企业转型的影响因素	0	4	13	9
企业转型的实现路径	0	6	5	11
企业转型的模型分析	12	6	1	4
其他主题	1	3	5	5
合计	13	25	37	43

　　1）企业转型的界定

　　较多学者关于企业"转型"的界定是从组织行为学视角进行的，提出"转型"是组织在结构、形式、性质上所发生的变革，其目的是解决组织的创新能力、创新核心流程、"转型"与创新意识、"转型"精神、进化等方面的问题。"转型"是参与者在思想上、认知上、行为上的全新的变革，需要结合人力资源管理、部门经理、高层管理、工会等，从外围变化逐步转向企业关键的内部业务调整与变革。"转型"是实现运营方式转变的最有效的方式，"转型"可以使组织结构对于可变的外部环境更具有弹性。"转型"以企业横向作业流程为经营管理的主轴，以促进组织的成长、质量、服务等获得踊跃式的改造。国外学者还从电子商务、危机管理等其他视角对"转型"进行了研究。Daniel 和 Wilson（2003）从电子商务的视角来研究企业转型，指出企业必须具备动态能力，市场经理要能够用新的方式整合资源，快速并不断地获取额外的资源，而不能仅依赖目前所拥有的资源。从危机管理的视角，Lengnick-Hall 和 Beck（2005）指出，企业必须调整经营结构，以快速地应对所面临的内外部危机情境，这被称为"转型"。

　　2）企业转型的战略研究

　　有学者指出，转型战略是企业长期的运营模式、文化特征、经营方向、资源配置方式、相应的组织方式等所做出的根本性转变，以面对外部竞争和市场压力、提升社会价值、重塑竞争优势，当环境变化时，转型战略可以引导企业成功转型。企业主动预见未来，"转型"大师博西迪和查兰（2003）曾言，"现在，到了我们彻底改变企业思维的时候了，要么转型，要么破产"。Linder（2004）等也提出了驱动转型的外包战略，以有效实现企业的转型。还有一些学者提出了其他的转型战略，如精益企业战略，他们指出采用该战略需要两个阶段转型过程，即采用精益工具、文化转型。

3）企业转型的影响因素研究

企业转型的影响因素包括结构调整、信息化、企业文化、制度变革、全球化、技术创新、企业重组等。Newman（2000）指出制度转型导致企业发生了战略、结构及文化等的重大变革。Haveman（1992）研究了组织的影响因素，认为现有能力与新的活动协同程度对组织变化起到重要的影响，指出在环境发生突发性的改变条件下，现有能力与新的活动协同关系越密切，组织的生存机会和运营绩效就越好。Nightingale 和 Mize（2002）认为企业文化是影响企业转型的重要因素。Philip 和 McKeown（2004）从创新文化与管理文化的研究视角，指出类似于家庭的社会关系是组织转型成功的关键因素，这种文化关系可以提高团队的绩效，减少战略重组并产生效益。

4）企业转型的实现路径研究

Leifer（1989）指出转型是组织实现可持续发展的根本途径。Amburgey 和 Miner（1992）与 Leifer（1989）持同样的观点，指出组织如果用旧的方案，应对变化的环境，解决新的问题，可能不会产生更高的绩效，因为转型是一项昂贵并冒险的事业（Murray and Greenes，2006）。企业转型意味着整个企业从某种当前的状态到期望的未来状态的一种重要改变，它可能需要相当长的时间，并使企业付出巨大的代价。基于不同研究视角，国外学者们对"转型"实施方案进行了研究：一是基于重组的视角（Davidson，1999；Caverlee et al.，2007）；二是基于联盟集群的视角（Ghandour et al.，2004）；三是基于信息技术使用的视角（Herbert，2009）。很多成功的公司基于运转良好的企业资源规划（enterprise resource planning，ERP）系统，实现了企业转型（Molla and Bhalla，2006；Srinivasan，2010）。

5）企业转型的模型分析

国外有学者提出了关于企业组织转型的模型，包括间断平衡模型（Gersick，1991）、二级变革模型（Arranz and de Arroyabe，2008）、三阶段模型（Davidson，1999）、耗散结构模型（Gereffi，2009）等。

2. 升级理论的国外研究成果现状

在 1980~2015 年的国外文献中分别以"updating""upgrading""promotion"等为主题搜索，可以确定 34 篇比较相关的文献，涉及"升级"影响因素研究、"升级"的实现路径研究、"升级"内涵界定研究等。"升级"理论研究的文献成果主题分布具体如表 1-3 所示。

表 1-3 发表"升级"相关的研究文献主题分布（时间范围：1980~2015 年）（单位：篇）

研究主题	1980~1989 年	1990~1999 年	2000~2005 年	2006~2015 年
企业升级的影响因素（factors affecting enterprise upgrade）	0	2	5	4
企业升级的实现路径（implementation path of enterprise upgrade）	2	1	6	3
企业升级界定等其他主题（other topics）	0	2	8	1
合计	2	5	19	8

1）企业升级的定义

尽管"升级"通常与技术变革、技术创新联系起来，但是必须把"升级"与"创新""变革""技术"等概念区别开来。国外学者从不同角度对"升级"进行了内涵界定，如 Cusmano 等（2010）从全球价值链的角度分析，对"升级"进行了内涵界定，认为"升级"是指从劳动力要素密集型向技术要素密集型或资本要素密集型发展，从而更具获利能力的发展过程。Gereffi（1999）认为"升级"是指进入新的领域，与竞争对手相比能够更加快速、更加高质量地推进业务的过程，从事更高附加价值的活动。Giuliani 等（2005）将"升级"定义为，生产更有效率、制造更好产品、转入技术含量更高的活动过程，或从事新的生产（或服务）的功能来实现企业的可持续发展。

2）企业升级的影响因素

Nelson 和 Phelps（1966）提出了"升级"的生物进化系统演进的观点。Mainga 等（2009）指出能力和技术升级在提高国际企业的竞争优势方面是至关重要的，企业提供的培训可用来持续升级企业的技术水平。Meyer 和 Sinani（2009）从知识管理的角度认为升级是企业运用知识资源、提高产品的知识内涵的能力。Eggers（2015）从供应链角度指出升级应与国际供应链战略相一致。

3）企业升级的路径研究

从全球价值链的角度，国外学者研究了企业升级路径。van Leeuwen 和 Klomp（2006）认为，实现升级的路径如下：委托代工制造（OEM）[①]→R&D 设计（ODM）[②]→自主品牌（OBM）[③]。Haspeslagh 和 Jemison（1991）则认为，OEM企业升级战略有两类：一类战略是从 OEM 到 ODM 再到 OBM 逐步升级；另一类战略是通过构建设计能力、营销能力、管理能力直接向 OBM 升级。

---

① OEM：original equipment manufacture，即贴牌生产。

② ODM：original design manufacture，即原始设计。

③ OBM：original brand manufacture，即定牌生产。

1.4.2　转型升级的国内理论研究现状

本书对 1980~2015 年中国学者在核心期刊上发表的文章进行检索，其中，有关"升级"的文章共有 196 篇，有关"转型"的文章共有 612 篇，有关"转型升级"的文章共有 145 篇。企业升级、转型相关的定义如表 1-4 所示。

表 1-4　企业升级、转型相关的定义

研究内容	主要观点
企业升级	升级是开发新品牌、新服务、新技术、新市场、新产品的动态过程；升级是企业创新能力不断提升的过程
企业转型	转型是组织进行变革，提升组织竞争力的过程；转型是知识资源在企业中充分运用的过程
企业转型升级	转型升级是由低附加值状态、产品低技术状态向高附加值状态、产品高技术状态演变的过程

从研究主题分布来看，"转型升级"的国内文献研究成果主要集中在转型升级战略主题、技术创新主题、管理模式主题、商业模式主题、文化力提升主题、制度升级主题等方面。从研究时间分布来看，"转型升级"的研究成果主要集中在 2000 年之后。具体研究成果文献分布见表 1-5。

表 1-5　"转型升级"文献成果重要期刊分布（时间范围：1980~2015 年）（单位：篇）

研究主题	主要研究内容	1980~1999 年	2000~2005 年	2006~2015 年
转型升级战略	转型战略	0	0	9
	升级战略	0	0	3
	转型升级战略	0	0	4
技术创新	公司治理与技术创新	33	119	104
	技术创新模式、战略、路径	29	136	87
	技术创新能力	23	77	101
	技术创新现状	27	102	42
	技术创新体系	22	73	50
	技术改造	3	1	7
	其他	39	105	135
管理模式	信息化	738	3 725	3 163
	供应链管理	7	348	539
	组织创新	175	1 302	1 521
商业模式	营销	2	19	53
	品牌	1	7	31
文化力提升	企业家精神	6	12	21
	企业社会责任	39	48	1 290

续表

研究主题	主要研究内容	1980~1999 年	2000~2005 年	2006~2015 年
制度升级	企业制度改革	547	100	35
	政府制度	6	25	26
合计		1 697	6 199	7 221

1. 企业转型升级战略研究

要成功实施转型升级战略，企业必须在人力资源管理创新、组织管理创新、财务管理创新、市场营销创新、风险控制创新、生产管理创新、企业文化创新等方面采取有力措施。有学者指出为有效地推动企业战略转型，中国企业需要高质量地提高自身创新能力，他们认为用战略驱动的方式可以引导，并使企业成功实现转型升级。企业是整个行业中最基本的单位，因此有学者指出，要想实现区域产业成功升级，就必须提高区域内相关企业的整体营利能力。而产品是企业最基本的输出单位，从产品角度看，要提升区域产业经济效率，有必要提高产业产品创新附加值。毛蕴诗等（2016）提出了基于产品的升级战略和基于流程的升级战略，即基于全球价值链治理的中国纺织企业转型升级战略。中国政府、企业和学者都同意这种观点，即为了实现长远发展，企业必须准确制定转型升级战略，企业必须实施转型升级。企业转型升级战略的形成不是内生的，而是由外而内的，它的目的是为企业发展提供持久的竞争优势。

2. 企业技术创新问题

有学者认为，全球价值链中发展中国家企业的升级主要是自主创新驱动的，特别是嵌入全球价值链的企业更依赖于技术创新来实现其升级（龚三乐，2011）。熊彼特指出，技术创新是实现企业转型升级的系统关键因素。技术创新是将生产要素的"新组合"引入生产系统来实现新一轮的发展。

因此，技术创新相关问题是组成企业转型升级体系的最为重要的部分。国内学者主要从以下几个方面展开研究（表1-6）。

表1-6 国内"技术创新"研究成果

研究视角	主要内容
技术创新与公司治理视角相关研究	企业家技术创新的行为特征；企业创新管理系统；技术创新与股权结构制度
技术创新路径与模式视角相关研究	自主创新路径；创新模式；产品创新；创新影响因素问题研究
技术创新能力与技术创新现状相关关系研究	技术创新环境与不完善技术能力的关系；测量技术创新能力和环境因素；技术创新的约束；二元创新系统分析

续表

研究视角	主要内容
技术创新体系视角相关研究	管理模式创新；技术创新与资源配置；制度建设；战略方向选择；技术部署模式
影响因素视角相关研究	核心能力与技术创新；技术创新的内阻力与外动力；市场环境与技术创新；风险影响因素
绩效与效率视角相关研究	技术创新绩效影响因素问题；企业技术创新绩效测度与评价指标体系

1）技术创新与公司治理方面

杨建君等（2002）认为技术创新是实现组织效率提升的重要途径。通过技术创新管理系统的有效运行，企业可以整合公司内外部资源，提高创新效率，实现公司治理的合理性。冯根福和温军（2008）对公司治理与技术创新关系进行了理论探讨和实证分析。王益谊和席酉民（2001）通过对企业家技术创新行为特征的调查，建立创新能力、创新决策、创新动力和创新意愿的关系模型，对模型进行定量和定性分析，揭示企业家重要的创新决策行为是创新动力、创新力量和创新能力的全面反映。

2）技术创新路径与模式方面

学者们讨论了公司股票市场价值与公司 R&D 合作之间的关系，为公司的 R&D 路径提供参考。柳卸林（2008）分析了通过产品升级来实现企业自主创新的路径。汪建成和毛蕴诗（2007）探讨了全球化和自主创新的背景下中国企业追赶创新的策略。

3）技术创新能力

李元旭和谭云清（2010）调查发现，国有大中型规模企业的技术创新支撑条件与动力机制不完善、创新效率与企业效益增长机制不够健全。魏江和叶波（2002）基于吸收能力和溢出效应，提出了提升公司技术创新能力的途径。也有学者基于国际服务外包模式的知识溢出，提出了企业的学习方式、学习内容和创新吸收路径。

4）技术创新现状

李新春（1996）从政策法律支持、社会服务环境支持和金融环境支持三个不同角度比较了中国、韩国和日本这三个国家的创新环境，指出由于存在法律法规不健全、技术创新体系不完善、政府和金融机构支持力度不够、社会服务体系发展滞后等问题，这三个国家的技术创新状况存在区别。

5）技术创新体系

国内学者主要从管理模式、技术创新体系构成、技术要素配置等方面针对技术创新体系问题进行了研究。

6）政府与技术创新

林忠等（2009）认为国家应推动建立国家创新体系（包括 R&D 体系、教育体系、法律制度体系、技术信息网络体系、经济结构调整政策体系、财税政策体系），制定投资结构政策和产业结构调整政策，这样有利于新技术的扩散，同时可以充分地发挥国家在企业技术创新中的作用。全允桓和戴浩（1995）指出政府主体应从创新政策和创新税收优惠政策入手，鼓励企业开展技术创新，着力培育和扶持一批优势企业。

7）影响因素

夏晖和曾勇（2005）认为，企业可以通过技术创新，依靠核心竞争力，将业务领域拓展到不同的行业。技术创新的内外部阻力侧重于风险、生产惯性及 R&D 成本。此外，市场的不确定性和市场竞争带来的压力是企业间技术创新合作的必要条件和方式。

8）绩效与效率

国内学者关于绩效和效率的研究成果主要集中在企业技术创新绩效的测度、技术创新效率的评价指标体系以及效率影响因素的分析上。

3. 企业管理模式研究

学者们就信息化管理模式、网络化管理模式、组织创新、供应链管理等管理模式和企业转型升级的关系，以及管理模式的自身升级展开研究。学者霍国庆（2002）认为企业信息化的管理模式，一定会大大提升企业的经营效益。辜胜阻和杨威（2011）认为网络化的管理模式有利于企业的跨越式发展和转型。也有学者认为组织创新、供应链管理模式会影响企业升级的模式与路径。

企业管理模式的国内研究代表性成果如表 1-7 所示。

表 1-7 企业管理模式的国内研究代表性成果

研究视角	研究主题	主要内容
信息化管理	ERP 管理模式	成功应用的关键因素；内外部环境分析；风险控制；供应商选择
	数控管理模式	数控产业发展；数控技术在企业中的运用
	电子商务管理模式	电子商务战略；中国电子商务发展现状；电子商务的应用；电子商务系统
	管理信息系统（management information system，MIS）管理模式	管理信息系统应用；评价模型与方法；管理信息系统的建设
供应链管理	全球价值链嵌入管理模式	全球价值链资源整合；全球价值链与技术创新；企业转型升级
	供应链整合管理模式	供应链整合力量；企业升级和供应链整合；供应链整合和企业绩效；循环经济和闭环供应链企业升级

续表

研究视角	研究主题	主要内容
组织创新管理	人力资源管理模式	企业绩效与差异化人力资源管理模式的关系；多维比较的人力资源管理模式；模式的选择与设计；组织创新与员工创新行为关系
	组织变革管理模式	组织变革过程；组织变革与企业绩效；创业研究；组织变革与企业创新
	战略联盟管理模式	战略联盟特征与绩效；技术创新联盟与风险；国际战略联盟的合作
	企业集群管理模式	企业集群的竞争优势；集群与企业竞争力；企业集群与转型升级；集群网络结构与发展；知识溢出与集群内管理相关影响；集群文化精神与企业集群绩效

信息化管理研究视角的企业管理模式研究方面，白海青和毛基业（2011）构建关键因素因果模型，实证分析了影响 ERP 成功应用的企业管理模式。同时，描绘了关系网络，系统地阐述了一个全面的 ERP 系统成功应用的过程，既有利于理解要素间的因果关系，也可以指导企业支持和维护系统的平稳运行。有学者认为供应关系直接影响到企业竞争力的高低，指出供应商选择是供应链采购管理中的重要部分，并对供应商选择决策集成化 ERP 管理软件展开研究，提出供应商的选择准则。

李元旭（2001）分析了电子商务的交易费用基础和发展障碍。金占明和刘静国（2004）就国内企业电子商务的实施现状、实施效果、开展动机、对行业竞争的影响等内容展开研究。陈国权和马萌（2000）认为设计完整合理、运行无误的管理信息系统，有利于组织正确及时地监察到外部的机遇与问题，另外，为了能够达到正确的位置和目标，公司必须提供正确的信息，以促进组织学习过程的顺利进行。

在供应链管理研究视角的企业管理模式研究方面，学者们在该领域的主要研究内容包括：供应链整合力量；企业升级和供应链整合；供应链整合和企业绩效；循环经济和闭环供应链企业升级；等等。谭力文等（2008）发现在经济全球化背景下，发达国家的跨国公司控制了全球价值链的高端环节，并获得了超额利润。李维安（2001）发现大部分本土公司都处于低附加值状况和低端价值链位置，并且无法真正嵌入主流全球价值链。例如，中国服装业处于全球价值链增值的最低端的位置上，其国际竞争力非常脆弱。因此，为了逐步实现全球价值链的升级，本土企业必须提高自主创新能力，使企业在嵌入全球价值链过程中的地位不断提高，并与其他环节积极互动，实现创新链接。

在组织创新管理研究视角的企业管理模式研究方面，学者们在该领域的研究内容主要包括：企业绩效，人力资源管理模式与组织变革过程，企业绩效与组织变革关系，企业集群与转型升级，战略联盟的绩效、形式、特征，企业集群的竞争优势。在人力资源管理模式方面，赵曙明（2001）构建分层回归模型，对中国100家跨国公司的典型样本进行观察研究，分析国际化水平、人力资源管理与企业绩效的关系。结果表明，国际化水平、人力资源管理和企业绩效之间存在着积极的因果反馈关系。在组织变革管理模式方面，韩立丰和王重鸣（2011）在适应观和生态观基础上，透过一个创业的视角来研究组织变革的过程，并在不稳定状况因素下分析动态竞争研究的框架，并进一步分析了企业与内外部生存环境共同演化的过程。基于组织变革的视角，陈劲等（2012）考察了企业开放式创新问题，认为开放式创新的开创与实施首先开始于组织制度保障和组织结构调整。在战略联盟管理模式方面，学者探讨了国际合资企业的成功与当地合作伙伴的战略特征和组织特征之间的关系，结果表明一些国际合资企业的绩效与当地合作伙伴的战略特征和组织特征显著相关，这为国际战略联盟的建立提供了参考。龚三乐（2009）通过建模分析和理论文献回顾与整理研究，发现通过外部资源吸收、外部经济与学习能力调整、区域经济与组织联盟等方式，企业可以实现嵌入式全球价值链的集群升级。在企业集群方面，魏江和叶波（2002）分析了创新集成与持续竞争优势的关系，认为创新集成的实现关键在于集群学习与挤压效应。而吴晓波等（2004）认为机会主义会降低本地公司的财务业绩和创新水平。有学者通过样本分析和深入调查发现，战略联盟中的资源互补性可以提高联盟的创新绩效和财务绩效。徐二明和徐凯（2012）运用资源概念的分析方法，通过分析共享资源异质性的组成，阐明了基于共享资源的集群企业竞争优势。一些学者还从组织创新与员工创新行为之间的关系分析了组织创新对员工升级的影响。

4. 企业商业模式升级研究

学者对商业模式的研究是现代企业转型升级的重要研究内容。商业模式由企业资源和能力、客户价值、营利能力组成，它是一个三维管理模型。商业模式升级可以成功地促进企业升级。国内学者对商业模式的研究主要从品牌、营销及商业模式创新等方面展开，认为创建强势服务品牌是服务企业实现差异化竞争优势的重要手段。也有学者认为中国目前的转型升级是传统阶段的转型升级，还没有达到能够通过知名国际品牌来实现转型升级的阶段，中国企业必须大规模创建知名国际品牌，并对其进行自主知识产权的保护。还有学者认为企业应当在战略上从提高经营效率战略转向产品创新战略和产品差异化战略，应实施顾客体验驱动的服务品牌战略。有学者发现营销方式的创新加速了营销自动化的进程，认为营销是中国市场营销的开始，是中国人由关系参与市场活动或经济活动的外在表现。学者们从价值链创新的理论视角将企业商业模式分为五种基本类型，系统地阐述了企业商业模式创新实现的方式，并阐述商业模式创新行为的内外驱动力，深入探讨了商业模式的演化机制和创新驱动力。有学者从产业链共生的商业模式角度提出了提升企业竞争力的对策，他们还运用经济租金理论来分析商业模式的创新行为。

5. 企业文化力提升研究

企业文化是推动企业发展的不可或缺的软实力，它以企业价值理念为核心，对企业的转型升级起着观念引领、思想保证和智力支持的作用。中国学者从不同的视角研究了企业文化与企业转型升级的相关影响问题，认为企业文化有利于增强和凝聚员工的创造力，具有激励和导向作用，加快企业文化的创新，有利于实现企业的发展目标。确保企业发展目标与企业文化、企业价值观等保持一致，可以实现企业的社会价值和经济价值，加快企业的转型升级。邢以群和周建华（2000）认为市场机制不完善、技术落后、信任度低、市场竞争力不足是阻碍中国经济从低效率向高效率转变的重要因素，并发现中国上市公司的公司绩效与其对国家的贡献呈显著正相关，而公司绩效与员工贡献率呈显著负相关。杨勇和朱乾（2011）发现企业战略执行力、个人目标与企业目标一致性的提升可以提高企业的绩效。陈劲和张炯（2008）分析了企业家精神、知识溢出与企业集群绩效的关系。

6. 企业制度升级研究

改革开放以来，中国国有企业管理改革取得了一定的成就，但仍存在一些管理上的问题需要根据实际发展进行调整，如资产管理体制、集团控制与国企治理、国有企业产权问题与布局问题、所有者治理结构。国内学者有关企业制度的代表性研究成果见表 1-8。

表 1-8 国内学者有关企业制度的代表性研究成果

研究视角	研究主题	主要内容
企业制度	现代企业制度	创新文化与现代企业制度；制度创新内涵；现代企业制度与国企改革
	国有企业改革	国有企业产权问题；政府和企业的关系；资产管理体制
政府的企业政策	政府行为	政府制度创新与企业发展；企业制度改革中的政府角色

吴淑琨和席酉民（2000）研究了制度创新在制度改革和企业发展中所起的作用。武常岐和钱婷（2011）认为目前中国政府与国有企业的关系不明确，存在价值与产权问题。

1.4.3　国内国家级项目群现状

国内国家级科研立项情况能够从另一个角度反映某个项目的研究现状。近年来，全国哲学社会科学规划办公室科研立项和国家自然科学基金委员会科研立项都非常重视对中国企业转型升级的研究。本章统计了 2000~2013 年国家社会科学基金项目和国家自然科学基金项目已批准的有关"企业转型升级"的研究项目，共 457 项（其中国家社会科学基金项目 101 项，国家自然科学基金项目 356 项）（表 1-9）。从增长趋势来看，两个基金支持的关于企业升级的研究项目数都在快速增长（国家自然科学基金项目数增长更快），这在某种程度上反映了国内学者对企业升级问题的关注。

表 1-9　2000~2013 年国家社会科学基金和国家自然科学基金有关企业
转型升级相关研究的立项情况分布（单位：项）

国家自然科学基金		国家社会科学基金	
立项年度	立项项目数	立项年度	立项项目数
2000	9	2000	4
2001	2	2001	0
2002	10	2002	6
2003	10	2003	4
2004	17	2004	2
2005	19	2005	9
2006	14	2006	6
2007	25	2007	5
2008	18	2008	13
2009	21	2009	7
2010	30	2010	16
2011	57	2011	20
2012	50	2012	0
2013	74	2013	9
合计	356	合计	101

国家自然科学基金项目"企业转型升级"研究项目群分析见表 1-10；国家社会科学基金项目"企业转型升级"研究项目群分析见表 1-11。

表 1-10 国家自然科学基金项目"企业转型升级"研究项目群分析（立项年度：2000~2013 年）

"企业转型升级"研究项目群研究体系	"企业转型升级"研究项目群主要研究内容		"企业转型升级"研究项目群项目负责人（立项年度）
技术升级	技术创新		仝允桓（2006）、李垣（2004，2011）、陈劲（2002，2005，2006，2008，2012）、魏江（2011）、毛蕴诗（2011）、柳卸林（2009，2007）、石春生（2009，2012）、马蕾（2012）、陈莞（2012）、蔡虹（2012）、白俊红（2012）、游达明（2011）、王毅（2011，2005）、贾卫峰（2011）、曹勇（2011）、殷国富（2010）、蒋天颖（2010）、原长弘（2009）、杨武（2008）、杨建君（2006）、石金涛（2006）、党兴华（2006，2002）、卢小宾（2005）、樊杰（2005）、曹兴（2005）、刘云（2004）、余翔（2004）、杨建飞（2004）、陈功玉（2002）、毕克新（2001）、陈琳（2000）、徐宁（2013）、许冠南（2013）
	技术能力		张米尔（2003）、郭碧坚（2000）、徐同良（2013）
	技术要素		鲁晓东（2010）、郑刚（2008）、杨武（2008）
管理模式升级	信息化	ERP、数控、管理信息系统、电子商务	陈国青（2002，2008，2011）、蔡莉（2007，2011，2012）、贾建民（2010）、唐立新（2010）、陈剑（2008）、毛基业（2006，2008）、曾大军（2010）、白海青（2012）、朱宗乾（2009）、邵宏宇（2011）、赵晶（2006，2010）、李存斌（2010）、黄京华（2004，2007）、吕卫国（2011）、戚依南（2010）、王立彦（2007）、欧佩玉（2009）、易树平（2004）、苏世彬（2009）、毕新华（2004）、马庆国（2000）、谢新洲（2000）、苏颖（2007）、左美云（2002）、李东（2004）、王惠芬（2000）、王军（2013）
	组织创新	供应链管理	陈剑（2012）、赵晓波（2010，2012）、范秀成（2009）、朱道立（2006）、倪得兵（2012）、薛求知（2011）、汪寿阳（2007）、赵文辉（2012）、杨琦峰（2012）、杨宽（2012）、熊中楷（2012）、王建才（2012）、汪定伟（2012）、宋华（2012）、潘景铭（2012）、马林（2012）、刘伟（2012）、胡奇英（2012）、傅科（2012）、杜少甫（2012）、但斌（2012）、戴悦（2012）、陈菊红（2012）、周永务（2011）、郑斐峰（2011）、张旭梅（2011）、杨珺（2011）、薛霄（2011）、薛佳奇（2011）、谢勇（2011）、韦凌云（2011）、王海燕（2011）、宋华明（2011）、舒彤（2011）、舒嘉（2011）、刘心报（2011）、李延辉（2011）、李健（2011）、李刚（2010）、傅培华（2011）、曹柬（2011）、白宝光（2011）、朱庆华（2010）、赵秋红（2011）、赵道致（2011）、林岩（2010）、林杰（2010）、韩纪琴（2010）、傅科（2010）、陈瑶（2010）、唐小我（2009）、刘丽文（2009）、于辉（2008）、王道平（2008）、贾涛（2008）、董明（2008）、盛昭瀚（2007）、霍佳震（2007）、徐晓燕（2007）、达庆利（2007）、涂奉生（2004）、谢金星（2004）、黄培清（2003）、张大陆（2002）、汪海航（2000）、吴军（2013）
		人力资源管理	陈国权（2002，2011）、赵曙明（2005，2007，2011，2013）、陈凌（2000）、郑晓明（2012）、苏中兴（2012）、孙健敏（2012）、梁晓雅（2012）、崔勋（2012）、刘燕（2012）、杨百寅（2011）、王雄元（2011）、唐宁玉（2011）、陆根尧（2011）、刘善仕（2010）、彭纪生（2009）、傅志明（2008）、王雪莉（2006）、郑晓明（2005）、张一弛（2000，2005）、胡斌（2002）、周禹（2013）

续表

"企业转型升级"研究项目群研究体系	"企业转型升级"研究项目群主要研究内容		"企业转型升级"研究项目群项目负责人（立项年度）
管理模式升级	组织创新	组织变革	陆亚东（2012）、王重鸣（2007，2012）、林忠（2011）、潘善琳（2012）、刘洪（2012）、官建成（2003）、唐杰（2012）
		公司治理	李新春（2004，2011）、蔡洪滨（2007）、陈凌（2009）、高闯（2007）、宁向东（2006）、陈信元（2001，2005）、徐二明（2002）、吴世农（2003）、周建（2003）、吴文锋（2012）、原红旗（2012）、张国萍（2011）、唐宗明（2011）、李常青（2011）、何平（2011）、陈红（2011）、余怒涛（2010）、梁琪（2010）、程新生（2010）、肖星（2008）、孙谦（2008）、夏立军（2007）、魏明海（2005）、田利辉（2004）、廖理（2003）、薛有志（2013）
		战略联盟	龙勇（2006）、张菊亮（2010）、徐飞（2009）、蔡继荣（2009）、杜荣（2008）、吴剑峰（2005）、李东（2004）、刘益（2000）
		企业集群	王文平（2011）、许大明（2005，2010）、李瑜（2010）、谢洪明（2009）、朱华晟（2007）、贾国柱（2005）
商业模式升级	营销		庄贵军（2003，2006，2009，2011）、郭国庆（2004，2007，2009）、范秀成（2002）、周永务（2011）、董大海（2005）、邹鹏（2012）、张涛（2012）、张闯（2012）、汪涛（2012）、程斌武（2011）、王秀村（2010）、胡左浩（2003，2010）、于建原（2007）、刘益（2005）、李桂华（2005）、余翔（2004）、胡左浩（2003）、陈煜波（2013）
	品牌		毛蕴诗（2011）、谢毅（2011，2012）、王兴元（2003，2008，2012）、刘凤军（2012）、何云（2012）、李健生（2011）、江明华（2011）、黄静（2011）、郭晓凌（2011）、范小军（2011）、吴水龙（2010）、汪涛（2009）、林升栋（2009）、井淼（2009）、蒋廉雄（2009）、邵景波（2008）、马庆国（2007）、赵平（2006）、卫海英（2004）、蒋廉雄（2013）
文化升级	企业文化、责任、伦理		席西民（2007）、吴晓波（2007）、王铁民（2007）、王辉（2010）、姜万军（2012）、朱秀梅（2012）、胡本源（2012）、晁罡（2011）、吴红梅（2009）、项国鹏（2007）、吴金希（2007）、贺远琼（2007）、贺小刚（2005）、王彦斌（2005）、齐善鸿（2004）、张强（2013）
	制度升级		魏杰（2010）、周建（2008）、张维迎（2005）、孙霈（2011）、王益民（2010）、任兵（2006）

表 1-11　国家社会科学基金项目"企业转型升级"研究项目群分析（立项年度：2000~2013 年）

"企业转型升级"研究项目群研究体系	"企业转型升级"研究项目群主要研究内容	"企业转型升级"研究项目群项目负责人（立项年度）
技术升级	技术创新	揭筱纹（2010）、杨峰（2011）、牛卫平（2011）、许敏（2011）、尹锋林（2011）、张树义（2010）、颜蕾（2010）、邓向荣（2009）、蔡宁（2008）、冯晓青（2008）、李玉辉（2006）、毕克新（2005）、朱方明（2005）、李安方（2003）、龚绍林（2000）、欧阳新年（2000）、胡小媚（2013）、曾楚宏（2013）
	创新网络	刘友金（2005）、李小建（2002）

"企业转型升级"研究项目群研究体系	"企业转型升级"研究项目群主要研究内容		"企业转型升级"研究项目群项目负责人（立项年度）
管理模式升级	信息化	管理信息系统、电子商务	徐长生（2008）、王述英（2002）、吴泷（2010）、春娟（2010）、戚桂杰（2009）、郑建明（2005）、王云峰（2003）、叶飞帆（2003）、朱孔来（2003）、谢康（2002）、傅元略（2000）、翟广宇（2002）
	供应链管理		宋华（2008）、夏德（2011）、张成堂（2011）、赵金实（2011）、刘介明（2009）、赵忠秀（2008）、王能民（2006）、段小梅（2013）、卢豫（2013）
	组织创新	人力资源管理	李宝元（2011）、宋成一（2011）、周文斌（2011）、朱永跃（2011）、陈建安（2011）、林肇宏（2011）、王艳平（2010）、颜士梅（2010）、关培兰（2000）、李琴（2013）
		组织变革	彭正龙（2010）、尹忠时（2013）、张志元（2013）
		公司治理	陈信元（2006）、李维安（2002，2010）、张世云（2011）、白江（2010）、蹇明（2010）、寥理（2008）、杨雄胜（2008）、张秀烨（2008）、叶勇（2008）、李明辉（2006）、陈赤平（2006）
		战略联盟	谭建伟（2011）、张恒梅（2013）、詹浩勇（2013）
商业模式升级	营销		周秀兰（2011）、邓德胜（2011）、高杰（2011）、江若尘（2006）、李晓慧（2004）
	品牌、产品创新		乔均（2010）、赵化勇（2010）、杨桂菊（2010）、王分棉（2010）、陈柳（2008）、韩中和（2007）、夏清华（2005）、刘凤军（2004）
文化升级	企业文化、责任、伦理		章辉美（2007）、鲍升华（2008）、余伟平（2005）、张其仔（2005）、杜剑（2011）、王建琼（2011）、孙伟（2010）、宋丽梦（2009）、阳秋林（2009）、苏琦（2009）、邓德军（2009）、罗飞（2008）、冯巧根（2007）、黎友焕（2007）、朱金瑞（2005）
	制度升级		郑志（2008）、王秀丽（2007）、杨苗（2005）、应焕红（2002）、林汉川（2013）

1.4.4 "企业转型"国内外理论研究现状概括与总结

通过对国内外有关企业转型升级理论、实践，以及国内国家级相关项目群等方面研究现状及发展动态的综述分析可知，国外学者对"企业转型"问题的研究过程、"企业升级"问题的研究过程，大都是对其分别进行研究的。由国外文献检索可知，从已发表和出版的一批学术成果来看，企业转型的研究成果主要是在20世纪80年代以后形成的，而在20世纪90年代以后形成企业升级相关问题的主要研究成果。

（1）从研究内容方面来看，随着国内外经济环境的变化和市场需要的发展，企业转型升级的内涵也应该不断丰富。国内外经济环境的变化和市场需要对企业转型升级的量化标准、转型升级与技术改造、协同视角研究转型升级等几个方面的研究内容的需求逐渐增多，但目前研究成果中关于这几个专题的研究还很少。

（2）从研究对象方面来看，目前较少关注发展中国家的企业如何转型升级的问题，主要是以发达国家先进企业的"转型、升级"问题为研究对象。伴随着中国经济的高速持续增长，学者开始研究发展中国家的企业转型升级效率问题，特别是，许多国际顶级刊物的编辑和评论家已经开始关注转型经济下中国企业的发展问题，关注在中国实践情境下的转型及升级问题。可见，有关发展中国家的企业如何转型升级的问题成了国外许多学者关注的前沿领域。还有很多更为重要的角度值得进一步拓展，"转型经济""升级经济"只是其中一种研究视角。国外学者的研究焦点是分析资本主义国家市场经济与社会主义国家转型经济的差异，定位于发展中国家转型经济的背景，探讨区别于发达国家的企业转型升级问题。

（3）从研究方法来看，2000 年之后中国学者开始对企业转型升级问题进行系统的研究，以描述性、归纳性和规范性分析为主，多是理论分析，实证分析较少。研究大多数是论文形式，专著很少。研究对象主要是中国企业，国内学者对中国企业转型升级的协同技术改造等问题进行了研究，但定量研究相关内容体系的研究较少。

（4）"企业转型"国内外理论研究中有待研究的问题如下：一是针对中国制造业的发展特点，必须紧密结合中国国情，运用不同的转型升级和技术创新模式，争取制造业竞争优势，实现成功转型升级；二是为了提高中国制造业的国际竞争力，迫切需要在嵌入全球价值网络的条件下，在协作模式和协作路径上开展技术创新问题研究和中国制造业转型升级研究；三是急需推进构建一套适合中国企业转型技术改造的政策机制。

（5）国内国家级项目研究与发展动态述评。国内国家级科研立项情况能够从另一个角度反映转型升级的研究现状。国内学者对中国企业转型升级与技术创新协同及其系统的研究也较少，尤其是关于中国制造业转型升级与技术创新协同的相关研究更是少见。

1.5　国内外协同的理论研究现状

1.5.1　协同管理研究

根据复杂性科学和系统论的观点，社会或自然界存在着各种系统，不论是在系统内部，还是系统之间均存在着相互协同的作用。制造业企业是一个复杂适应系统，制造业企业成长是一个由各种创新要素共同推动（即协同作用），从一种序状态成长到另一种序状态的过程。影响制造业企业成长的各个创新要素的协同有助于整个企业成长的有序和稳定，创造出局部所没有的整体功能。辨析影响制造业企业成长的创新要素，系统分析制造业企业成长创新要素的协同机理，对于建立完善制造业企业成长机制，推动制造业企业健康、持续成长，具有重要的理论和现实意义。

协同管理是指运用协同学原理及管理规律，基于所处的复合系统的边界结构和运作功能特征，根据实际需要，为实现可持续发展的期望目标，系统主体对系统要素实行有效控制和管理，以实现复杂系统内各要素之间协调并产生"协同效应"（刘翔，2006）。王君华（2006）提出了协同智能管理模型。所谓的智能协同管理模型或协同智能管理模型都是企业基于共同客观事物之间的对称性、因果性、矛盾性、相关性等规律，在相互加强的管理环境下，研究协作链的动态变化，研究如何整合内部资源和外部资源，并将各个相互依赖的链接的目标与企业的总体目标相协调，并协助实现企业内部资源与外部资源的协调。企业内部资源与外部资源的合理使用、分配、协调，可以应对所有不断变化的环境，并体现业务操作的对称协调，实现未来均衡发展。

基于多智能代理决策系统，余力和左美云（2006）对协同管理建设项目问题进行了系统分析；针对现有供应链管理，陈剑辉（2005）提出网络各个功能成员共同构成一个协调的要素系统；从信息科学领域的协同过滤算法思想出发，任金玉等（2005）通过建立协同管理机制，将信息科学引入管理科学，充分利用信息指导对相互作用的系统各要素进行管理；在指出传统企业员工素质不高和招聘模式不足的基础上，吴鹏等（2005）提出了基于协同管理模式的企业员工素质提升模式和招聘模式，以实现员工素质提升过程和招聘流程的整合，以及速度和有效性的提高；在对知识管理系统中要素协同工作模式分析的基础上，刘明周等（2005）对协作理论框架进行了分析和探讨，分析了智力协作框架下的智力协作框架模型，提出了知识资产的作用、类型以及知识载体的类型。

1.5.2 协同优化方法研究

协同优化（collaborative optimization，CO）可以减少编程的复杂性和调试的工作量，降低解决问题的难度，有助于根据子问题的特点，选择合适的解决方案技术，适用于分布式并行计算。

张运凯等（2004）针对现有协同优化算法中易发散和系统级协调算法计算量大且困难等的缺点，构建了一种新的系统级协调模型算法，分析了协调算法的几何意义和动态松弛算法与协同优化系统模型。李响和李为吉（2004）认为协同优化模型主要可分为非层次关联模型和层次关联模型两大类。协同优化非层次关联模型的求解方法是目前协同优化研究领域学者们关注的热点。协同优化非层次关联模型的特点是子模型之间没有等级关系，协同优化层次关联模型之间的耦合关系只存在于上下层模型之间。另外，协同优化问题分解后会产生一系列的子优化问题，子优化问题之间、主系统与子系统优化问题之间一般存在层次或非层次耦合关系，因此，研究开发高效的协同优化算法，阐述关联模型中耦合变量的协调关系，是实现协同优化的基础。白小涛和李为吉（2006）的研究主要是针对基本粒子群优化算法精度低，容易陷入局部极值点等缺点，提出了一种协同进化遗传算法，并提出了一种三群协作粒子群优化算法。薛彩军等（2005）的研究主要是四辊机架的协同优化和结构参数设计的优化。

1.5.3　协同设计研究

自从 1984 年有学者提出"计算机支持的协同工作"概念以来，协同作为一个多学科交叉的新兴理论与新兴研究领域，在国际上受到了极大重视。

1.5.4　协同机制研究

哈肯首先提出了"协同"的概念，创建了"协同"理论。他认为协同最显著的特点就是强调合作协同是保持系统集体性状态和趋势的因素，通过各子系统间的相互作用，追求竞争的基础上合作的系统行为，实现个体所无法实现的新的结果或目标。作为协同对立面的竞争，会使系统出现新情况、整体失稳、丧失整体性等。协同学一经提出，协同管理理论便得到了迅速的发展，引起了众多管理学研究人员的兴趣。很多学者致力于协同效应的机制研究，如在对协同机理进行分析的基础上，王谦和张子刚（2003）讨论了战略联盟协同的内在机理，用数学模型方法讨论了联盟伙伴决策者对联盟战略选择的偏好影响测量问题，分析了形成联盟结构过程的众多联盟伙伴的战略选择规律。在提出管理协同微观理论含义的基础上，张翠华等（2006）对管理协同的机制构造进行分解，提出应该分为实现机制和形成机制，并提出了管理协同机制的过程模型，对实现机制中的协同机会识别给出了利益机制、形成机制、评估机制的系统定义和机理。赵昌平等（2004）对并购能否建立协同机制进行了分析，从并购企业双方资源协同与战略协同两个不同的角度建立协同机制理论框架。潘开灵和白列湖（2006）研究了供应商与生产商之间非对称信息下的协同机制，提出了惩罚成本、订货量、折扣三种激励方式相结合的供应链协同机制问题。从系统论的角度，黄席樾等（2002）提出了以 Agent 为中间体的，建立在人与机器之间的人机协同机制，从而实现人与机器之间的柔性化信息交互接口，并分析了人与机器各自作用的变化。

1.5.5 技术创新协同研究

国内外学者对技术创新运用协同学思想进行了研究。

1. 技术创新要素之间的协同关系

根据技术创新要素协同实现途径不同，可从外部和内部两个方面对技术创新要素协同进行分类研究。其中，技术创新外部要素协同的实现，取决于技术创新企业和其他相关组织的互动。技术创新内部要素协同的实现依赖于企业技术创新内在要素之间的互动。由此，技术创新要素协同可以定义为，以企业发展创新战略要素为导向，以提高企业技术创新要素协同为核心，通过核心要素（技术）与支撑要素（战略、文化、制度、商业模式、品牌等）的协同作用，实现技术企业全部技术创新协同效应的过程。

制造业企业转型升级是企业系统内在的技术创新要素、外在环境技术创新要素与制造业企业转型升级共同作用、实现目标的过程。制造业企业转型升级的外在动力主要是外部环境所带来的挑战和竞争压力。制造业企业转型升级的内在动力以及外部环境系统的压力，使得制造业企业不断从无序到有序，由一种形态向另一种形态跃进，在不断变化的环境中实现成长，实现制造业企业的转型升级的目标。

技术创新要素之间协同关系的研究大致可分为战略要素与技术要素协同关系的研究、组织要素与技术要素协同关系的研究、知识要素与技术要素协同关系的研究、文化要素与技术要素协同关系的研究这四个方面。

战略要素与技术要素协同关系的研究方面，学者们认为企业在企业内各职能部门新产品开发活动中的交流方式和参与程度的差异，是由企业内各职能部门所采取的创新战略的差异所导致的。

组织要素与技术要素协同关系的研究方面，学者们认为企业技术创新效果高的关键因素是促进包括内外部创新条件、学习能力决策行为、企业组织创新等要素发挥协同作用。其中，组织结构的协同与整合，是技术创新过程中的关键要素。

知识要素与技术要素协同关系的研究方面，学者们分别从宏观、中观、微观角度进行了系统的研究。在宏观角度研究方面，学者们认为创新要素的互动是经济体内创新体系建设的核心。在中观角度研究方面，学者们认为区域技术创新能力系统应该包括知识的流动能力、创造能力、创新产出能力。在微观角度研究方面，他们认为企业有效地进行技术创新，可以通过实现技术与市场知识的快速协同效应来实现。

文化要素与技术要素协同关系的研究方面，学者们研究了技术要素与文化要素适应性问题，指出支持组织变革、解雇不合适的员工、选择与招聘新员工、领导者的身体力行都会影响到文化要素与技术要素协同关系。

2. 技术创新成员的协同关系

学者们提出，技术创新成员的协同关系包括：企业内部各职能部门间在业务交流过程中形成的创新协同关系和企业内人员间在业务交流过程中形成的创新协同关系两方面的内容。Wheelwright 和 Clark（1992）在研究中发现，导致营销部门与 R&D 部门间不协同的主要原因之一就是企业内人员技术、文化、专业、知识及背景的差异。Saxberg 和 Slocum（1968）认为各职能部门间员工教育背景的不同和专业背景的不同是导致不协同的主要原因。在企业内各职能部门间业务交流过程中形成的创新协同关系研究中，Gupta 和 Rogers（1991）实证研究并揭示了营销部门与 R&D 间的协同关系。Crampes 等（2009）测度了企业内部职能部门间业务交流过程中形成的协同机制效应。

3. 技术创新与营销创新影响因素协同的研究

Cusmano 等（2010）详细分析了巴西 10 家制造业，他们认为区域位置的远近会影响创新力大小，位置近有利于企业多元化协同创新。从地理位置的不同，学者们发现了装备制造业创新发展的规律。Parry 和 Song（1993）发现税收、市场机会、获得生产资源的途径是影响企业创新潜力的关键因素，并将该结论在乌干达中小制造企业中进行了实证研究。有学者发现资源的有效整合程度、R&D—制造—营销过程与其新产品成功与否密切相关。还有学者指出，社会经济发展与装备制造业创新能力之间呈正相关关系，经营状况、企业品牌、生产能力与装备制造业能力之间呈正相关关系。Silvestre 和 Dalcol（2010）通过实证研究发展，社会需求、商业模式变革、技术现代化过程、产品标准化，对技术创新的影响呈正相关关系。Kahn（2001）认为，不同部门之间的文化、市场、制度等合作与协同导致企业技术创新能力的不同。

国内学者的研究可以分为产品创新、技术创新、营销创新、技术创新与营销创新协同的重要性等几个方面。

在产品创新研究方面，魏江等（2015）构建出管理创新与产品创新过程三维关系模型，探究了管理创新与产品创新过程之间的关系。屈贤明（2002）研究发现，R&D 网络的复杂性、规模大小、开放程度的不同会对创新绩效产生不同的影响。在技术创新研究方面，赵丰义（2010）对中国制造业产业升级和技术创新能力的提升优化路径进行了研究。在营销创新研究方面，学者们研究构建了整合营销创新战略的动力机制、风险防范机制、保障机制、运行机制及各机制之间的协同作用。在技术创新与营销创新协同研究方面，陈传明和张敏（2005）认为，营销创新、技术创新与制定相应的保障机制的协同发展是保障自主创新动力系统的协同演化的动力；王婷（2011）则分析了影响自主创新的因素。

4. 协同创新模式研究

Robles 等（2011）提出了创新的协同进化模式，揭示出创新的演变过程是与各个竞争系统的演变相协同的。潘开灵和白烈湖（2006）提出，管理协同实现机制主要包括要素协同价值预先评价、协同机会识别、要素整合、结果的对照与反馈、沟通交流、序参量选择与管理，以及约束和控制。他们针对协同创新的过程方面的研究，认为在竞争的生态演变过程中存在一种可持续的创新。

在协同创新模型方面，张钢等（1997）构建了企业内部门之间、企业整体与外界环境之间、企业承担项目三个层次的协同创新模式。

5. 制造业转型升级与科技创新协同的价值链分工视角研究

在研究制造业转型升级与价值链分工之间的相互作用效应时，国内外大多数学者认为技术进步效应在参与劳动价值链分工的初始阶段最为明显，贡献率最高。国内学者注重实证研究，国外学者着重于理论研究，并认为制造业转型升级从低附加值、低技术地位演变为高附加值、高技术地位。关于科技创新系统与制造业转型升级的关系研究，国内外学者较为普遍的观点是认为这两个系统受各要素作用力的影响，科技创新系统内及系统外诸要素通过各种途径影响制造业系统的形成、演化和升级，但在影响的主因素及影响机制上未取得共识。

第 2 章　相关理论基础

2.1　技术创新理论

经过一百多年，技术创新的理论和实践有了很大发展。由于看待技术创新的思想、立场、方法和目的不同，人们对技术创新的理解不尽相同。熊彼特认为，企业进行技术创新的实质是"企业家对于生产要素的新的构成与组合"，目的在于获取潜在利润。目前多数学者认为，技术创新应该包括五个方面的核心内容，即获得新的供给来源构成与组合（原料、服务、半成品新供给之间的构成与组合）；采用新的生产方法构成与组合（主要是工艺）；开辟新的市场构成与组合；引入新的产品或提供产品的新质量；实行新的组织形式。

2.1.1　技术创新的内涵

关于技术创新内涵的界定，有代表性的观点有：伊诺思（Enos，1962）在文章中提出了技术创新成立的条件，为后来学者的研究提供了借鉴。他侧重于与产品创新密切相关的技术创新的研究，并把技术创新界定在产品创新范围内。他的定义得到后来部分学者的认可。也有学者把技术创新定义为：把新产品或者改进的产品引入市场的过程，包括新的过程和新的服务。还有学者把技术创新定义为：把新颖的构思转化为现实的有价值的非连续性事件。这一定义比较简练地突出了技术创新的本质和特征，但至今国内外没有就技术创新的概念达成一致意见。

2.1.2　制造业技术创新的特征

在经济全球化趋势中，制造业分工越来越细，各企业也都靠专业化获得竞争优势，发达国家的跨国公司成为这一分工的主导力量。它们掌握着制造业的核心技术、R&D 人员以及全球营销服务网络等不易被模仿和取代的高端部分，具有一定的行业垄断优势，因此，它们获取了整个产业链的大部分利润；而发展中国家的企业则主要负责零部件制造、组装等技术含量较低的低端部分，获得利润相对较少。这样就形成了发达国家大公司与发展中国家中小企业共生的全球化产业链。这种模式长期发展下去的结果就是发达国家的制造业技术越来越高级，而发展中国家很难掌握核心技术。我国制造业技术创新具有科研投入较低、创新体制不完善、科研成果转化率低、创新动力不足等特点，与发达国家之间有一定差距。

近几年，随着我国对制造业，尤其是装备制造业 R&D 投入力度的加大，部分高端装备制造业发展态势良好，如高铁动车组、特高压输变电、国产飞机等领域的核心技术已达到世界领先水平。若能加快推进向服务业转型升级，我国制造业的发展将会迈上一个新台阶。

2.1.3　基于演化视角的制造业技术创新的过程

近年来，技术创新的外延不断扩大，越来越多的研究人员和企业决策者把技术创新作为企业创新活动的核心部分。技术创新过程可以看作技术能力的成长过程，学者们对发展中国家的技术能力成长进行了大量的研究。学者们研究了演化视角下技术能力的成长，并划分了模仿、消化吸收及自主创新三个阶段。从仿制到创造性模仿再到自主创新是大多数发展中国家提升技术能力的演化路径。大部分技术落后国家都会经历技术选择、获取、消化吸收、改进、创造这五个阶段，提高其技术创新能力。后来学者在此基础上，把五阶段简化为"引进—消化吸收—创新"三个阶段。

本书中的演化是指基于企业的不同生命周期，在考虑企业本身发展所处的生命阶段的前提下，有针对性地加大对某些要素的投入，提高技术创新的投入产出率。

技术创新可以看作企业内外部相关要素构成的一个开放式系统。首先，系统内部的子系统的发展是动态的，如领导者的创新意识、领导者承受风险能力、企业规模、企业信息化程度等，这些因素之间相互作用、相互影响，每个因素的调整都可能引起企业创新绩效的变化；其次，国际形势的影响、国家宏观政策的变化、竞争对手战略的调整、消费者偏好的转移等外部环境的变化，也可能引发整个系统的演化。因此，企业技术创新过程与这些要素的变化密切相关。

2.2 转型升级相关理论

2.2.1 转型

1. 转型的内涵

学者认为企业转型是企业未来发展战略变化的最高形式，可以分为两种：一种是不同行业之间或者相关行业之间开展多元化经营，即不同行业之间或者相关行业之间的企业进行兼并或者联合；另一种是业务转型，即一个企业从之前的行业转到一个全新的行业中。企业转型是产业转型的微观层面，国内外学者对企业转型的内涵进行定义，如表 2-1 所示。企业转型主要包括企业组织转型、企业战略转型、企业业务转型等方面。

表 2-1 企业转型的研究综述

研究综述	内涵
国外有关"转型"的研究观点综述	企业转型是一种伴随着企业结构、战略、模式、权利方式等各方面的变化，并发生在企业对自身认识上的跳跃式的变革
	从组织行为学的角度，企业转型是在形式、结构和性质上发生的变革
	公司告别过去，以更快的速度实现变革，超越循序渐进的组织结构演化过程，加速转变，就是转型
国内有关"转型"的研究观点综述	转换产品的型号或构造的变化
	转型是经济结构形态、生产运转模型和人们观念的根本性转变过程
	企业转型是企业战略变化的最高形式
	企业转型是公司调整产业战略定位，运用资源优势，摆脱经营困境，获得新的经济增长点的重大战略行为
	所谓"转型"就是指通过转变经济发展方式，加快实现由传统工业化道路向新型工业化道路转变
	转型是事物的结构形态、运行模式、发展观念的转变过程
	企业转型是产业转型的基本单元
	企业转型是一种逐步推进的、有序式的、渐进式的变革
	转型是通过改变某一事物的形态，对事物进行一种较为彻底的革命性变革

在中国，"转型"不仅是中国经济的目标，更是传统企业持续发展的目标。本书认为企业转型是指企业在战略方向、组织结构、资源配置方式、运营模式上发生的根本性变革，可以归纳为产品产地转移、企业组织方式转化、R&D 方向改变、营销市场转变、制造生产方式转化、股权结构转变等方面进行渐进式或者彻

底性的转型。

2. 企业转型的特征

企业转型是企业决策层面的变革，转型的发生与实现会使企业发生重大的改变。本书认为企业转型主要有以下几个特征。

1）转型是企业自主创新活动

企业转型的革新性，要求企业在实施转型战略过程中，应该以创新的理念和手段实现自身的根本性变革，通过对创新构思能力、构思评价能力、技术 R&D 能力、技术生产能力及技术成果商业化能力的提升，实现企业改革、创新、成长的健康发展。

2）转型的持续时间比较长

外部的不断改变决定了企业转型需要持续较长时间。企业的管理层需要认清转型的这一特性，将企业转型写入企业经营发展的各项日常活动并且持续下去。

3）转型的风险性很高

企业转型的不确定性决定了转型的高风险性。企业管理者需要对企业的各项转型项目做出充分的规划和风险规避，以免因为转型失败而造成企业的经营失败。

2.2.2　升级

1. 内涵分析

关于升级的使用较为普遍，国内外学者有关"升级"内涵的分析如表 2-2 所示。

表 2-2　企业升级的研究综述

研究综述	内涵
国外有关"升级"的研究观点综述	以企业为分析对象的观点认为，升级包括产品升级、过程升级、部门间的升级、功能升级
	以过程为分析对象的观点认为，升级就是制造商向高附加值的产品转换的过程
	以能力为分析对象的观点认为，企业升级包括经济活动升级、产品升级、部门间升级、部门内升级等
	以竞争力为分析对象的观点认为，升级是通过创新来增加附加值，最终从事附加值更高的活动或者提高竞争力
国内有关"升级"的研究观点综述	升级是从较低的级别升到较高的级别
	升级是提升竞争力，从高端价值链获取技术进步
	升级是向能带来更高附加值的经济活动转移的一个动态过程
	升级是提高产品、服务附加值和提高竞争能力的过程

续表

研究综述	内涵
国内有关"升级"的研究观点综述	企业升级可以看作企业创新能力不断提升的过程
	从产业链延伸的角度，提出升级是营销渠道扩展、产品技术积累、技术跨越的过程
	升级是从高能耗、高污染、粗放型向低能耗、低污染、集约型进步的过程

本书认为企业升级是指企业由价值链的低端向高附加值端转变，以提高企业的核心竞争力和市场地位的过程。企业升级分为流程升级、产品升级、功能升级和产业升级，它是产业升级的微观层次和具体表现。

2. 企业升级的方式

通过阅读大量相关文献，可以发现研究者提出的企业升级的路径主要有以下几个方面。

1）企业流程升级

企业通过消化、吸取和掌握先进技术和工艺，改善、淘汰落后设备和技术，通过引进更加先进的知识和技术以更有效地促进投入产出，从而提升企业的产品质量和劳动效率。

2）企业产品升级

企业产品升级主要是企业增加产品的功能和用途，或者将产品的使用和操作变得更为简便易行，使企业的产品由低层次转向附加值更高的、更复杂的产品。

3）企业功能升级

企业功能升级是指通过掌握设计或营销链条中的新功能，企业可以更多地把握战略性价值环节，遵循 OEM-ODM-OBM 的方向。

4）产业升级

产业升级则是企业利用原有的知识、技术和技能，从传统产业进军到新的、附加值更高的战略性新兴产业。

2.2.3 企业转型升级

1. 内涵分析

学者们从不同角度来定义企业转型升级的内涵，如表 2-3 所示。

表 2-3 企业转型升级的研究综述

研究综述	内涵
国外研究综述	从财税政策的角度，以经济理论为基础，调节有效需求和实现充分就业，从而维护经济的稳定及对投资消费的促进，间接促进企业转型升级

续表

研究综述	内涵
国外研究综述	从资源分配政策的角度，认为企业转型升级包括地方企业的、国家企业的、国际企业的转型升级
国内研究综述	企业转型升级是为了寻求新的产业发展方向，不断提高产品和服务的增值和可持续竞争力的过程
	企业转型是指企业在不同发展模式和不同产业之间的转换
	企业转型升级是指企业为变革运营模式、提升核心能力，优化资源及结构，而主动变化或不断拓宽其价值链活动范围的过程
	企业转型升级是指企业通过管理变革、组织重构、发展模式进行转变的过程
	企业的转型升级是跨组织管理层面获得技术能力和更多利润的过程

2. 企业转型升级的战略方向

企业转型升级的战略方向可以概括为：从外销向内销战略方向的转型升级；从代工向自主品牌战略方向的转型升级；从低端向高端战略方向的转型升级；从制造向服务战略方向的转型升级；整合产业链资源战略方向的转型升级；从粗放经营向精细管理战略方向的转型升级。

2.3　系统动力学的基本理论

2.3.1　系统动力学概述

1. 系统动力学的起源与发展

20 世纪 60 年代 Forrester 教授依据研究复杂系统的计算机实验仿真方法，创立系统动力学。

系统动力学主要是结合决策论（decision theory）、计算机仿真学（computer simulation）、系统论（system theory）、信息论（information theory）、控制论（cybernetics）的科学决策方法。系统动力学是通过对实验的结果分析和实际需求来制定合适的决策的"仿真实验室"。

2. 系统动力学的研究对象

社会复杂系统作为系统动力学的研究对象，泛指涉及经济的人类社会行为和活动，基本特性是自律性和非线性。

社会复杂系统由于具有滞后特性，难以精确地描述其行为。它的动态行为系统特征，很难用一般方法来实现。所以，只能用半定量化方法，运用模型的仿真和模拟来研究，通过仿真实验和计算，对社会现象进行分析和预测，为社会、地区、国家等制定宏观战略及进行决策提供有用的信息和决策支持。

3. 系统动力学的特点

系统动力学的特点如下。

（1）能够容纳高达千个以上的变量。

（2）可以描述复杂系统各要素之间非线性的因果关系的结构。

（3）可以通过人-机结合对社会复杂系统进行分析、了解、评价、推理、创造等，为选择满意或最优的决策提供有力的依据。

（4）可以通过模型进行仿真计算。

4. 系统动力学建模的基本步骤

1）明确建模的目的

构建模型之前要明确建模的目的，即要明确系统使用该理论的目的，要解决哪些问题。

2）确定系统边界

系统行为被认为是基于系统内部结构性因素而产生的，所以系统动力学研究时假设社会复杂系统是封闭的社会系统，并假定系统行为不受系统外部因素影响与控制。

3）因果关系分析

根据建模的知识，明确系统结构要素之间的因果关系，了解与问题有关的资料。

4）绘制系统流图

确定构成系统的流率、水平及其他变量结构性元素，绘制系统结构的流图。

5）写出相关变量的基本方程

在流图的基础上，建立变量之间的数学模型，进行定量分析。

6）计算机仿真实验

收集相关数据，运用相关软件，对变量之间的数学关系模型进行仿真模拟。

7）仿真结果分析

分析系统的行为，找出关键变量，提出解决策略。

2.3.2 系统动力学的模型结构

1. 因果关系及反馈回路

因果关系（causal relationship）是系统变量之间客观存在着的、广泛的相互联系和相互作用，是对系统内部关系的一种客观写照，借助因果关系可以确认系统内部各部分（变量）之间的逻辑关系。

一般以箭头图表示系统因素之间的因果关系链。A 对 B 的作用，可以用自 A 向 B 的箭头来表示，B 表示结果，A 表示原因。因果关系链可分为负性（negative）因果关系链、正性（positive）因果关系链两种状态。

例如，A 和 B 的变化方向一致时，即当变量 A 减少（增加）变动时，变量 B 随之减少（增加）变动，则 A 和 B 之间具有正性因果关系，这种因果关系链称为正因果关系链，将"+"号标于因果关系链旁边，如图 2-1 所示。

图 2-1　正因果关系链

反之，A 和 B 的变化方向相反时，即当变量 A 减少（增加）变动时，变量 B 随之增加（减少）变动，则 A 和 B 之间具有负性因果关系，这种因果关系链称为负因果关系链，将"−"号标于因果关系链旁边，如图 2-2 所示。

图 2-2　负因果关系链

上述两个或两个以上正性因果关系和负性因果关系的变量之间，以因果链（causal link）首尾串联，形成的封闭的环路结构，就是所谓的因果反馈回路，如图 2-3 所示。

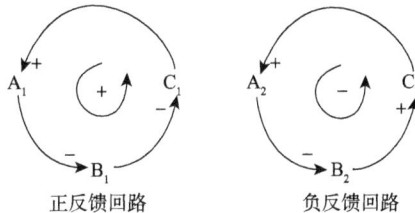

正反馈回路　　　　　　负反馈回路

图 2-3　因果反馈回路

2. 流图

流图与结构方程式是系统动力学模型的两个重要组成部分。流图是根据封闭环路结构的因果关系反馈回路，区分变量类型绘制而成的。而结构方程式则反映社会复杂系统的行为及其结构的动态特性。

流图的基本表达形式如图 2-4 所示。

下面简要说明流图符号。

（1）流（flow）：描述系统的活动或行为。

（2）速率（rate）：是随时间而变化的活动状态。

（3）水准（level）：反映结构子系统或要素的状态。

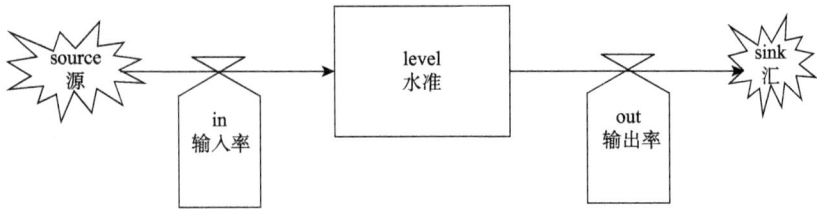

图 2-4　流图的基本表达形式

（4）参数（parameter）：参数是保持不变的系统状态量。它是一个常量。

（5）辅助变量（auxiliary variable）：是使复杂的函数易于理解的一种变量简化表达。

（6）源（source）与汇（sink）：源相当于供应点，指流的来源；汇相当于消费点，指流的归宿。

（7）物质延迟：是系统要素在流动、传递上的滞后性，在系统动力学中广泛使用的是指数延迟。

（8）系统信息平滑：信息平滑能平抑输入变量的剧烈程度，实质上是求变量的动态平均过程。

上述八种流图符号如图 2-5 所示。

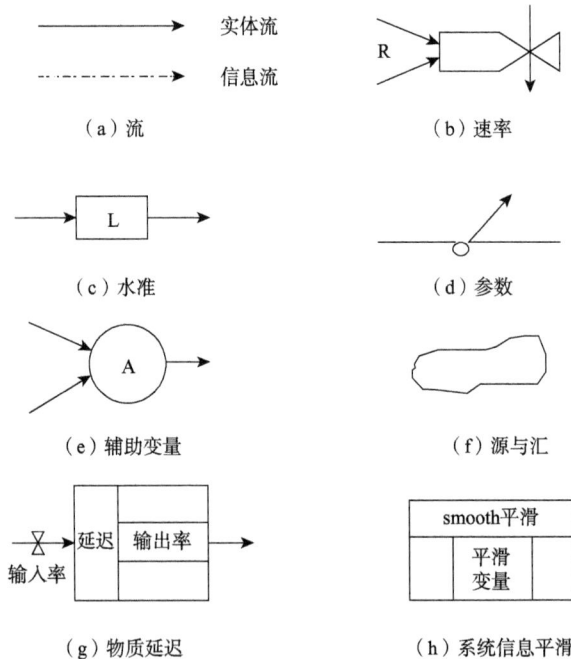

图 2-5　常用的流图符号

为便于直观理解，下面给出系统动力学流图，如图 2-6 所示。

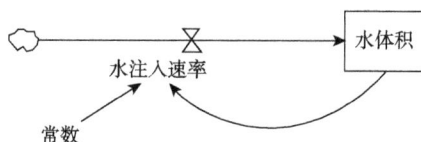

图 2-6　系统动力学流图

2.4　生命周期理论

2.4.1　生命周期理论的内涵

目前，学者对企业生命周期的划分还没有达成绝对的一致性，对于分成几个阶段以及阶段之间的分割点在哪里存在着争议。学者们概括出了最具代表性的生命周期的几个阶段，即生命周期内出生阶段、生命周期内发展阶段、生命周期内成熟阶段、蜕变或衰退阶段。但是企业生命周期内各个阶段的发展存在阶段性异变。企业生命周期较早阶段，高层管理者比较关注企业外部的市场、环境等问题；企业生命周期后期阶段，高层管理者更注重企业内部问题。

2.4.2　制造企业生命周期的阶段的划分

以上述生命周期阶段的划分为基础，结合制造业的特点，将其生命周期划分为如下几个阶段。

1）出生阶段

出生阶段，这标志着一个新企业的诞生，是一个不断学习、模仿以获得生存能力的过程，学者们一般把这一阶段描述为企业最艰难的阶段。企业成立初期，以填补市场空白或满足已有的市场需求为目标，这些市场需求基本能够维持企业生存并获取部分利润，因此，企业成立之初并不担心市场问题。加之资金和人力资源的限制，这些企业可能缺乏市场与销售部门。可见，当企业有了符合验收标准的产品并投入市场中时，就进入了出生阶段。

出生阶段企业的各项制度不完善，权力高度集中，企业的决策主要依靠高级管理者的已有经验做出，没有完善的规章制度可供参考。由于资金、市场、人员等的限制，这一阶段企业的产品单一、规模较小、复杂程度较低，因此，这一阶段的企业不注重管理，企业各项活动以生产为主。

2）成长阶段

成长阶段：经过了出生阶段，企业能维持生存，当企业有了自己的核心竞争力并能占有一定的市场份额时就认为企业进入了成长阶段。

企业内部，随着规模的扩大，经济效益不断增长；组织结构日趋完善；高层领导者的事务繁多，意识到分权的重要性。但企业内部仍然以产品为中心。

企业外部，开始不满足于已有的市场，企业尝试利用已有的技术、规模、信誉等扩大市场份额，国际市场也成为企业的目标市场。在这一阶段中，企业有了明确的市场定位，并以其专业优势获得市场份额，其产品种类开始多元化，具有一定的影响力，同时也拥有了较多的竞争对手。

3）成熟阶段

成熟阶段：经历了成长阶段，企业规模得到扩张，销售收入趋于稳定，企业内部的官僚政治色彩加重，企业的运营变得更加平稳、高效，即进入成熟阶段。

企业内部，与前两个阶段相比，企业组织结构更加健全，制度更加完善，从管理者到普通员工越来越专业化，员工受教育水平和素质越来越高。但这种平稳、高效的运行也给企业带来一些问题：随着制度的完善，约束力越来越强，僵化的管理与运营使企业缺乏活力，员工缺乏创新精神。

企业外部，经过前两个阶段的成长，企业在国内外市场都占有了一定的市场份额，订单的数量足以使企业获得较大的利润，良性的竞争与互动环境为企业的平稳发展提供了有力的支撑条件。但此时，行业市场前景较好，企业仍有上升的空间。

4）蜕变阶段

为了应对复杂的外部环境、新的市场进入者以及消费者需求的变化，企业不得不开发多元化的产品与服务，此时，企业进入蜕变阶段。在这一阶段中，企业为了保护其市场地位，开始改进技术与服务，开发新产品，提高管理水平。基于企业长期积累的技术优势、市场优势、规模优势等，大部分新进入者不足以对企业构成威胁，因此可以把本阶段看作企业的复苏阶段。

5）衰退阶段

由于市场的干涸或外部环境的剧烈变化，企业倒退发展，即进入衰退阶段。制造业转型升级不需要经历此阶段，且本书的创新行为研究不涉及这一阶段，故该阶段不在本书的研究范围之内。

2.5　制造业相关理论

制造业通过为新技术提供应用与试验平台，在技术进步进程中起到了创新孵化器的功能。2015 年，《中国制造 2025》公布，制造业在国家发展中的地位得到进一步的确定和提升。早在 2012 年，中国第二产业产值就达到 220 412 亿元，占GDP 的 47%，居三大产业之首，而制造业在第二产业中占据主导地位。本书主要以制造业中的装备制造业为案例对象，对制造业转型升级与技术创新能力协同发展进行分析。

2.5.1　制造业（装备制造业）的范畴界定

制造业是多个制造产业的集合，是通过制造过程、遵循市场规律，将输入制造系统的要素或者资源，经过制造、生产转化为产品或服务的生产行业的总称。装备制造业是为国民经济和国防建设提供技术装备的企业的总称，涵盖了金属制品业，通用设备制造业，专用设备制造业，汽车制造业，铁路、船舶、航空航天和其他运输设备制造业，电气机械和器材制造业，计算机、通信和其他电子设备制造业，仪器仪表制造业等行业。按照我国国家统计局关于国民经济各个行业的分类，将制造定义为经物理变化或化学变化后成为新的产品的过程。制造业具体划分情况如表 2-4 所示。

表 2-4　制造业范畴明细

行业编号	行业名称	行业编号	行业名称
1	农副食品加工业 Agricultural and food processing industry	7	皮革、毛皮、羽毛及其制品和制鞋业 Leather，fur，feathers and their products and footwear industry
2	食品制造业 Food manufacturing industry	8	木材加工和木、竹、藤、棕、草制品业 Wood processing and wood，bamboo，rattan，brown and grass products industry
3	酒、饮料和精制茶制造业 Drinking，beverage and refined tea manufacturing industry	9	家具制造业 Furniture manufacturing industry
4	烟草制品业 Tobacco processing products industry	10	造纸和纸制品业 Paper and paper products industry
5	纺织业 Textile manufacturing industry	11	印刷和记录媒介复制业 Printing and recording media reproduction industry
6	纺织服装、服饰业 Textile，apparel and garment manufacturing industry	12	文教、工美、体育和娱乐用品制造业 Culture，education，industrial beauty，sports and entertainment products manufacturing industry

续表

行业编号	行业名称	行业编号	行业名称
13	石油加工、炼焦和核燃料加工业 Petroleum processing, coking and nuclear fuel processing industry	22	通用设备制造业 General equipment manufacturing industry
14	化学原料和化学制品制造业 Chemical raw materials and chemical products manufacturing industry	23	专用设备制造业 Special equipment manufacturing industry
15	医药制造业 Pharmaceutical manufacturing industry	24	汽车制造业 Automotive manufacturing industry
16	化学纤维制造业 Chemical fiber manufacturing industry	25	铁路、船舶、航空航天和其他运输设备制造业 Railways, ships, aerospace and other transportation equipment manufacturing industry
17	橡胶和塑料制品业 Rubber and plastic products manufacturing industry	26	电气机械和器材制造业 Electrical machinery and equipment manufacturing industry
18	非金属矿物制品业 Non-metallic mineral products manufacturing industry	27	计算机、通信和其他电子设备制造业 Computer, communications and other electronic equipment manufacturing industry
19	黑色金属冶炼和压延加工业 Ferrous metal smelting and calendering manufacturing industry	28	仪器仪表制造业 Instrumentation and manufacturing industry
20	有色金属冶炼和压延加工业 Non-ferrous metal smelting and rolling processing manufacturing industry	29	其他制造业 Other manufacturing industry
21	金属制品业 Metal products manufacturing industry	30	废弃资源综合利用业 Comprehensive utilization of discarded resources industry

本书以上述分类为基础，将装备制造业的生产系统，按其生产过程分为投入—转化—产出三个过程进行研究。其中，投入过程是指企业为实现战略目标而进行的各种人财物及无形资产的投入；转化过程不仅包含与投入的对接过程，还包括物理转化过程、化学转化过程以及空间过程的转化等；产出过程不仅包括利润与产品量的产出，还包括企业信誉、品牌等无形产出。这些过程中包含着大量的创新内容，其中技术创新与营销创新是这些创新过程中比较重要的部分。

2.5.2　制造业转型的内涵

通常情况下，产业转型指的是产业结构、产业界限、产业竞争基础环境等方面的变化。制造业的转型亦包含制造产业结构、制造产业界限、制造产业竞争基础环境等的变化。国内学者关于制造业转型内涵的研究，可以归结为三个方面：一是从宏观层面上着手，通过一定的制造产业金融、制造产业财政、制造产业环境等政策措施，制造产业结构的各个方面得到直接或者间接的调整，实现制造产业的转型和优化。二是制造业发展的推动力由制造要素驱动向创新驱动转变，实现制造产业增长方式的转变和发展方式的转变。三是将制造产业的业务范围扩展到新的领域。

2.5.3　制造业转型的类型

1）创新型

20 世纪 40 年代后，美国制造业的生产率和产量日益上升，生产资料、汽车、电视等消费品的重工业比重日渐提升，尤其是信息制造产业的总体竞争力在世界范围内占据了主导地位，并借此扭转了传统行业日益衰退的势头，使制造业保持良好的发展态势。

2）跟进型

20 世纪 50 年代初，日本在赶超阶段没能注重国内技术的创新，没有形成独立自主的高新技术产业，在制造业转型中逐渐失去了竞争优势。所以，跟进型的制造业转型，一定要培育独立自主的技术产业，注重自主创新，只有这样才能实现产业总体的持续发展。

2.5.4　制造业转型的方向

制造业转型，实质是要由输入要素驱动的发展向创新能力驱动的发展转变。

1）创新驱动

要改善创新管理效率、加大企业科技创新投入在各项企业投入中的比例、培育创新型的人力资本、发展自主创新品牌，并将创新驱动理念贯穿于企业的全生命周期的生产和管理环节上。

2）人工智能

随着制造业的发展，中国今后应助推先进的制造方式，发展远程控制智能、创新网络制造、智能生产线等先进的人工智能生产方式，促进公共服务和基础设施向智能化方向演进。

3）绿色低碳

制造业一般需要经历低效率、高投入、高污染和不协调的起步阶段，随着中国城镇化进程的推进，制造业发展将会出现制造发展所需的资源要素短缺、输出环节的环境恶化等问题，这种高污染、高消耗的产业发展状况应该及时转变。

4）服务化

推动制造业的服务化、推动服务型制造，以及推动生产性服务业的发展，实质上就是将服务业与制造业相结合和匹配，从而促进整体制造业产业结构的优化和升级。

2.6　营销创新相关理论

2.6.1　营销创新概念的界定

目前，学者们对"营销"这一概念没有具体、统一的定义，结合国内外学者们的观点可以将营销概括为：从市场出发，通过预测、刺激、提供便利、协调生产等方式满足消费者需求的经济活动。营销创新是企业为了达成战略目标，实现可持续发展而不断改变营销观念，更新营销方式，提高企业经济效益的一系列活动。

本书对营销创新概念的界定，不仅仅是方式、方法的创新，而且包括企业发展过程中，通过整合企业内外部的人财物等有形资源和企业信誉、品牌等无形资源，形成新的价值主张、业务流程、外部关系或者新的盈利模式，从而带动企业的转型升级，使其盈利模式由"制造"向"服务"倾斜，进一步提高产出效率。这些新的营销行为与技术创新一样，可以对应于企业供产销的各个阶段，包括对企业的技术、服务、半成品及产成品等的营销，通过企业技术创新与营销创新的协同实现人力资源的重新配置、品牌的充分利用、挖掘潜在客户的需求以及与其他企业形成战略联盟等，进一步提高企业的创新绩效。

制造业的营销创新可以通过两种途径实现。一是就营销创新本身来说，其包括营销观念、方法、市场、产品创新等，营销创新的演化过程就是这些"子创新"的发展过程。这些"子创新"能够帮助企业更准确地预测市场、监控营销内外环境的变化，以使企业抓住市场机会，及时调整营销策略，获得竞争优势。在企业发展的不同生命周期，各要素投入量的相对多少以及不同要素之间相互影响、相互作用影响着"子创新"的进程，"子创新"的成功与否直接影响着整体营销创新的结果。二是营销创新与技术创新在企业发展的不同生命阶段中的相互作用、相互影响，使得营销创新进入更高层次，对企业的创新活动发挥更大的作用。

2.6.2　制造业营销创新的特征

不管是发达国家的制造业还是发展中国家的制造业，其生产经营过程大体遵循"订单—产品设计—加工制造—安装调试—售后服务"的流程。随着经济全球化程度的不断提高，产品的竞争更加激烈，消费者对服务的要求越来越高，这是推动企业强化服务、向服务转型的动力。大多数学者以价值链理论为基础研究制造业服务化的路径，认为制造业可以通过支持顾客行为、提供售后服务、外包、发展联盟四种方式实现服务化的转型。通过在企业发展中不断提高服务的比重，企业逐步由制造转向服务，不断构建完善的服务型制造业网络。从投入产出的角度构建制造业服务化的路径，即根据企业发展的不同生命周期，决定服务要素投入的增减，不断加强产品与服务的融合，最终使企业转变为服务中心。

结合制造业的行业特点以及国家的政策导向，其营销创新具有以下特点。

1）战略层面创新

战略层面制造业的营销创新逐渐向一体化产品与服务解决方案转变。随着市场竞争环境的不断变化，仅提供大众化产品的企业逐渐失去竞争优势，一体化服务与方案解决更能吸引消费者。

2）运营层面创新

运营层面逐渐转向以客户为中心。传统制造业的运营模式是以企业本身为中心的，以降低企业运营成本、为企业提供便利、提高企业绩效为前提。随着市场竞争的加剧以及供求关系的变化，企业正在由迎合消费者需求向引导消费者需求转变。

3）盈利层面创新

盈利层面，企业越来越注重产品附加值。借助信息技术的发展，供应商、企业、销售商、消费者等产品链上的主体已经逐渐参与到各个环节的价值创造、价值传递及价值实现等，形成新的营销方式。与产品相关的增值服务蕴藏在生产至消费的各个过程中，包括产品的流通和销售环节等。

目前，我国大多数制造业的营销方式仍然采用传统的价值主张、运营模式和盈利模式，在加速制造业转型升级的背景下，企业需要重新审视自己的商业模式或者营销方式，改变创新思路，利用企业现有资源和各方支持，加速制造业服务化的转变，摆脱发展过程中资源的束缚。

2.6.3　影响制造业营销创新的因素分析

综合营销创新的概念及制造业的特点，影响其营销创新的因素包括以下几方面。

（1）资金投入。营销创新活动不可避免资金的投入。制造业应抓住"中国制造 2025"的发展机遇，加快企业的转型升级，提高管理水平，在营销活动中捕捉市场信息并快速对市场做出反应，抢占市场获得竞争优势。

（2）营销创新的参与主体——企业和人。企业负责筹集营销创新项目的资金并承担风险，培养、引进优秀人才，配置相关设施，建立完善的营销体系；企业承担风险的同时也可能获得巨大的收益。虽然企业是营销创新的主体，但最终起决定作用的还是人。在企业中具体的营销创新活动还是要靠营销人员来完成，营销人员负责活动的策划、组织、实施，具有不可取代的重要作用。

（3）创新环境。企业任何活动的进行都必须得到内外部环境的支持，而环境又是不断变化的。因此，制造业要想开展有效的营销创新活动，必须要时刻监控企业内外部环境的变化，并从专业的角度分析环境变化为营销创新活动带来的机遇和挑战，不断调整、改变营销策略，防范风险的同时挖掘潜在的市场机会。

（4）良好的企业文化。企业文化影响着员工的价值观、思维方式和行为方式等，企业文化间接地影响营销创新活动的效果。良好的企业文化发挥导向和激励功能，这对营销创新活动有着无形的推动作用。

第3章 制造业转型升级与技术创新协同发展机理分析

3.1 制造业技术创新动态发展过程分析

技术创新过程作为知识管理和人才管理的载体，是一个复杂的过程。技术创新过程是由技术创新的构想，经过 R&D 或技术组合，到获得实际应用，并产生经济、社会效益的商业化全过程活动。它是一个连续的、动态循环的过程，组成技术创新过程的各个阶段不仅是按线性序列递进的，而且存在着过程的多重循环与反馈，各个阶段相互区别又相互联系和促进。本书将技术创新动态发展过程划分为五个阶段：技术创新构思、技术创新评价、技术创新 R&D、技术创新生产及商业化、技术创新反思，各阶段由不同的职能部门来完成。技术创新过程是多职能部门并行推进而形成的一个互动的过程，如图 3-1 所示。

1. 技术创新构思阶段

从图 3-1 可以看出，制造业技术创新动态发展过程始于技术创新构思的产生，它是技术发展与市场需求共同作用的结果。市场变化、技术进展和机会、对某种需要的认识都可能激发技术创新构思的产生。

由于激烈的市场竞争以及变化不断的需求，企业为了生存和发展，必然致力于技术创新以开发新产品或新服务，从而开拓新市场，扩大市场占有率。

2. 技术创新评价阶段

各职能部门根据各自的业务职责对上阶段的技术创新构思进行初步评价、筛

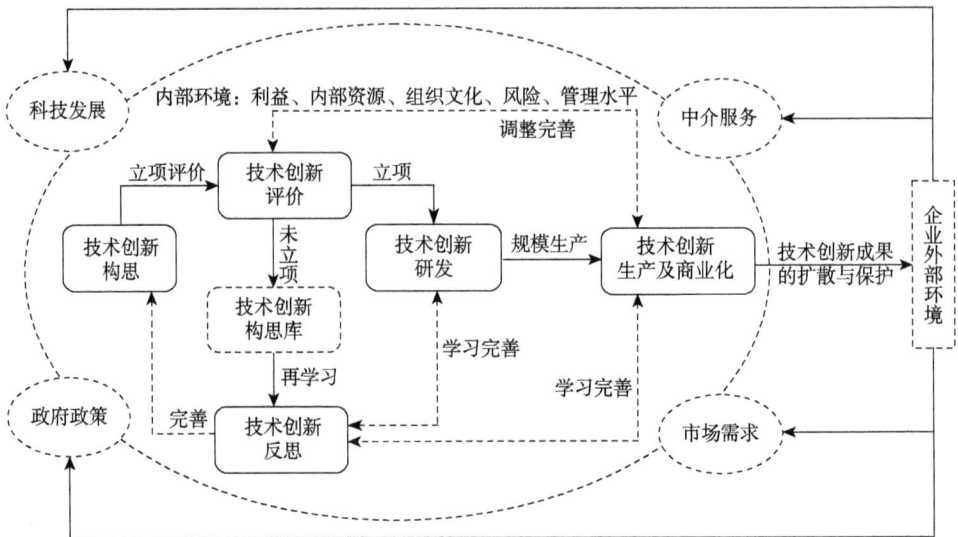

图 3-1　制造业技术创新动态发展过程模型

选、完善及组合，权衡各项技术创新构思的费用、潜在效益与风险。评价活动贯穿技术创新的全过程。除了要对技术创新的构思进行评价之外，在随后的技术创新成果的 R&D 及商业化等阶段，也都要适时进行评价。

3. 技术创新 R&D 阶段

这一阶段需要投入大量的人力、物力，涉及众多部门和人员的密切配合以期解决技术创新后续生产过程中存在的问题，并在技术创新成果的 R&D 过程中对技术创新构思不断进行调整、修正。

4. 技术创新生产及商业化阶段

技术创新的技术开发部门与生产部门解决了技术创新生产技术方面的具体问题后，将着手准备新的生产线，从而进行大规模生产，然后通过营销部门实现技术创新成果的商业化。

5. 技术创新反思阶段

对组成制造业技术创新过程的其他阶段的经验和教训进行总结与归纳，将其作为进行下一个技术创新项目的前期资料，便于制造业企业进行新一轮的技术创新。

3.2　制造业转型升级要素及其作用机理分析

3.2.1　制造业转型升级要素的理论分析

制造业转型升级的关键在于产业在国际上位势的选择与变化。

1）外生制造业转型升级理论

外生制造业转型升级理论的代表人物之一——钱德勒（Chandler，1962），强调制造企业的组织结构和经营战略要适应外部环境的要求，他在《战略与结构》一书中指出，随环境变化，制造业需要进行相应转型。另一位代表人物——安索夫（Ansoff，1979），则强调制造企业的战略行为是对环境的适应过程中最为重要的要素之一。他在《战略管理》中也认为，制造业企业的战略行为是导致企业内部结构化过程的关键要素。对外部环境的结构化分析，则由波特（Porter）在其著作《竞争战略》（*Competitive Strategy*）和《竞争优势》（*Competitive Advantage*）中，代表产业组织学派完成。波特将产业组织学派的 S-C-P［structure（结构）、conduct（行为）、performance（绩效）］理论与模型，运用于企业战略研究，认为制造业转型升级影响有：企业参与竞争的产业的吸引力，以及企业在该产业中的地位。

学者们还提出了 PEST［P（political，政治）、E（economy，经济）、S（social，社会）、T（technology，技术）］分析模型，来对制造业转型升级的一般环境进行分析。

2）内生制造业转型升级理论

内生制造业转型升级理论认为，企业资源包括技术、品牌、专利、商标等。Penrose（1995）认为制造业转型升级的速度主要取决于制造业的管理能力。管理资源是管理团队的专业化经验和能力，这种经验和能力是不可能通过市场交易而获得的。企业多元化成长的可能性与企业能力特别是管理能力状况呈现出高度正相关的关系。

3）企业演化理论

制造业转型升级若要获得成功，就必须从演化路径中寻找适合的战略方向、机会和目标。学者们认为组织是以一系列的渐进式战略选择的方式进行的，组织资源能力会随着时间的演化而发生变化，并且在这种演化过程中，制造业转型升级得以持续。由于企业的反应式修改战略与预期战略导致的竞争活动不存在均衡，战略选择应该在竞争环境与企业活力之间寻求适配而不是静态均衡（Nelson and Winter，1982）。

3.2.2　制造业转型升级要素的作用机理分析

本书根据系统动力学原理，构建制造业转型升级系统的动力学模型，并阐释制造业转型升级的动力机制，期望有助于推动制造业的良性成长。

本书主要研究的是以制造业系统为边界的转型升级的机理问题，以影响制造业转型升级的内部要素（战略、技术、制度、文化、组织和市场）和外部要素（社会服务、经济技术环境、政策法律环境）为对象，对其相互之间的关系进行分析和整合，并在此基础上构建制造业转型升级机理系统动力学模型。

系统动力学分析利用的是因果关系，其中正的因果关系表示具有因果关系的变量中，一些变量增加或减少会导致另一些变量增加或减少；负的因果关系则相反。制造业转型升级各影响因素与制造业转型升级业绩之间最终会形成一个闭回路，是一个循环的过程。在制造业转型升级系统中，战略、技术、制度、文化、组织、市场及社会服务是制造业转型升级成功的正因果关系要素，制造业的战略、技术、制度、文化、组织、市场及社会服务等要素投入越匹配，质量越高，制造业转型升级的数量和质量就越高。

制造业转型升级所带来的规模的扩大和效益的增加，既增强了企业的人才吸引力和 R&D 投入，又使得企业有更多的资金投入制度、组织、文化及战略发展中，也会引起更多社会服务组织和机构的关注。而这些要素的提升将进一步促进企业规模的扩展，从而形成一个制造业转型升级的良性循环过程。

根据系统动力学理论，系统内部一定有一个回路在起主导作用，这个起主导作用的回路就是增强回路，它会促使一个系统稳定地处于不断增长的态势，因此，对于制造业转型升级而言，也一定存在一个以上的增强回路在促进成长能力的提升。因此，正反馈回路是制造业转型升级系统的基本结构之一。

制造业的外部关系管理能力、市场营销能力、战略管理能力、技术创新能力、企业文化、组织管理能力对制造业转型升级来说都是非常重要的正因果要素。制造业的高智力、高投入、高收益、高风险的特殊性，使得制造业转型升级关键性的因素影响程度与其他行业企业不同。在本书中所论述的制造业转型升级要素体系就包含了战略、技术、制度、文化、组织、市场及社会服务七种关键要素，它们对制造业的转型升级起着重要作用。可将制造业转型升级的系统结构划分为战略、技术、制度、文化、组织、市场及社会服务要素。

1）制造业战略要素与制造业转型升级

随着科研机构、教育机构、金融和中介机构、其他企业等外部社会网络对制造业创新支撑力度的逐渐加大和政府鼓励创新政策的逐渐完善，一方面制造业领导对创新的重视程度加大，促使制造业加强完善创新相关制度，使制造业创新战略定位和执行效率加大，提升了制造业的战略创新能力，进而提升了制造业的竞争力，实现制造业战略目标。另一方面，在制造业竞争力提升和制造业外部主体支撑力度逐渐加大的基础上，制造业可支配的资源逐渐增多，加大了制造业的创新投入，为制造业领导者识别和预测市场趋势能力的加强提供了前提和保障，使企业领导对经济、技术信息加工、收集和吸纳的能力得到加强，在此基础上，与创新相关的制度会得到完善，使企业创新战略定位和执行效率加大，提升了企业的战略创新能力。这说明制造业转型升级与制造业战略创新能力的提升相辅相成，互相促进，共同发展。

制造业的竞争，开始于战略；企业的成功，取决于战略。企业规模越大，越需要战略的指导，也越重视战略的制定；企业战略规划越完备，越能很好地适应内外部环境的变化，制造业转型升级的速度也会越快，成长的质量也会越高。由此，形成了制造业战略要素的正反馈回路，也形成了一个自增强的围绕战略要素循环的动态过程。

2）制造业技术要素与制造业转型升级

随着科研机构、教育机构、金融和中介机构、其他企业等外部社会网络对制造业创新支撑力度的逐渐加大和政府鼓励创新政策的逐渐完善，产学研合作水平得到提高，这为制造业提供了更丰富的可支配资源，加大了创新资源投入强度，这一前提下，制造业技术能力的提高沿着三条线进行：一是创新资源投入强度的加大，使制造业拥有更多的技术创新资金，技术改造和技术引进经费强度加大，设备新度水平提高，技术创新成果的市场收益率提高，企业技术创新能力提高。二是创新资源投入强度的加大，使 R&D 人员规模与结构、技术带头人比重更加合理，进而企业知识结构更加合理，转化成为科技成果奖数增加、know how 数增加、R&D 人员拥有的授权专利数增加。这些成果数量的增加，使企业技术创新成果的市场收益率的提高弥补了由科技进步而产生的市场科技进步领先技术创新能力的差距。三是创新资源投入强度的加大，使 R&D 经费投入强度加大，R&D 经费投入增长率加快，R&D 机构数量和层次进一步提高，技术创新成果的市场收益率提高，制造业技术创新能力提高。沿着这三条，制造业技术能力进一步提高制造业竞争力，从而实现制造业转型升级战略目标。

学者们认为，制造业规模越大，人才吸引力越大，技术创新投入能力越强，也越重视企业创新；企业创新资源越丰富，知识积累和专利技术产出越多，企业核心竞争力会越强，制造业转型升级的速度也会越快，成长的质量也会越高，进而企业规模会越来越大。由此，形成了制造业技术要素的正反馈回路，也形成了一个自增强的围绕技术要素循环的动态过程。

3）制造业制度要素与制造业转型升级

管理水平的高低取决于企业管理制度完善程度的高低。完善的管理制度既能够充分调动团队成员的工作积极性，增强团队成员的凝聚力，又能提升团队工作效率。反之，因管理制度不完善，企业员工工作效率低下，凝聚力不强，企业在激烈的市场竞争中被淘汰。

企业管理制度越完备，企业的凝聚力越强，企业核心竞争力越强，制造业转型升级的速度也会越快，进而企业规模会越来越大。由此，形成了制造业制度要素的正反馈回路，也形成了一个自增强的围绕制度要素循环的动态过程。

4）制造业文化要素与制造业转型升级

企业文化要素包括企业价值观、企业环境、企业典型人物、文化仪式和文化网络。

科研机构、教育机构、金融和中介机构、其他企业等外部社会网络对制造业创新支撑力度的逐渐加大和政府鼓励创新政策的逐渐完善，使创新资源的投入强度加强，制造业可支配的资源更加丰富，创新风气逐渐形成，崇尚创新行动的执行效率也更高。

企业文化越强有力、越被员工认同，越有利于形成企业发展合力，制造业转型升级的速度也会越快，进而企业规模会越来越大。由此，形成了制造业文化要素的正反馈回路，也形成了一个自增强的围绕企业文化要素循环的动态过程。

5）制造业组织要素与制造业转型升级

企业组织的适应外部环境的能力、协调能力、运行能力、决策能力等与组织效率密切相关，直接影响组织中各类活动的效果及各类关系的运行情况，进而影响企业目标的实现程度。制造业组织架构越合理，越有利于有效地利用内外部资源，制造业转型升级的速度也会越快，进而企业规模会越来越大。由此，形成了制造业组织要素的正反馈回路，也形成了一个自增强的围绕企业组织要素循环的动态过程。

6）制造业市场要素与制造业转型升级

制造业的转型升级是与市场密切联系的。企业依托技术、战略、组织、文化及外部服务等要素优势，在市场竞争中取得优势地位，增强市场机会利用的有效性。市场占有率越高，制造业转型升级的速度越快，进而企业规模会越来越大。由此，形成了制造业市场要素的正反馈回路，也形成了一个自增强的围绕企业市场要素循环的动态过程。

7）制造业社会服务要素与制造业转型升级

良好的企业外部关系是制造业获得高质量社会服务，进而提高企业的市场竞争能力和经济效益的保障，也有助于塑造良好的企业形象和建立广泛的经济联系网络。

首先，政府关系是企业的重要社会资本要素。与政府部门建立良好的关系，能为制造业的发展获得更多的资金、更优惠的政策支持。政府为企业提供了宏观的运行环境，包括引导公平竞争规则、制定产业发展政策、提供公共基础设施。其次，制造业的各个发展阶段都需要有大量的资金的支持，以保证技术 R&D 及市场开拓、吸引优秀人才。因此，制造业的发展离不开银行的信贷资金支持，建立良好的银企关系对制造业来说非常重要。此外，供应商也是制造业发展的外部资源。

一般而言，制造业规模越大、核心竞争力越强，其对银行、供应商、中介机构的吸引力越大，政府也越重视该企业的发展，企业外部关系管理的经验也越丰富，企业获得上述组织的社会服务就越多，会给企业的发展注入越多的外部力量，制造业转型升级的速度也会越快，进而企业规模会越来越大。由此，形成了创新型社会服务要素的正反馈回路，也形成了一个自增强的围绕社会服务要素循环的动态过程。

8）经济技术环境要素与制造业转型升级

区域产业经济环境主要与产业基础、产业市场、基础设施、产业政策、生活条件等因素有关。一个区域如果有良好的产业基础，这个区域就更容易推动制造业的集群形成。

技术是制造业的生命线：①在技术依存度很高的高技术产品制造领域，最先导入新技术的企业能够促使市场上现有资源向自己靠拢，通常能够获得更高的市场份额、获取更高回报；②科研机构、高校、R&D 投入等 R&D 环境直接影响着制造业技术创新活动的频率、数量、水平；③制造业的技术转移与扩散的环境决定了科技成果转化的方向、速度和效率。

3.3　制造业转型升级与技术创新关系分析

3.3.1　技术创新驱动是制造业转型升级的重要动力

1）技术创新是提升制造业核心竞争力的关键动力

通过技术创新可以提升制造业企业的转型升级能力。制造业企业是技术创新的主体，技术创新力和核心竞争力增强，制造业在行业中的竞争力也相应增强。我国制造业企业目前的技术创新能力还较弱，这在很大程度上归因于制造业缺乏技术创新主力军意识、市场主体意识，技术创新意识较弱。

2）技术创新驱动制造业企业自主创新能力的提升

通过技术和制度革新，建设和完善企业主导的制造业技术创新体系，可以提升制造业自主能力和内在活力，从而推动制造业的转型升级。

3）技术创新可以转化为制造业生产力

通过技术创新，能够将研究成果转化为市场要素或制造业创新产品，赢得先机，并以市场需求和用户体验为导向，摆脱成果转化率低的研究困境，发挥技术创新对制造业转型升级的驱动作用。

3.3.2 制造业转型升级必须以技术创新驱动为主要手段

1）科技进步方面

技术创新可以推动生产系统、产品系统和市场的不断更迭，促进制造业整体结构的改善和转型升级。技术创新对制造业转型升级的作用可以用图 3-2 来形象地概括。

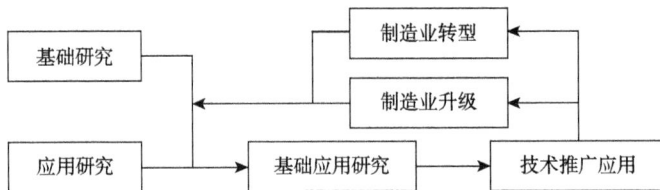

图 3-2 技术创新与制造业转型升级关系图

2）内部管理机制方面

企业自主创新是较为复杂的经济行为，把握企业的内部管理机制是弄清企业创新行动的必要内容。制造业整体的转型升级必须依赖企业这一创新主体，企业的内部管理制度体现在企业内部各个职能部门的职责协调上，通过设置合理的协调管理机制，不仅能够大大降低管理成本，还能够提升管理的效率，促进制造业整体的转型。

第4章 制造业转型升级与技术创新协同发展动力研究

在不断变化的环境中实现转型升级，就是由一种形态向另一种形态跃进，从而实现制造业的转型升级目标。从系统角度看，制造业实现转型升级的关键在于在动态环境下，在各要素间协调一致基础上实现量的扩张和质的改善，即建立起相应的转型升级动力机制。制造业转型升级与技术创新协同发展是由企业系统内生要素、外在环境要素与企业转型升级共同作用，从而实现目标的过程。由企业系统内部要素的耦合所产生的拉动作用可称为内生转型升级动力。由外部环境所带来的挑战和竞争压力，称为外在转型升级动力或制造业系统演化的外部动因。

4.1 制造业转型升级与技术创新协同发展内在动力

1. 制造业的创新投入

制造业的创新投入能力直接反映了制造业转型升级与技术创新协同发展的强弱，是制造业创新过程中重要的客体要素之一，主要有以下几个要素。

1）R&D经费投入

所谓R&D，就是研究和发展。研究是针对某个研究对象的科学知识，通过对事物现象的反复思索与周密调查，进行的系统的、大量的、反复的探索。R&D经费投入是制造业转型升级与技术创新协同发展的重要要素。

制造业R&D经费一般应该包括：制造业R&D经费的内部支出经费和外部支出经费。其中，用于开展基础研究、应用研究、试验发展等内部R&D活动的实际支出经费，用于制造业R&D活动的直接支出经费，间接用于R&D活动的管理费、服务费、外协加工费，R&D 有关的基本建设支出经费等可以归入制造业报告期内的 R&D 内部支出经费。委托外单位 R&D 活动、与外单位合作 R&D 活动而支付给被委托方的经费，可以归入制造业报告期内的 R&D 外部支出经费。

2）制造业技术引进及制造业技术改造费用

技术引进可以在较短的时间内迅速实现工业现代化水平的提高，同时引进技术生产新产品，还节约了大量的外汇。可见，技术引进具有后发优势。所以，技术引进是发展中国家赶超世界先进水平、发展企业竞争力的必由之路。

充分利用原有的技术基础和生产条件对现有技术进行有效的改造，只需在某些重要的工序采用新工艺、新设备，或是对生产薄弱环节进行必要的设备更新改造，或是只改进设备的某些关键部件，就能够使生产能力获得迅速增长。所以，技术改造是制造业扩大再生产的重要方式，也是促进传统制造业进行技术结构合理化的手段，是制造业转型升级提高竞争力的重要举措。

3）培训费用投入

培训费用是提高职工素质的主要投入，是指用于培训职工产生的费用。它是制造业发展的必要投入，是制造业提升竞争力的重要环节，同时也是一种有效的激励方式。

4）人力资源投入

人力资源是指参与制造业转型升级和各类创新活动的所有人员。人力资源是最重要的创新要素，是制造业进行转型升级和各类创新活动的行为承担者，在转型升级和各类创新活动中起着基础性和决定性的作用。

5）技术资源投入

技术资源包括相关专利、技术开发能力、成果与知识、技术诀窍等。

6）知识资源投入

知识资源分为隐性知识资源和显性知识资源。隐性知识资源是指那些难以规范化和清晰地表述出来的知识资源，这些知识资源只能通过成员之间的交流和学习才能体会到。显性知识资源是指可以用文字和语言等来表达的知识资源。

7）资金资源投入

资金资源是指为制造业进行转型升级和各类创新活动提供的一切经费，是制造业竞争形成的财力保障，包括政府提供的企业资金、科研经费、风险投资基金、银行贷款等。

8）文化资源投入

文化资源包括创新氛围、协同能力、合作精神、诚信、冲突解决能力等。

9）信息资源投入

信息资源包括信息基础设施、各种电子设备、人才信息、技术信息、市场信息、网络资源、管理信息系统等。

2. 制造业的创新实施

作为制造业转型升级与技术创新协同发展实现的最重要的客体因素，制造业的创新实施主要包括以下几个方面。

1）制造业的创新战略及创新项目规划执行力

创新战略相关文件、管理制度，创新战略有关的决策机制、规范的完善情况，创新战略的定位及执行情况，企业领导者预测市场趋势的能力，企业领导者对创新的重视程度，管理者信息收集、加工、吸纳的战略能力都是制造业转型升级与技术创新协同发展的重要客体要素。

2）制造业的 R&D 能力

（1）R&D 人员比例。

R&D 人员是指参与研究与试验项目管理、辅助、研究的人员。R&D 人员比例是指企业职工总数中 R&D 人员所占的比例。把 R&D 经费投入归入 R&D 投入能力，将 R&D 人员比例归入制造业的创新实施能力，是因为作为企业技术积累的结果的 R&D 人员比例，不一定全部投入创新过程之中。此外，制造业创新过程中所涉及的技术带头人比重、R&D 机构数量及层次等也应归入制造业创新实施能力要素之中。

（2）高水平的技术带头人比重。

R&D 人员质量是影响制造业转型升级与技术创新协同发展的重要因素。高水平技术带头人、企业博士数量的多少、省部级以上的技术专家占技术人员的比例大小，可以用来衡量制造业转型升级与技术创新协同发展水平的高低。

（3）R&D 机构数量及层次。

作为制造业的竞争力的关键客体要素之一，企业的工程（技术研究）中心，省级、国家级的 R&D 机构、重点实验室、技术中心等 R&D 机构的 R&D、转化能力反映了制造业企业的自主创新能力。

（4）R&D 人员（每千名）拥有的授权发明专利量。

R&D 人员（每千名）拥有的授权发明专利量是指每千名 R&D 人员所拥有的授权发明专利数量。

（5）科技成果获奖及鉴定数。

科技成果获奖及鉴定数包括获得省部级以上奖励、通过省部级以上鉴定项目的数量。

（6）技术诀窍数量。

技术诀窍是企业长时间的实践技术经验积累的结果，包括未申请专利的、有实用价值的、生产先进的、未经公开的技术知识和独特技巧。它能够反映制造业的竞争力。

3）制造业的制造能力

（1）设备新度。

从创新的过程来看，制造是实现商业化、进行科技成果转化、把发明创造变为创新产品的重要环节，而制造设备的先进程度是关系到制造能力的最关键的因素。

（2）制造质量保证指数。

制造业企业获得的质量保证体系认证的标准数，称为质量保证指数，如ISO[①]、UL[②]、CSA[③]、PSE[④]、CE[⑤]、GS[⑥]、NF[⑦]、BSI[⑧]、CCC[⑨]、CMM[⑩]等的数量。通过国际标准化组织认证的产品数量可以衡量制造业产品的规范程度与标准化程度。

4）制造业的创新产品营销力

制造业企业创新最终是通过市场获得潜在利润的，因此，制造业要实现转型升级与技术创新协同发展，就必须在创新市场上进行商业化，而创新服务或创新产品成功进行市场商业化的因素除了自身产品（服务）的需求数量、价格、质量以外，还包括企业营销能力，企业投入大量营销费用进行创新产品（服务）的营销就势在必行。

最重要的营销手段之一就是广告，广告有助于建立品牌，可以提高产品的品牌知名度，可以提高产品的品质认知度，维持消费者对品牌的忠诚度。

5）制造业的创新保障力

（1）企业知识产权保护力度。

知识产权保护制度为制造业创新提供有效的法律保护，是保护创新科学技术的重要方法。加速企业创新的过程，可以激励企业的创新行为，促使企业创新成果的转化。

（2）企业重大风险管理力。

制造业转型升级与技术创新协同发展过程是一个由多种创新类型、多个创新项目集成的非线性复杂过程。制造业转型升级与技术创新协同发展过程面临比单

---

① International Organization for Standardization，国际标准化组织。

② UL：Underwrites Laboratories Inc.，美国保险商实验室。

③ CSA：Canadian Standards Association，加拿大标准协会。

④ PSE：Packet Switching Equipment，日本产品安全强制性认证。

⑤ CE：Conformite Europeenne，欧盟安全认证。

⑥ GS：Geprufte Sicherheit，德国产品安全认证。

⑦ NF：Normal Force，法国产品认证标准。

⑧ BIS：British Standards Institution，英国标准协会。

⑨ CCC：China Compulsory Certification，中国强制性产品认证。

⑩ CMM：Capability Maturity Model，即能力成熟度模型，是美国软件能力成熟程度的认证模式。

纯技术创新过程更加复杂、更大的风险。对重大创新及时进行识别、控制、管理，可能使制造业避免损失。

3. 制造业的创新产出

制造业的创新产出一般可以由以下几个指标来测量。

1) 工业增加值平均增长率

工业增加值是工业企业生产过程中新增加的价值，是以货币形式表现的工业生产活动的最终成果，是扣除了在生产过程中消耗或转移的物质产品和劳务价值后的余额。

2) 全员劳动生产率

可以用年工业增加值与全体员工数量的比表示制造业全员劳动生产率。这一指标可以反映制造业周期内单位人员创造的价值的大小。

3) 全部销售收入中新产品销售收入所占的比重

全部销售收入中新产品销售收入所占的比重主要考察周期内制造业企业创新产品对制造业企业经济增长的贡献情况。

4) 创新对经济增长的贡献率

制造业创新对经济增长的贡献率是指所有投入创新要素对经济综合作用的结果。也可以用最终产出的增加或减少来表示。

5) 创新产品国内市场占有率

创新产品国内市场占有率是指一定时期内，在同类产品中，新产品所占有的市场份额。这一指标可以用来衡量企业创新产品的影响力、创新产品的市场地位。

6) 品牌创建绩效

品牌作为一种高潜质的战略资源和提升竞争力的战略要素，是制造业转型升级与技术创新协同发展的核心。品牌不但能提升制造业企业的竞争优势，还能增加制造业企业的资产价值。

7) 新产品环保性能、节能减排绩效

作为制造业生产的必要条件和重要的原材料，能源资源是制造业企业生产经营必不可少的。减少能源、原材料的消耗，可以降低制造业企业的生产经营成本，提高制造业企业的市场竞争力。制造业企业在发展战略中对新产品环保性能、节能减排绩效、环境保护也提出了更高要求。

8) 企业专利申请数

拥有更多的专利，可以使制造业在激烈的市场竞争中争取主动权，率先占领市场。通过实行专利实施许可，能够有效配置技术创新资源，为企业寻求更多的合作机会，保护企业的权益，使企业获得更大的经济效益。

9）技术标准级别及数量

技术标准的内容包含制造业细节性技术要求和有关技术方案的文件，是指一种或一系列具有一定强制性要求或指导性功能的文件。

4.2　制造业转型升级与技术创新协同发展外在动力

本书归纳出制造业转型升级与技术创新协同发展的外部动力因素，包括以下几个方面。

1）政策与法律

制造业的转型升级是在复杂社会系统中实现的，其始终需要与宏观的经济环境相互作用。政策与法律环境作为制造业转型升级与技术创新协同发展外部动力中的核心要素，是宏观经济中不可或缺的重要组成部分。

2）行业发展结构与水平

行业发展结构与水平会直接影响制造业转型升级与技术创新协同发展的进程。当拟进入行业存在较高进入壁垒，或是所在行业处于衰退期时，制造业所在行业将给制造业转型升级与技术创新协同发展带来严重的冲击。

3）市场需求及竞争状况

制造业的转型升级需要通过社会系统的市场商业化来实现，市场是制造业的主要收入来源：一方面，通过市场需求拉动制造业转型升级与技术创新协同发展；另一方面，通过市场竞争压力推动制造业创新活动不断进行。

4）科技中介服务支持体系

良好的科技中介服务支持体系能够增加市场机遇，有效降低制造业市场交易成本、为创新企业的快速转型升级提供支持。利用好科技中介机构，协调好企业与科技中介机构之间的关系，为制造业搭建技术交流与分享的平台，对于制造业的发展有着良好的促进作用。

5）合作伙伴因素

企业间的联盟已经成为一种重要的制造业转型升级与技术创新协同发展模式。通过构建良好的联盟关系，恰当选择合作伙伴，共享联盟资源，有利于制造业获得竞争优势。

第5章　基于全要素的制造业转型升级与技术创新协同发展研究

5.1　基于全要素的制造业转型升级与技术创新协同发展内涵

　　制造业转型升级与技术创新协同发展是各个创新要素的整合及创新资源在制造业转型升级系统内无障碍流动，制造业转型升级与创新要素之间有机配合，进而产生单独创新要素无法达到的协同效应过程。根据制造业转型升级与创新要素协同的实现途径的不同，可将制造业转型升级与创新要素协同分为制造业转型升级外部创新要素协同和制造业转型升级内部创新要素协同两种。制造业转型升级外部创新要素协同的实现取决于制造业转型升级和其他相关组织的互动，制造业转型升级内部创新要素协同的实现依赖于制造业转型升级内在要素之间的互动。由此，制造业转型升级与创新要素协同可以定义为，以制造业转型升级发展创新战略要素为导向，以提高制造业转型升级与创新要素协同为核心，通过核心要素（技术）与支撑要素（战略、文化、制度、商业模式、品牌等）的协同作用，实现制造业转型升级与全部创新要素协同效应的过程。

　　制造业转型升级是企业系统内在的创新要素、外在环境创新要素共同作用，实现目标的过程。外部环境所带来的挑战和竞争压力作用是制造业转型升级系统演化的外部动因。由制造业转型升级系统内部创新要素的耦合所产生的拉动作用称为内生成长动力。制造业转型升级的内在动力以及外部环境系统的压力，使得制造业转型升级不断从无序到有序，由一种形态向另一种形态跃进，在不断变化的环境中实现成长，实现制造业转型升级目标。

　　制造业转型升级具有明确的创新战略目标。创新战略通过对制造业转型升级发展的整体规划和系统设计来保证制造业转型升级的成功，并使其持续创新，不断增强创新能力。制造业转型升级过程不是间断式或短暂的创新，而是对制造业转型升级过程中各种生产要素进行系统的调整和新组合的持续性成长进程。所以，制造业转型升级以实现创新成果的市场价值为目标，以市场化为导向。制造业转型升级不仅要关注消费者当前的市场和技术需求，更要挖掘创新的新源泉，重视其潜在的市场和技术需求，以增强未来的成长能力，带来未来市场地位的提升。

制造业转型升级创新要素可以分为两类：第一类是外部创新要素，第二类是内部创新要素。

（1）制造业转型升级外部创新要素构成分析。制造业转型升级具有复杂开放性系统特征，其实现过程是在社会系统内完成的，其成长必然与社会系统内的其他创新要素有着广泛的联系，如政治环境、行业结构与发展、市场需求及竞争状况、合作伙伴及中介服务支持体系、社会文化环境、历史环境和自然环境等都会对高技术企业成长产生影响。

（2）制造业转型升级内部创新要素构成分析。基于创新要素协同的制造业转型升级过程涉及的内部创新要素包括战略创新要素、技术创新要素、品牌创新要素、商业模式创新要素、文化创新要素和制度创新要素等。

一是战略创新要素。竞争是制造业转型升级过程中不可回避的问题，在竞争环境下，制造业转型升级首先应确立战略在经营管理中的主导地位。根据制造业转型升级目标和战略本身的特点，制造业转型升级战略创新要素是引导制造业转型升级持续、健康成长的必然选择。战略定位空间中的空缺可以是：竞争对手未能充分满足的顾客现有需要、顾客新需要、新出现的顾客、潜在顾客细分市场、为目前或新出现的顾客细分市场生产、传递或分销现有的、创新的产品或服务的新方法。

二是技术创新要素。技术创新是制造业转型升级的核心内部创新要素。技术创新是指制造业转型升级过程中，运用先进的科学技术改进现有组织方式和生产工艺，以开辟新市场、发现和控制新的原材料、生产出新产品，从而提高制造业的市场竞争力、实现高质量成长。

三是品牌创新要素。品牌创新是指随着制造业转型升级经营环境的变化和消费者需求的变化，品牌的内涵和表现形式也要不断发展。在经济全球化、网络化趋势下，产品的竞争和企业间的竞争明显地表现为品牌创新的竞争。制造业转型升级品牌创新是制造业转型升级提升竞争力的必然选择。

四是商业模式创新要素。商业模式由完整的服务、产品、信息流体系构成，涉及每一个参与者的潜在利益。商业模式创新的重要性已经不亚于其他创新要素，是指为制造业转型升级价值创造提供基本逻辑的创新和变化，它既包括要素间关系或者动力机理的变化，也包括多个商业模式构成要素的变化。

五是文化创新要素。文化创新要素是指制造业根据本身转型升级的特点和性质，使其成长与环境相匹配，形成体现共同价值观的创新企业文化。文化创新的实质在于，突破与企业经营管理实际脱节的合理化的文化理念束缚，向贯穿于全部创新过程的新型经营管理方式转变。

六是制度创新要素。制度创新是制造业转型升级的前提，是为获得追加、超额收益而对现存制度所进行的变革。制度创新通过不断优化企业内部各利益相关者的关系，完善内部的各种规章制度，合理配置各种创新要素，适应外部环境多变性的趋势，满足制造业转型升级内部一系列创新要求。制度创新通过改变企业产权结构，为企业创新活动提供合理的创新制度保障，包括企业产权制度创新、经营制度创新、人事制度创新、营销制度创新等要素。

5.2　基于全要素的制造业转型升级与技术创新协同发展过程研究

5.2.1　基于战略要素的制造业转型升级与技术创新协同发展过程研究

制造业转型升级与创新要素协同活动系统边界模糊，具有高度复杂性和高阶次非线性特征，具有多重反馈环，创新要素之间具有难以揣度的相互依赖、互相促进的协同关系；同时，由于时滞作用，原因和现象、原因和结果在时空上出现分离，单凭经验判断、直观认识、人脑推理很难甚至不可能分析出制造业转型升级与创新要素协同机理。本书研究依据协同学理论、复杂性科学理论、系统动力学理论等，以系统观点、动态思维界定制造业转型升级与创新要素，构建基于创新要素协同的制造业转型升级动力模型，揭示制造业转型升级与创新要素协同系统中的复杂关系，并为下一步运用 Vensim 软件基于创新要素协同的制造业转型升级模型进行模拟，解决用人脑无法直接完成的难题，为选择制造业转型升级作为案例研究对象实施企业调查、进行案例测度提供参考。

根据战略本身的特点、制造业转型升级与技术创新协同发展的基本要求，可知战略创新是引导制造业健康、持续成长的必然选择。根据制造业转型升级与技术创新协同发展系统的基本构成要素，构建基于战略要素的制造业转型升级与技术创新协同发展模型，如图 5-1 所示。

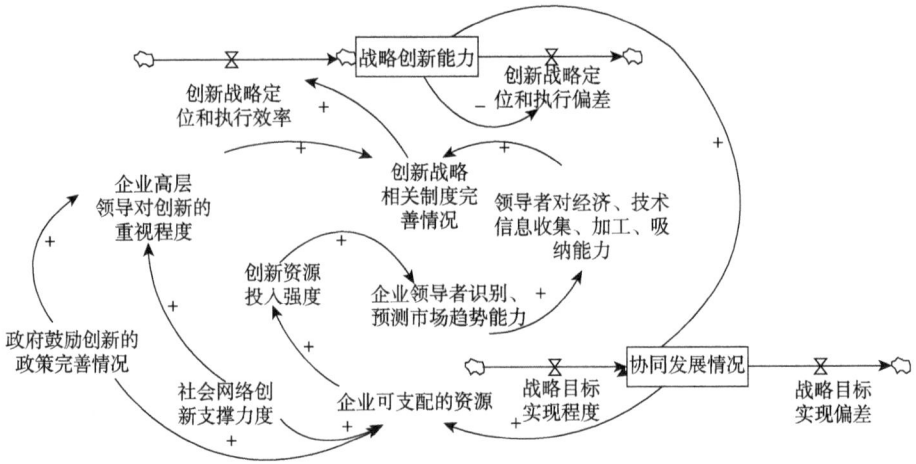

图 5-1　基于战略要素的制造业转型升级与技术创新协同发展模型

从图 5-1 可以看出，提升制造业企业的战略创新能力，可以提升制造业转型升级与技术创新协同发展，实现制造业战略目标。同时，在制造业外部主体支撑力度逐渐加大和制造业转型升级与技术创新协同发展提升的基础上，制造业可支配的资源逐渐增多，其对创新投入的增加使企业执行效率提高，创新战略定位更加明确，企业的战略创新能力提升。

以上两条反馈，说明制造业转型升级与技术创新协同发展和制造业战略创新能力的提升互相促进、相辅相成、共同发展。

5.2.2　基于品牌要素的制造业转型升级与技术创新协同发展过程研究

根据制造业转型升级与技术创新协同发展系统的基本构成要素，构建基于品牌要素的制造业转型升级与技术创新协同发展模型，如图 5-2 所示。

从图 5-2 可以看出，在社会层面上，中介机构、教育机构、金融机构、科研机构、其他企业等社会网络对制造业创新支撑力度的逐渐加大，加大了公众认同度，促进了正面的舆论导向，加大了制造业创新产品的品牌支撑力度，增强了品牌的群众基础。在政府层面上，市场经济结构和竞争秩序得到完善，加大了制造业创新产品的品牌支撑力度。在企业层面上，随着创新资源的投入强度加大，产品技术先进性提高，创新产品质量保证体系指数提高，营销费用强度提高，从而提高了创新产品的品质优良性，提高了制造业创新产品经营诚信度及商誉。

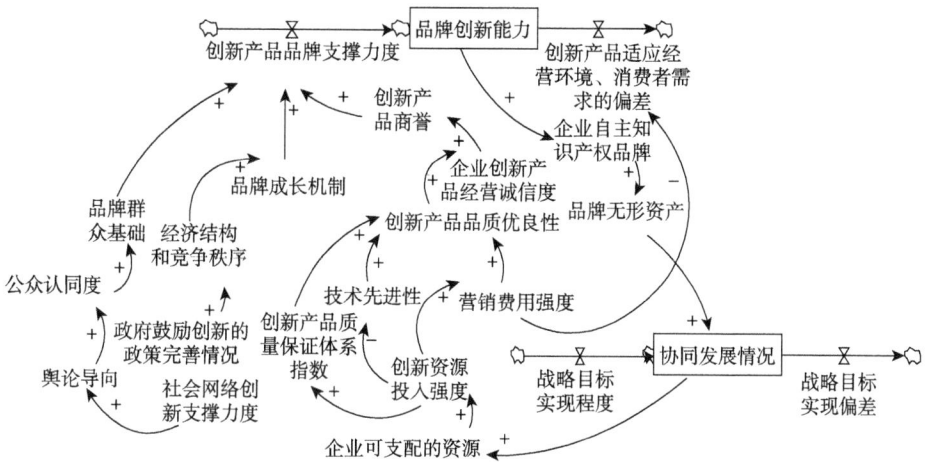

图 5-2 基于品牌要素的制造业转型升级与技术创新协同发展模型

5.2.3 基于商业模式要素的制造业转型升级与技术创新协同发展过程研究

根据制造业转型升级与技术创新协同发展系统的基本构成要素，构建基于商业模式要素的制造业转型升级与技术创新协同发展模型，如图 5-3 所示。

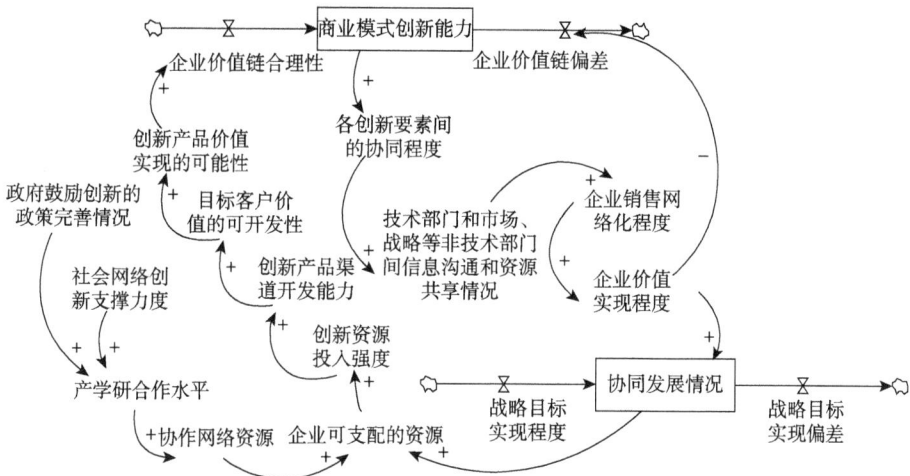

图 5-3 基于商业模式要素的制造业转型升级与技术创新协同发展模型

从图 5-3 可以看出，随着产学研合作水平的提高，政府鼓励创新的政策的逐渐完善，以及中介机构、金融机构、教育机构、科研机构、其他企业等社会网络对制造业创新支撑力度的逐渐加大，企业各创新要素的协同程度提高，制造业商业模式创新能力也不断增强，促进了制造业转型升级与技术创新协同发展，推动了企业战略目标的实现。

5.2.4 基于企业文化要素的制造业转型升级与技术创新协同发展过程研究

根据制造业转型升级与技术创新协同发展系统的基本构成要素，构建基于企业文化要素的制造业转型升级与技术创新协同发展模型，如图 5-4 所示。

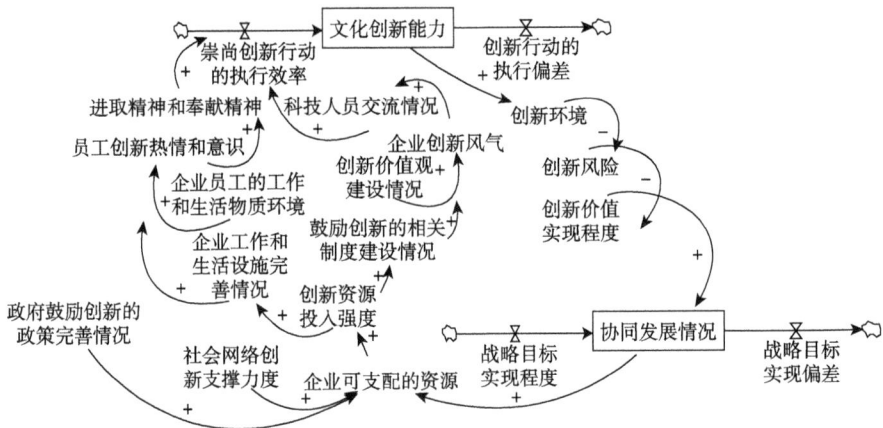

图 5-4 基于企业文化要素的制造业转型升级与技术创新协同发展模型

从图 5-4 可以看出，随着创新资源投入强度的增加，鼓励创新的相关制度不断完善。树立创新理念，弘扬创新的精神和意识，推动了创新风气的形成，形成员工共同创新的创新价值观。保持创新文化建设不断完善，促进了科技人员之间知识和信息的交流，同样提高了崇尚创新行动的执行效率。这将促进企业文化理念创新能力的增强。制造业文化理念创新能力的增强又进一步改善了创新环境，促进了制造业转型升级与技术创新协同发展，推动了企业战略目标的实现。

5.2.5 基于体制机制要素的制造业转型升级与技术创新协同发展过程研究

根据制造业转型升级与技术创新协同发展系统的基本构成要素，构建基于体制机制要素的制造业转型升级与技术创新协同发展模型，如图 5-5 所示。

从图 5-5 可以看出，随着制造业企业体制机制创新能力的加强，企业核心团队的稳定性得到加强，从而促进了制造业转型升级与技术创新协同发展，实现企

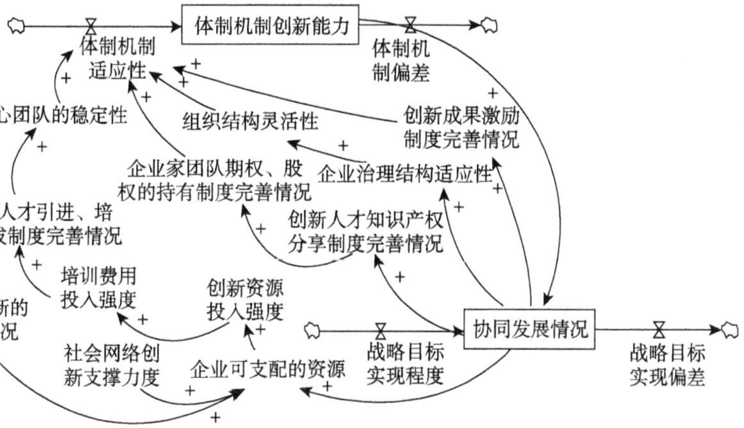

图 5-5　基于体制机制要素的制造业转型升级与技术创新协同发展模型

业战略目标。另外，随着企业竞争力的提高，创新成果激励和绩效制度不断完善，从而促进了制造业转型升级与技术创新协同发展。

5.2.6　基于技术要素的制造业转型升级与技术创新协同发展过程研究

根据制造业转型升级与技术创新协同发展系统的基本构成要素，构建基于技术要素的制造业转型升级与技术创新协同发展模型，如图 5-6 所示。

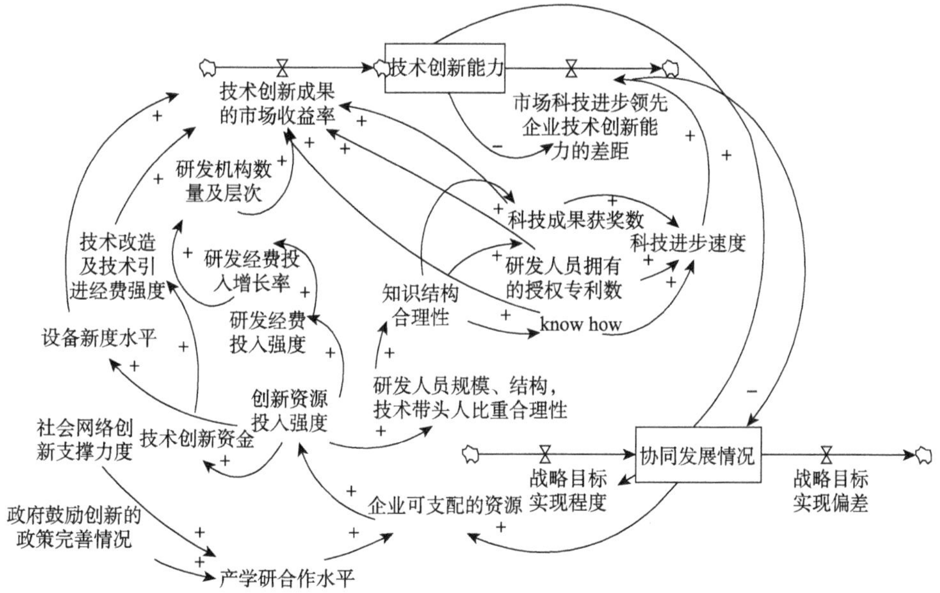

图 5-6　基于技术要素的制造业转型升级与技术创新协同发展模型

从图 5-6 可以看出，政府鼓励创新的政策的逐渐完善和金融机构、中介机构、科研机构、教育机构、其他企业等社会网络对制造业创新支撑力度的逐渐加大，为企业提供了更丰富的可支配资源，加大了创新资源投入强度，在这一前提下，企业技术创新能力的提高沿着三条线进行。一是创新资源投入强度的加大，使企业拥有更多的技术创新资金，设备新度水平得到提高，技术创新成果的市场收益率得到提高，企业技术创新能力得到提高。二是创新资源投入强度的加大，使 R&D 人员规模、结构，技术带头人比重都将更加合理，转化成为科技成果奖数增加、技术诀窍数增加。这些成果数量的增加，使企业技术创新成果的市场收益率的提高弥补了由于科技进步而产生的市场科技进步领先企业技术创新能力的差距。三是创新资源投入强度的加大，使 R&D 经费投入强度加大，R&D 经费投入增长率加快，R&D 机构数量和层次进一步提高，企业技术创新能力得到提高。

5.3　制造业技术创新与营销创新协同作用研究

技术创新与营销创新是促进中国制造业发展的有效途径，本节按照投入—转化—产出三个阶段，分别研究技术创新与营销创新作用机理，分析二者协同作用演化机理并给出机理模型，揭示其内在作用规律。在此基础上，研读大量国内外文献总结出技术创新与营销创新的影响因素，构建制造业技术创新与营销创新协同作用评价指标体系，为制造业创新评价提供新思路。现有文献把企业技术创新与营销创新的关系分为以下两个方面。

一方面，营销是企业技术创新的起点。为了满足更多消费者的个性化需求，获得更高的经济利益，需要提前获得更多的市场信息，预测或调查市场环境以及消费者需求的变化，为企业技术创新提供方向，不符合市场需求的企业技术创新是毫无意义的。对市场的预测或调查必须是由专业的营销人员来完成，因为营销人员的工作与消费者直接相关，营销人员最了解市场的变化的快慢、市场机会以及影响市场变化的可能因素等。

另一方面，营销又是企业技术创新的逻辑终点。企业技术创新最终要转化成产品并到达消费者手中才能发挥其价值，通过企业技术创新开发的新产品一般是针对预测市场或者潜在市场的，消费者在不了解产品的情况下一般是不会购买的，产品要直接进入市场可能会有很多障碍。此时这些新产品需要营销的支持，营销和企业技术创新互相合作才能顺利挖掘这些潜在的市场机会。

技术创新过程分为投入、转化、产出三个阶段。其中，投入过程是指对人员、财力、物力的投入，这是技术创新的保障，贯穿技术创新整个过程。在投入的基础上，进行科学实验、调查研究、创新信息收集等产生创新构思，即进入创新转化过程，在转化过程中通过构思评价选取可行性较大的构思转化为产出。产出包括直接产出和间接产出，直接产出，如专利、开发的新产品等，间接产出主要指技术创新带来的经济效益，如利润增长、销售额增加、生产率提高等。其过程如图 5-7 所示。

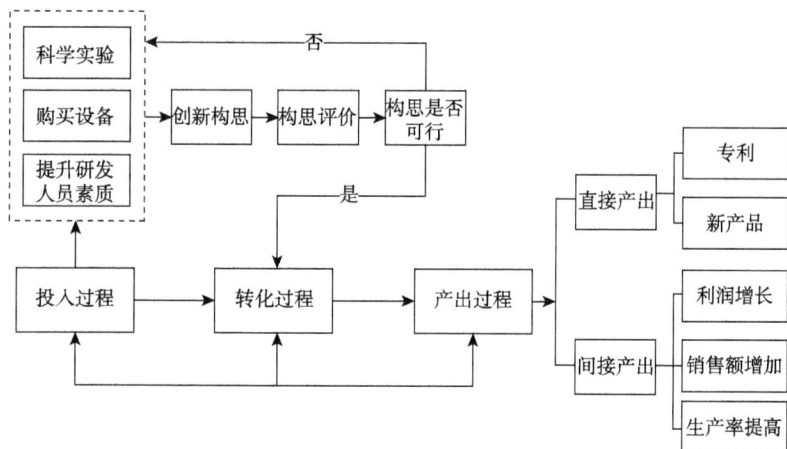

图 5-7　基于投入产出的技术创新过程图

营销创新可以分为投入、转化、产出三个过程。投入包括人员、财力、物力的投入。在投入的基础上，提高营销人员素质和信息化程度将会增加企业的创新行为。与技术创新投入不同的是营销创新中大型设备的投入相对较少，而人员、广告、信息化平台的投入占比较大。转化过程是指营销人员素质的提高、企业营销信息化程度的提高和企业营销创新行为的增加等。产出过程同样分为直接产出和间接产出，直接产出包括销售额的增长和市场份额的增加等；间接产出包括员工营销创新意识的增强和营销知识存量的增加等。其过程如图 5-8 所示。

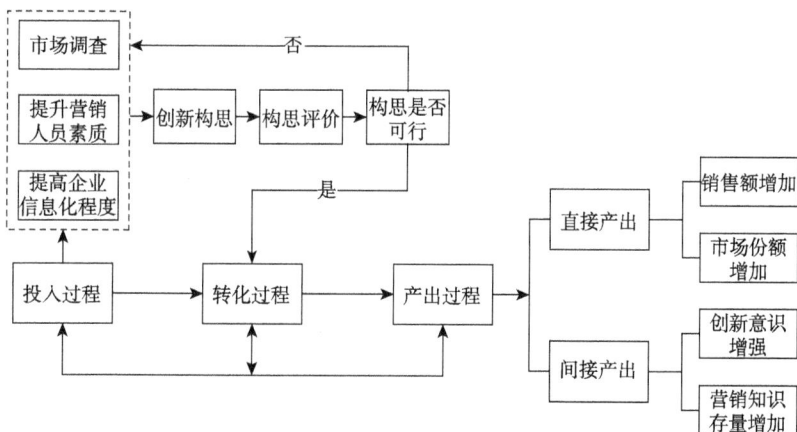

图 5-8　基于投入产出的营销创新过程图

5.3.1　制造业技术创新与营销创新协同演化机理分析

1971 年，德国斯图加特大学教授、著名物理学家赫尔曼·哈肯（Hermann Haken）首次提出协同的概念。1976 年，哈肯系统地论述了协同理论，并发表《协同学导论》《高等协同学》等相关著作。本书研究的制造业技术创新与营销创新协同作用是指在制造业复杂大系统内，制造业技术创新子系统与制造业营销创新子系统的各要素之间在企业不断发展、演化过程中相互影响、相互作用，产生超越制造业技术创新子系统及制造业营销创新子系统单独作用的效果，从而形成整个制造业系统的统一作用和联合作用。这一定义强调由企业成长过程形成的制造业复杂大系统，在一定输入的条件下，制造业会通过技术创新子系统和制造业营销创新子系统之间的协同作用，在自身涨落力的推动下达到新的稳定，这就是制造业系统本身所固有的自组织能力。

协同具备多个属性特征，最基本的特征是子系统间的资源共享，通过资源共享实现"1+1 > 2"的协同效应。例如，制造业企业通过技术创新能使企业绩效提高一倍，通过制造业营销创新也能使企业绩效提高一倍，但如果制造业企业发挥技术创新与营销创新的协同作用，可能会使企业绩效提高三倍、五倍甚至更多，这就是协同效应。制造业通过资源共享实现协同效应是指通过制造业企业内部资源的多次利用提高创新效率，降低创新成本，从而更大程度地提高制造业企业绩效。

本书把制造业技术创新子系统和制造业营销创新子系统划分为投入系统、转化系统和产出系统，探讨三个系统中各要素的协同关系，但二者在协同过程中不可避免地受到组织内部管理创新和外部环境因素变化的影响，故对二者协同作用的评价指标体系还应包括内外部环境中其他要素的衡量指标。

（1）技术创新投入-营销创新投入系统协同。技术创新投入主要用于引进技术创新人才、购买设备和进行科学实验等，营销创新投入主要用于引进营销创新人才、进行市场调查和提高企业信息化程度，这些要素之间存在相互作用。例如，营销创新中市场调查越深入，掌握的市场信息越多，这对技术创新中的科学实验能产生正向调节作用；人才的引进对 R&D 过程与市场调查过程产生促进作用。

（2）技术创新投入-营销创新转化系统协同。技术创新投入力度越大，产生的符合市场需求的产出越多，这对营销创新转化会起到正向促进作用；同样，营销创新转化过程越顺利，就越能对技术创新投入产生激励作用。

（3）技术创新投入-营销创新产出系统协同。营销创新产出包括市场份额的增加、销售额的增加、创新意识的增强和企业营销知识存量的增加等，技术创新投入的增加会增强企业的竞争力，这有利于帮助企业打开市场，占领市场份额，增加销售额；企业营销知识存量的增加将反向促进技术创新投入过程。

（4）技术创新转化-营销创新投入系统协同。可行的技术创新构思的执行、转化过程与营销人员对企业内外部环境的实时监控密不可分，也就是说，技术创新转化过程要根据内外部环境的变化做出不同程度的调整。

（5）技术创新转化-营销创新转化系统协同。创新构思在转化过程中可能会面临各种现实问题。因此，二者在转化过程中应加强信息流动，保证转化过程的顺利进行。例如，技术创新在转化过程中受阻时应及时调整营销策略；营销创新在转化过程中受阻时也要及时调整技术创新策略。

（6）技术创新转化-营销创新产出系统协同。技术创新转化过程的顺利进行将会直接增加营销创新的产出；营销创新的产出会给技术创新转化过程提供资金支持。

（7）技术创新产出-营销创新投入系统协同。技术创新产出的新产品等要获得市场份额离不开营销，这就会促使企业加大对营销创新的投入；在营销创新中增加投入，如加大广告投放力度，有助于提高企业的产品市场认同度，这对技术创新产出起保障作用。

（8）技术创新产出-营销创新转化系统协同。技术创新产出量越大，对营销创新转化效率与质量的要求越高；同样，高效的营销创新转化过程将会对技术创新的产出量发挥及时调节作用。

（9）技术创新产出-营销创新产出系统协同。二者的产出过程是相互促进的作用，不被市场认同的技术创新是无效的。

5.3.2　技术创新与营销创新协同演化多层次要素系统构建

企业技术创新与营销创新的协同作用受到多维度要素的影响，如环境要素、企业内部特征、创新的自身属性等（图 5-9）。现有文献大部分是以组织层次的要素研究为主，较少文献全面考虑上述三方面影响要素。企业作为经济社会的组织之一，其创新行为必然会受到政治环境、文化环境、经济环境等多方面的影响。

企业技术创新与营销创新的各种行为需要在相对协调的内外部环境中进行，二者所需要的资源也是通过内外部环境进行分配，因此，内外部环境中的各个要素会影响二者的协同作用，必须明确不同层次要素对二者协同作用的调节作用。

本书把这些内外部要素分为个体、组织、环境三个层次。影响技术创新与营销创新协同作用的多层次要素如图 5-10 所示。

1）技术创新与营销创新协同演化系统的个体层次要素

企业要获得持续发展必须进行创新，没有一种产品或服务能一直得到市场的认可。多项研究表明，企业的领导者在创新过程中发挥关键作用，而创新也是领

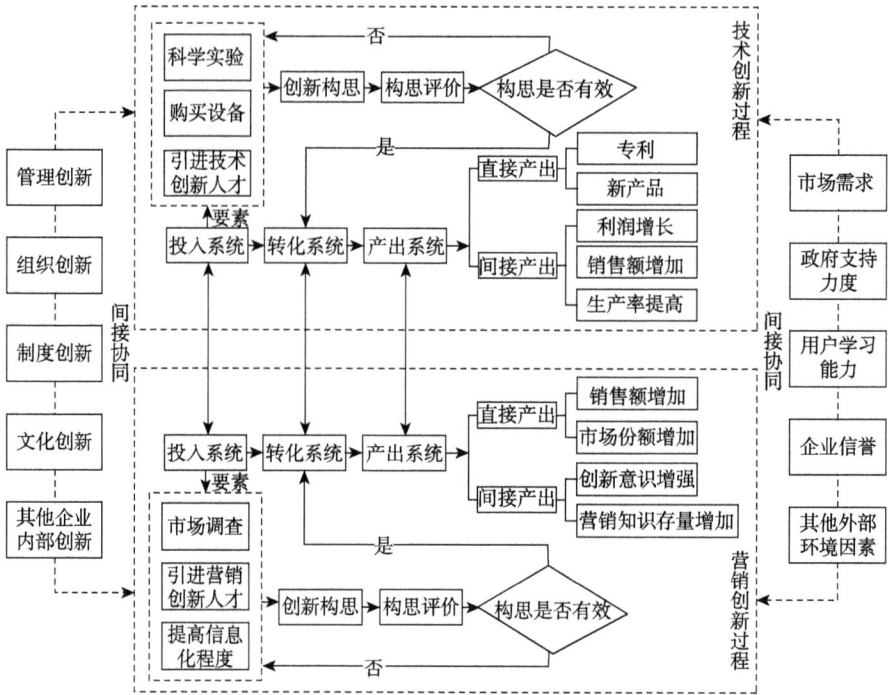

图 5-9 技术创新与营销创新协同演化机理

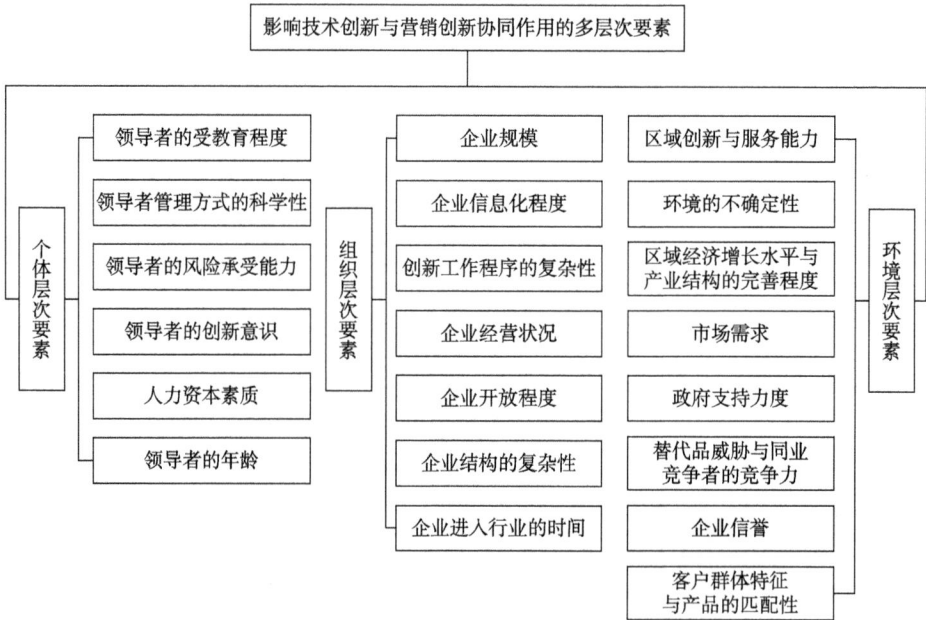

图 5-10 影响技术创新与营销创新协同作用的多层次要素

导者的主要行为之一，可以说是领导者与其创新行为相辅相成。领导者能在很大程度上影响员工的工作积极性与满意度，当领导者鼓励或默许某种行为时，这种行为就会越来越多地出现。领导者的行为对企业文化与工作氛围产生影响。一般情况下，得到领导者许可的新项目较容易得到资金、人力、物力等的支持，项目进展也会更加顺利。

领导者是企业内部创新行为的主导者，是推动创新的重要力量。特别是，在我国多数制造业中，高层领导者拥有较大程度的决策权。因此，高层领导者的风险承受能力、年龄、受教育水平、创新意识及科学、合理的管理方式影响着企业创新行为的发生与执行。

（1）领导者的风险承受能力。创新行为是有风险的，创新投入的回报可能很高，也可能会使企业遭受严重损失，也就是说对创新行为的支持需要冒险精神。如果领导者有较强的冒险精神与风险承受能力，那么他会在更大程度上支持企业的创新行为；如果领导者具有风险规避型的性格特征，那么他可能不愿意支持风险较大的创新行为。因此，领导者的风险承受能力将会对技术创新与营销创新的协同关系起到作用。

（2）领导者的年龄。一般来说，较年轻的领导者更容易支持创新行为。首先，就人的身体素质而言，随着年龄的增长，人们的记忆、推理、理解、学习能力会逐渐下降，这不利于人们接受新事物。其次，年长的领导者拥有更多的经验，当遇到新的问题时，他们更愿意根据已有的经验解决问题，较少突破思维定式寻找新的方法。而年轻的管理者缺乏相关经验，只能通过不断学习新知识弥补自己经验的不足，这些新知识与经验相比更有利于当前的决策。

（3）领导者的受教育水平。固有问题的创新解决方案需要专业知识，受教育水平的高低对知识的积累程度产生影响。受教育水平较高时，解决问题的思路更加开阔，更容易应用复杂、创新的方法制定决策。受到高水平教育的领导者具有更强的信息搜集能力，这些信息在减少创新行为的不确定性中发挥一定的作用。此外，良好的受教育水平使他们对新鲜事物比较敏感，接受能力也更强。

（4）领导者的创新意识。具有较强创新意识的领导者往往有长远的眼光，走在市场的前面，引领消费潮流。他们鼓励创新行为，通过营造良好的工作氛围、支持员工的创新行为、增加创新资金投入等方式推动创新的实施。

（5）领导者科学、合理的管理方式。创新是一个复杂、长期的过程，涉及多个部门的相互协调、相互合作，科学、合理的管理方式是完成创新的重要保证，这需要领导者不断完善创新的管理体制、激励制度等，力求创新投入最大化转化为产出。因此，领导者科学、合理的管理方式对技术创新与营销创新的协同关系起到正向调节作用。

2）技术创新与营销创新协同演化系统的组织层次要素

影响企业创新行为的因素可以分为多个层次。其中，组织层次因素是学者们的主要研究领域，如企业规模、组织结构复杂性、经营状况、企业开放程度、企业信息化程度、人力资本素质等。以元分析为方法进行的实证研究发现，集权化与形式化不利于企业的创新，而分权与专业化则能激励创新行为。

（1）企业规模。规模较大的企业往往拥有雄厚的财力基础、完善的制度、高素质的员工、良好的信誉等，这些条件能保证创新的顺利进行。有学者认为，制度不完善的小规模企业中轻松的工作氛围、弹性的组织结构、活力更强的员工等特点，使得企业内部信息共享更充分，部门之间合作也更加密切，这些有利条件同样使小规模企业具有创新力。在复杂的企业组织中，不同部门间的合作与交流更容易产生新的想法、观点，而且不同部门的专业人员对创新行为的评估能够增加方案的可行性。因此，当企业规模与企业发展阶段相适应时，对技术创新与营销创新的协同关系起到正向调节作用。

（2）企业组织结构复杂性。相关研究结果表明，具有复杂结构的企业规模较大，企业内外部资源丰富，它们往往拥有完善的规章制度、合理的晋升机制与激励机制。当然过于复杂的结构对企业的管理者来说是非常困难的。因此，合理的组织结构技术创新与营销创新的协同关系起到正向调节作用。

（3）企业经营状况。经营状况较好的企业有充足的资金实力投入创新中以进一步提升其在行业中的地位、获得更高的利润，当然也能够承受创新失败带来的风险。资金投入是创新的首要保证，如果企业面临生存危机，决策者肯定不会把创新作为当前发展的重要战略，更不会在创新上投入过多的人力、物力；对于经营状况较好的企业，良好的发展前景会激励其做得更大更强，领导者也会越来越意识到创新的重要性与必要性。因此，良好的经营状况对创新的影响是积极的。

（4）企业开放程度。开放程度较高的企业，与外部环境的信息交流也较多。更多的外部信息交流意味着企业更了解市场需求、行业变化、竞争对手的决策等，从而刺激管理者和企业员工的变革意识和创新行为。研究表明，信息交流是实施创新的核心步骤之一。因此，企业的开放程度正向调节技术创新与营销创新的协同关系。

（5）企业信息化程度。当今世界，信息化为企业的发展带来极大的便利性。信息化程度较高的企业能够实时监控企业基本状况，提高资源的合理配置与利用效率；同时，也能使企业及时采取行动，提前占领市场。较高的信息化程度对技术创新与营销创新各要素之间的相互联系与相互作用起到保障作用。

（6）创新工作程序的复杂性。创新工作程序的复杂性不是指创新本身的复杂程度，而是指开展一项创新活动前的准备工作及创新后的验收工作的复杂程度，如某部门要开展创新活动需要提前半年或一年申请；或者创新行为后的验收需要较长时间，所需费用迟迟不能报销，这就会打消创新工作人员的积极性。复杂的创新工作程序会使部门成员在创新行动中小心翼翼，将会阻碍技术创新与营销创新的协同关系，如两个部门之间分享某种资源时需要烦琐的协议等程序。

（7）人力资本素质。人力资本素质在一定程度上决定着企业创新的成效。当企业的技术创新与营销创新的人力资本素质较高时，企业内部工作氛围就会比较轻松、愉快，企业比较有活力，员工在日常工作中更有可能从企业整体利益出发，为企业的未来发展考虑，较少顾及个人的得失。这样的工作氛围更容易产生新的构思，量变引起质变，企业就会有更多可行的创新方案。此外，较高的人力资本素质也会使部门人员之间的沟通交流更加顺畅、有效，促进二者协同作用的发挥。

（8）新产品R&D的投入产出合理性。当企业的新产品R&D活动的投入能得到一个合理的产出时，这无疑会促进二者的协同作用。

（9）新产品销售收入情况。当企业的新产品的销售收入达到或高于预期时，会反过来促进二者的协同作用。

3）技术创新与营销创新协同演化系统的环境层次要素

外部环境对企业的创新行为具有双重作用，既给予支撑条件，也形成实现的约束条件。动荡的外部环境使企业不能准确把握市场机会、顾客需求，从而不利于企业的发展；但这也迫使企业不断地进行创新，只有不断改变发展战略、不断创新才能迎合市场需求，维持生存与发展，这也是企业创新的动力。参考前人的研究并结合外部环境要素，本书从市场需求、企业信誉、客户群体与产品匹配性、环境的不确定性、区域经济增长水平与产业结构完善程度、市场竞争的公平性、替代品威胁与同业竞争者的竞争力、区域创新与服务能力、产品市场认同度、政府支持力度几个方面分析外部环境对技术创新与营销创新协同关系的调节作用。

（1）市场需求。不符合市场需求的技术创新是无效的，市场需求迫使企业不断创新。市场需求较高时，企业会有较大的动力实施创新行动，从而促进技术创新与营销创新之间的协同作用。

（2）企业信誉。信誉较好的企业的营销创新行为的实施相对容易，营销创新的效果也会较为显著，从而促进营销创新行为的发生；有效的营销创新行为又将促进技术创新行为的发生，因此企业信誉好将会正向促进二者的协同关系。

（3）客户群体与产品匹配性。客户群体特征是通过营销部门的市场调查得到的，企业产品是通过技术创新产生的，这个影响因素本身就说明了二者的协同关系。因此，客户群体与产品匹配程度高可以促进技术创新与营销创新的协同作用。

（4）环境的不确定性。环境的不确定性是其首要特性。各区域发展的差异性使企业在区域环境中能够获取的资源是不同的。就我国制造业的发展来看，由区域发展水平差异引起的企业发展水平的差异还是比较大的。由外部环境的变化引起的顾客需求的变化同样影响企业的创新，这会激励企业不断创新，向市场提供更加复杂的产品或者全新的产品与服务。

（5）区域经济增长水平与产业结构完善程度。由于我国的东西部经济发展的不平衡，各企业所获取的资源是不同的。较快的区域经济增长水平与完善的产业结构可以为本区域企业提供资源与信息共享的支撑；同时，区域中密集的技术聚集、快速的技术更新，使这些企业面临更大的竞争压力和更复杂的产业关系，刺激企业实施技术变革与创新。因此，区域经济的发展正向调节技术创新与营销创新的协同关系。

（6）市场竞争的公平性。公平的市场竞争环境更能够激励创新观点的涌现与转化，也能吸引人才的汇聚，提高企业创新的积极性，这有利于企业的持续创新。因此，市场竞争的公平性对技术创新与营销创新的协同关系有积极影响。

（7）替代品威胁与同业竞争者的竞争力。替代品的威胁和较大的竞争力是不利于其发展的，但对于整个行业来说这将会刺激企业充分利用资源、降低成本、压低价格来维持其市场占有率，保持其收入；当整个行业的成本降到最低、价格竞争越来越激烈时，就会有企业率先进行创新，抓住有利的市场机会。为了使创新的成本最低、产出最大，技术创新与营销创新的协同就会成为企业发展中的重要策略之一。

（8）区域创新与服务能力。企业的发展需要不断在区域中获取资源与信息，企业所处的区域的创新与服务能力越强，企业可获得的资源就越多，如高层次人才的创新技术交流、基础设施共享、信息共享、区域对创新的支持力度等，这些便利条件将会吸引企业实施创新战略。当然，在创新与服务能力较强区域中，创新的压力也会变成动力。

（9）产品市场认同度。产品市场认同度是指企业产品在市场中被消费者认可的程度，代表着企业的品牌资源。产品市场认同程度越高，企业营销工作就越容易，新产品推出时也越容易被消费者接受，这对技术创新与营销创新的协同作用起到推动作用。

（10）政府支持力度。政府支持主要包括政策支持与资金支持，为企业创新的发展提供动力和导向作用；同时，政府的支持可以减少企业创新的风险，为企业的创新发展提供重要保障，进而促进企业内部技术创新与营销创新的协同发展。

5.3.3 基于生命周期的多层次要素对技术创新与营销创新协同的调节作用

技术创新与营销创新的协同演化是在一个复杂的系统中进行的，而企业本身就是这个复杂的大系统。技术创新行为与营销创新行为之间不仅仅是竞争或者合作的关系，技术创新与营销创新的进行都将与企业内外部环境的变化共同演化。在企业不断发展壮大的过程中，获得利润、扩大市场份额、树立良好的品牌形象等，这就是企业内部子系统协同作用的结果。就技术创新或营销创新而言，其自身演化过程中的平衡状态与不平衡状态是交替出现的。但在较长的时间内，技术创新与营销创新协同演化过程是连续的，它们通过响应对方的变化做出相应的反馈并不断与外部环境相适应。

1）多层次要素对出生阶段技术创新与营销创新协同的调节作用

在制造业的出生阶段，企业通常实施差异化战略，以获得生存空间为主要目标。企业通过产品创新寻找目标市场，但由于战略目标的局限性以及出生阶段人力、财力、物力等资源有限，同时也为了节约成本，对于进行营销创新所必备的高素质营销人员、专业的市场调查手段及先进的信息化平台等资源，企业无法一次性提供，为了获得一定的市场地位，管理者只能优先满足技术创新的必备条件，如配备产品 R&D 人员、管理中注重内外部资源的充分利用等。出生阶段是技术创新与营销创新协同作用的形成阶段，因为技术创新与营销创新的协同作用较弱，二者协同的表现形式是以技术创新为主导的。在这个各项管理制度不健全的阶段，领导者的个人魅力是不可忽视的，创新的内部动力来源主要是领导者对创新的重视程度、管理方式的科学性以及企业发展动力，外部动力主要来源于市场需求。由于出生阶段企业内外部资源的限制，技术创新与营销创新的各要素处于接触、沟通阶段，通过各部门的联席会议了解各部门的主要职能，交流共享部分信息，部门之间相互理解、信任，在充分的市场调查的基础上对技术创新的可行性进行探讨，即出生阶段技术创新与营销创新协同演化的典型特征是各方之间充分的信息交流与沟通。

出生阶段的制造业的产品成本高且性能低，由于对市场需求不明确，产量也较低。企业不会大规模生产，只能不断摸索市场规律逐步扩大规模，企业一切活动以生产为主，希望自己的产品能够快速占领市场，获得竞争优势；为了规避风险，出生阶段的企业一般不会进行营销创新。技术创新与营销创新的协同作用是以技术创新为主导的。

出生阶段的制造业各项制度还不健全，企业文化还没有形成，领导者的个人魅力对企业产生较大影响，个体层次要素中，领导者的创新意识决定了企业创新投入的多少；领导者的年龄、受教育程度表明其对新事物的接受能力，并在一定程度上影响着领导者的决策；出生阶段企业领导者的管理方式很容易形成标准，对企业文化与员工价值观的形成产生重大影响。因此，个体层次要素对出生阶段技术创新与营销创新的协同发挥保障作用。

由于出生阶段企业规模较小，获利较少，信息化程度较低，因此，组织层次要素对出生阶段企业技术创新与营销创新协同作用的影响较小。出生阶段是信誉和市场认同度的开始形成期，基本不会对技术创新与营销创新协同作用产生影响。出生阶段的企业必然会关注政府政策等外界环境的变化，按照政策及市场的导向确定企业的发展方向。

因此，组织层次要素对协同创新的影响最小，环境层次要素对出生阶段的企业影响较大，个体层次要素的影响次于环境层次。

2）多层次要素对成长阶段技术创新与营销创新协同的调节作用

经历了出生阶段，企业的产品在市场上的认可度逐渐提高并占领了一定的市场份额。随着企业内部各项管理制度的不断完善，企业开始寻求规模扩张的各种资源，此时，管理者越来越意识到营销的重要性，开始加大产品宣传力度，并投入人力、财力、物力等大力支持营销创新。由于资源的有限性，成长阶段要特别注意企业内部资源的合理配置，如市场调查的结果既可用于营销创新，也可用于技术创新，两个部门之间应充分做到资源共享，互相配合对方的策略。在成长的关键时期，技术创新在很大程度上是企业竞争力的主要来源。因此，成长阶段技术创新与营销创新协同作用是以技术创新与营销创新为主导的，该阶段二者协同的内部动力除了发展动力外，还有内部资源约束动力和创新构思数量等；市场竞争是该阶段的主要外部动力。由于成长阶段企业对于规模扩张的需求，市场与技术部门出于自身利益的考虑开始争夺资源，在一些观点中存在分歧，发生冲突。成长阶段市场竞争的加剧让企业的战略决策层更加意识到市场的重要性，不可避免地出现资源向市场部门的倾斜。企业外部的市场竞争也不会使这些内部的竞争与冲突存在很长时间，技术创新与营销创新的协同很快就会以企业的整体发展为主导而进入下一阶段——合作。两部门之间会重新调整规章制度，明确共同的企业愿景，促进相互之间的合作关系；互相参与部门之间的决策，及时反馈信息。成长阶段技术创新与营销创新协同演化的典型特征是从竞争与冲突开始走向合作。

经历了出生阶段的实践与探索过程，企业将面临快速成长期。成长阶段的制造业拥有部分稳定的客户源与订单，产品的产量与设计方向也有规律可循，产品的生产工艺、技术水平以及各项规章制度等也在不断完善。良好的发展环境、客观的利润吸引了很多新进入者，产业规模不断扩大。处于成长期的行业，企业数量会增加 30%左右。因此，成长期企业间的竞争大大高于出生期。成长期是装备制造行业技术标准制定的最佳时期，行业技术标准标志着高额的利润，利润会驱使企业加大 R&D 力度以获取竞争优势。为了降低成本、提高创新效率，企业要发挥技术创新与营销创新的协同作用，资源共享，实现"1+1>2"的协同效应。

成长阶段的制造业的各项制度逐步完善，企业也会逐渐按照规定行事，个体层次要素对二者协同作用的影响较出生阶段有所提高，领导者的创新意识、风险承受能力、年龄、受教育程度、管理方式的科学性等影响着企业对创新的投入和管理。

出生阶段后，企业经营状况、信息化程度、企业规模等发展状况参差不齐，有差别的这些组织层次要素产生不同的作用。企业规模越大、结构越复杂、进入行业时间越长，可调动使用的资源越多，技术创新与营销创新的协同配合越容易；信息化与对外开放的程度将会促进创新的协同作用；经营状况良好的企业受到利益的驱使将会进一步扩大企业规模，并加大对创新的投入以保证自己的市场优势地位。

与出生阶段相比，外部环境的变化对企业创新的影响有所增加，政府的扶持仍然起到引导作用和降低风险的作用；市场需求是企业不断改进创新方式的动力；替代品威胁与同业竞争者的竞争力、市场竞争的公平性会在较大程度上促进或抑制成长阶段的制造业的创新活动；成长阶段是信誉的形成期，对创新活动的影响较小；客户群体特征与产品的匹配性对成长阶段的企业特别重要，决定着企业成长的快慢；区域经济发展水平与产业结构的完善程度、区域创新与服务水平越高，对成长期企业创新的拉动与支持作用越大。

结合上述分析可以发现，个体层次要素对成长期企业的创新协同影响较大，组织层次和环境层次要素次之。

3）多层次要素对成熟阶段技术创新与营销创新协同的调节作用

成长期过后，企业开始进入成熟期。良性的竞争环境以及较高的市场地位等，使企业进入较为平稳的阶段。与前两个阶段相比，企业的创新投入在利润中的比重有所下降，不进则退，这在一定程度上表明企业竞争优势的下降。创新投入比重的下降，并不代表技术创新与营销创新协同度的下降，相反，二者的协同度要高于前两个阶段。二者已经能够相互适应、相互选择，在技术创新与营销创新过程中的某些要素已经实现较高的协同度，如通过营销部分反馈的客户群体特征进行技术创新，反过来，适应客户群体特征的技术创新为营销创新提供了极大的便利。该阶段技术创新与营销创新的协同程度较高，二者共同对企业绩效负责，不存在哪一过程占主导地位的说法。该阶段，二者的互相选择是主要的内部动力；外部动力主要来源于市场需求。随着企业的发展以及内外部环境的良好支持，二者之间的协同关系逐渐由合作转向整合。在互相合作的基础上，进一步将现有的规章制度一体化，优化相关流程，两个部门人员的目标高度一致，互相及时反馈信息，实现资源高度共享，并为对方的创新行为建言献策。但是这种高度合作缺乏竞争的行为，容易使企业降低竞争意识，这对企业的发展而言是不利的。成熟阶段技术创新与营销创新协同演化的典型特征是由合作走向整合，实现真正意义的协同。

成熟阶段的制造业进入了平稳发展的时期，行业技术标准已经形成，也出现了一些龙头企业，行业的产业链也相当完备，区域内相关服务及基础设施也比较健全，企业间的竞争与合作呈现良性发展的局面。随着行业中企业数量的增加，同类产品越来越多，市场中产品供大于求。为了保持市场份额，企业之间的竞争会更加激烈。此时，企业会加大 R&D 力度，更加重视技术创新与营销创新的协同作用，通过产品差异化、扩大规模、创新营销方式、提高生产率、压缩成本等方式抢占市场份额。

成熟期的企业有健全的管理制度，各团队分工明确，从上到下做事都是有章可循的，因此，个体层次要素对企业创新的影响较小。

组织层次要素在成熟阶段的作用要明显高于前两个阶段，如结构越复杂、信息化程度与开放程度越高、进入行业时间越长、企业规模越大等，表明企业拥有的资源越多，在激烈的竞争中可以快速获得创新资源，在健全的创新协同机制作用下，快于竞争对手优先推出差异化产品与新的营销策略。

环境层次要素中的市场需求、替代品威胁与同业竞争力负向调节二者的协同作用；企业前期积累的企业信誉将有助于企业推广新产品，加强技术创新与营销创新的协同；由于行业内产品的饱和性，区域经济增长水平与产业结构的完善程度对二者的协同作用的影响较小；成熟阶段政府的支持体现在维护公平的竞争环境以及加强对知识产权的保护作用方面；市场竞争的公平性在一定程度上决定着某些企业的生存，如果出现恶性竞争，一些规模较小的企业就会被迫退出市场，公平的竞争环境才能促进二者的协同作用，使企业致力于创新活动。

因此，个体层次要素对协同创新的作用减小，组织层次要素发挥最大作用，环境层次要素的作用较成长期有所提高。

4）多层次要素对转型阶段技术创新与营销创新协同的调节作用

事实上，企业经历成熟期后进入衰退期或转型期，因为衰退期企业基本不会进行创新活动，故本书探讨的是想要改变现状而进入转型期的企业。成熟阶段较为稳定的发展与可观的利润来源使得企业放松了对外部环境变化的警惕性，忽视了竞争者与替代品的威胁，当企业意识到现实状况并想要做出改变时，企业就进入了转型期。技术创新与营销创新要素经历前三个阶段的相互磨合，二者的协同程度越来越高，二者之前的协同作用将有助于企业快速渡过转型期，尽快进入下一个成熟期。该阶段技术创新与营销创新协同的内部动力主要来源于企业发展动力；外部动力主要来源于市场竞争力。随着转型阶段企业战略的变化，二者的协同关系面临新的考验，但是沟通与冲突阶段的持续时间不会很长，技术创新与营销创新会很快进入合作、整合阶段，达成新的协同关系。

制造业进入成熟期时，行业中企业数量过多，市场供大于求，出现产能过剩，此时就意味着企业进入衰退阶段，不少企业因此而退出市场。有学者研究发现，衰退期企业的退出率在 50%~80%。当然，还有部分企业会改变现状继续维持企业生存。转型阶段是企业转型升级的过程，企业一般会通过两种途径避免退出市场：一种是通过技术创新改善已有产品质量，增加产品附加值；另一种是改变商业模式，从依靠生产制造环节获取利润到依靠营销服务环节获取利润，提高产品的附加值。这两种方式正是发挥技术创新与营销创新协同作用的表现，技术创新能够帮助企业实现产品升级，营销创新能够帮助企业实现商业模式升级，助力企业整体的转型。

转型阶段企业要改变原有模式、原有管理方式等，此时个体层次要素要重新发挥重要作用。领导者的愿景、对企业未来发展的规划、做出的决策等直接影响着员工的工作积极性与工作效率。规模大、经营状况良好、结构复杂、开放程度高的企业在前三个阶段中会积累较多的技术资源与非技术资源，这些资源有助于企业实现快速转型。信息化程度较高的企业，能够及时获取市场信息，及时调整策略，在转型阶段少走弯路。正是由于成熟阶段对外部环境变化的忽视才导致企业的衰退，因此转型阶段企业会更加重视环境要素的变化。企业对市场需求将会有更加精确的定位，政府的支持仍然发挥导向作用；客户群体特征与产品的匹配性是企业关注的重点，是决定企业转型是否成功的关键。

由于转型阶段的特殊性，个体、组织、环境层次因素都会对该阶段产生较大影响。

根据以上分析可以知道，对于技术创新与营销创新协同作用的影响因素，不仅可以分多层次研究，还可以分生命周期研究。为方便后期使用 DEA 方法，本书也从投入—转化—产出的角度，对这些影响因素进行了分类。由于二者协同作用的影响因素来自企业内部和外部，也就是说这是一个开放的系统，因此，用虚线表示各个系统的边界，如图 5-11 所示。

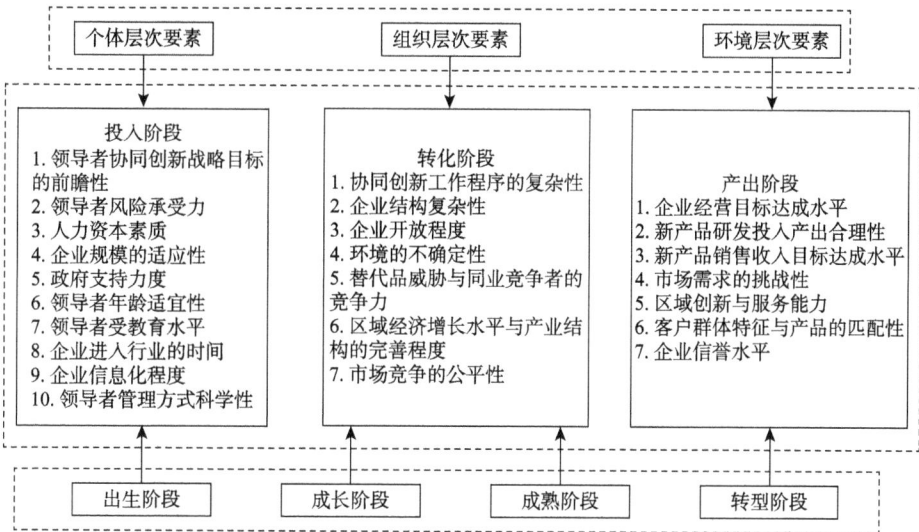

图 5-11　技术创新与营销创新协同作用评价指标间的相互关系示意图

5.3.4 技术创新与营销创新协同作用指标体系构建

通过检索外文文献发现，关于技术创新与营销创新的外文文献大都发表在管理类期刊上，本书选择了具有较高影响力的管理领域的国际顶级期刊 AMR、ASQ、AMJ、SMJ、ROB、HRM、JOM、OS、JB、JIBS 等作为目标期刊，在 EBSCO 数据库中进行检索。本书分别以"technology innovation"、"marketing"和"business model"为关键词检索相关文章，共检索到 185 篇文章，仔细阅读获取文献信息，以确定文章内容是否与研究主题相关，总共选取了 45 篇文章。为了使文献的检索更加全面，本书又扩充了部分相关文献的检索，如 *Information Knowledge Systems Management* 及 *Strategy & Leadership* 等，最终本书共确定 53 篇相关文献，检索结果如表 5-1 所示。

表 5-1　外文期刊中关于企业技术创新与营销创新的研究文献数量（单位：篇）

期刊名称	文献数量
AMJ	7
ASQ	3
SMJ	4
JOM	15
JIBS	4
OS	3
Information Knowledge Systems Management	2
Strategy & Leadership	9
其他	6
合计	53

国外对技术创新影响因素的研究，集中在 R&D 能力、企业规模、企业成熟度、信息化程度、管理者的创新性、技术吸收能力、外部环境复杂性、消费者学习能力、企业间的合作程度等几个方面。有学者使用调查问卷的方法，搜集了伊朗 218 家通信技术公司的信息，并使用结构方程模型研究企业间竞争对企业绩效的影响。他们发现，企业内部资源的分配、R&D 能力、学习能力和营销能力对企业创新绩效产生了较大影响。有学者对 463 家半导体企业的数据进行研究后，得到这样的结论：企业规模是影响创新活动的重要因素。技术外包虽然能够提高技术创新的效率，但外包技术的不适应性将会降低企业绩效，当然，企业的技术吸收能力可以降低这种不适应性。跨领域的技术更具有影响力，基于此，学者们进而探讨了知识重组对创新的影响。

国外对营销创新影响因素的研究，集中在企业管理信息系统的使用、企业内部资源的合理分配、营销策略、消费者的群体特征、市场认同程度、竞争对手产品质量、企业开放程度等方面，强调在营销中管理信息系统的作用，学者们建议管理人员有效利用管理信息系统，通过该系统来引导消费者实现产品和服务的精确定位。有学者通过调查德国 866 家企业的数据发现，当产品设计、定价等不变时，只改变营销策略如改变包装或寻找新的分销渠道，不会实现"新产品"的产生，企业应更好地了解市场营销在企业创新过程中的作用，意识到体验营销的重要性。他们通过感知变量、感觉变量、思维变量、行为变量和相关变量五个变量来构建顾客满意度，发现这五个变量对客户满意度有显著的正向影响。

早在 20 世纪末期，国外学者就高度重视二者协同的重要作用。有学者通过对日本企业的考察，探究出创新对 R&D－营销界面关系的影响，即企业采取不同的创新战略会导致在新产品开发中各职能部门交流方式的不同和参与程度的不同。学者们认为，在创新过程中只重视"互动"而不重视"合作"的企业，一般不会取得较好的企业绩效。只有通过技术和市场的协同创新，才能有效整合 R&D 部门和营销部门之间的职能关系，从而提升企业价值。不同部门之间的合作与协同，不但能发挥各部门的专长、共享有效信息，而且能促使各部门对不同观点提出质疑和挑战。

在国内相关研究方面，本书分别在 CNKI、CSSCI 和维普期刊数据库中对相关文献进行了检索，通过检索结果可以发现，国内学者已经对技术创新影响因素、营销创新影响因素进行了大量富有成效的研究，但是对二者协同创新的研究较少，检索结果如表 5-2 所示。

表 5-2　国内关于技术创新与营销创新的研究文献

数据库	检索关键词	文献数量/篇	占比
CNKI	制造业技术创新影响因素	3 296	50.73%
	制造业营销创新影响因素	250	3.85%
	技术创新协同	2 769	42.62%
	营销创新协同	43	0.66%
CSSCI	制造业技术创新	50	0.77%
	营销创新	27	0.42%
	技术创新协同	12	0.18%
	营销创新协同	0	0
维普期刊	技术创新影响因素	17	0.26%
	营销创新	29	0.45%
	技术创新协同	3	0.05%
	营销创新协同	1	0.02%
总计		6 497	100.00%

注：表中百分比之和不等于100%，是因为进行过舍入修约

　　国内一部分学者对技术创新能力的评价是把技术创新过程分为投入、转化、产出三个阶段，并分别确立指标对三阶段进行评价，以技术创新投入能力、技术转移吸收能力、技术创新产出能力、环境支撑能力作为技术创新能力评价的一级指标。另一部分学者通过分析技术创新的影响因素，进而确立评价指标，这些因素主要包括 R&D 能力、政府引导、企业内部资源的协同程度等方面。这些学者认为技术协同创新是制造业技术创新研究的重要趋势，影响制造业技术创新的关键因素有信息服务网络、政府引导作用、R&D 投入和产出、产业影响和企业管理模式，提高技术创新的关键路径是构建技术创新协同网络。

　　国内学者对营销创新能力的评价主要包括创新环境、创新投入、战略支持、营销观念创新、信息化程度等方面。莫洁（2010）从企业创新环境、营销组织、营销文化、创新投入四个方面设立指标体系对企业营销创新能力进行了评价。朱玉胜（2012）探讨了制造业整合营销战略协同度评价体系，该体系从营销创新的动力机制、运行机制、支持保障机制、风险防范机制四个方面对装备制造业营销创新进行了全方位评价。学者们认为企业通过知识整合对获取的顾客、市场信息进行有效的整理有助于营销创新的成功。

　　近几年，国内学者也越来越意识到协同作用的重要性，认为企业技术创新与市场创新协同的最主要的部门是产品中心，技术要素与市场要素的协同呈金字塔形，并具有动态性，他们探讨了二者协同的主要方式，这对提升企业创新绩效具有重要意义。也有学者从生态学的角度，探讨了产业技术创新生态系统的协同演进，从而为提高产业技术创新能力和国际竞争力提供建议。

　　通过阅读国内外相关文献，并对文献中因素进行归类整理、统一名称，选取阅读文献中出现次数比例在 3%及以上的因素，提取后的技术创新与营销创新的共同影响因素和直接影响技术创新或营销创新的因素如表 5-3 所示。

表 5-3　国内外文献中二者影响因素统计

影响因素		文献中出现次数/次	占比
技术创新与营销创新共同影响因素	企业经营状况	25	10.6%
	人力资本素质	18	7.7%
	企业规模	21	8.9%
	信息化程度	20	8.5%
	领导者的创新意识	13	5.5%
	开放程度	22	9.4%
	进入行业时间	8	3.4%
	产品市场认同度	20	8.5%
	市场需求	19	8.1%

续表

影响因素		文献中出现次数/次	占比
营销创新影响因素	用户学习能力	8	3.4%
	企业信誉	7	3.0%
	市场集中度	12	5.1%
技术创新影响因素	政府支持力度	14	6.0%
	R&D 能力	28	11.9%
总计		235	100%

对技术创新与营销创新协同作用的评价，也可以为不同生命周期中的制造业的投入方向与投入力度方面提供理论依据，以提高企业创新效率。制造业是资本和技术密集型产业，技术创新与营销创新的协同在制造业中发挥着非常重要的作用，可见技术创新与营销创新是构建评价指标体系中不可忽视的部分。

在阅读大量国内外学者相关研究的基础上，根据前文对制造业生命周期各阶段特点及技术创新与营销创新协同作用机理的分析，结合《中国统计年鉴》、《工业企业科技活动统计年鉴》和《中国工业经济统计年鉴》相关指标，建立技术创新与营销创新协同作用的影响因素，如表 5-4 所示。

表 5-4　制造业技术创新与营销创新协同作用的影响因素

序号	层次	影响因素
1	个体层次	领导者把握市场机会的能力
2		领导者对失败的容忍性
3		领导者年轻化趋势
4		领导者的受教育水平
5		领导者对管理费用的投入
6	组织层次	企业研究人员数量
7		协同创新工作程序的复杂性
8		企业获取信息的及时性
9		产品种类数
10		企业规模（固定资产所占比例）
11		企业与外部环境的交流情况
12		企业整体获利情况
13		创新活动投入产出情况
14		新产品销售收入

续表

序号	层次	影响因素
15		市场需求程度
16		客户群体特征与产品的匹配性
17		企业信誉
18		替代品威胁与同业竞争者的竞争力
19	环境层次	市场竞争的公平性
20		外部环境的变化
21		区域经济增长水平与产业结构的完善程度
22		政府支持力度
23		区域创新与服务能力

5.3.5　指标体系提取

考虑到相关统计年鉴中指标数据的有限性，本书以我国装备制造业为研究对象，并结合我国装备制造业的发展现状，以相关指标为依据，设计了相应的调查问卷（见附录 1），并针对中国中车股份有限公司、沈阳新松机器人自动化股份有限公司、雷沃重工股份有限公司、海信集团、海尔集团、青岛萨沃特自动化设备有限公司等公司发放了问卷，总共发放 300 份问卷，回收有效问卷 269 份，问卷有效率为 89.7%。

为避免量纲不同而带来的数据间无意义比较，在进行问卷数据统计时，首先对每一选项按照顺序从 1 到 7 进行赋值，1 是最差表现，7 表示最好表现，以此作为指标的评价数据。其次，对原始数据进行标准化处理，为接下来的数据分析做准备。

通过查阅文献与调查研究等方法，整理了评价装备制造业技术创新与营销创新协同作用的 23 个指标。为了降低评价过程的复杂性，同时避免遗漏重要信息，本书使用主成分分析的方法，在不遗漏重要信息的同时，把多个指标转化为几个综合指标。考虑到指标设计的层次性，在指标分层次的基础上，分别对每一层次指标使用主成分分析提取关键因子，而不是同时对所有指标进行主成分分析。

1）个体层次指标的提取

装备制造业技术创新与营销创新协同作用评价的个体层次指标有领导者把握市场机会的能力、对失败的容忍性、年轻化趋势、受教育水平以及对管理费用的投入，使用 IBM SPSS 21 软件的主成分分析方法进行数据处理。在提取主成分之前，首先要检验收集的数据是否适合使用该方法，即需要进行 Bartlett 球形检验和 KMO 检验。当 Bartlett 球形检验的 P 值小于 0.001，且 KMO 值大于 0.5 时，适合使用主成分分析。经 KMO 和 Bartlett 球形检验（见附录 2）发现，个体层次因素适合做主成分分析。这五个指标可以用两个主要的因子 F_1 和 F_2 来代替，这两个主因子对原始指标的方差贡献率为83.8%，基本不会遗漏重要信息。提取结果如表 5-5 和表 5-6 所示。

表 5-5　个体层次因素解释的总方差

成分	初始特征值 initial eigenvalue			提取平方和载入 extract square and loading			旋转平方和载入 rotating square and loading		
	合计 total	方差 variance	累积 accumulation	合计 total	方差 variance	累积 accumulation	合计 total	方差 variance	累积 accumulation
1	3.126	62.522%	62.522%	3.126	62.522%	62.522%	2.953	59.066%	59.066%
2	1.064	21.279%	83.801%	1.064	21.279%	83.801%	1.237	24.734%	83.800%
3	0.402	8.030%	91.831%						
4	0.206	4.120%	95.951%						
5	0.202	4.049%	100.000%						

提取方法：主成分分析

表 5-6　个体层次因素旋转成分矩阵

影响因素	成分	
	F_1	F_2
领导者把握市场机会的能力	−0.186	0.705
领导者对失败的容忍性	0.980	−0.155
领导者年轻化趋势	0.983	−0.172
领导者受教育水平	−0.033	0.823
领导者对管理费用的投入	0.995	−0.092

注：旋转法：具有 Kaiser 标准化的正交旋转法

提取方法：主成分分析

旋转在 3 次迭代后收敛

旋转后的成分矩阵的每一列分别除以对应特征值的平方根，就得到个体层次因素主成分分析的相关系数。由表 5-6 得到前两个主成分，Y_1，Y_2 的线性组合为

$$\begin{cases} Y_1 = -0.105X_1 + 0.554X_2 + 0.556X_3 - 0.019X_4 + 0.563X_5 \\ Y_2 = 0.683X_1 - 0.15X_2 - 0.167X_3 + 0.798X_4 - 0.089X_5 \end{cases}$$

由因子分析模型可知，主因子 F_1 主要是由领导者对管理费用的投入、领导者年轻化趋势、领导者对失败的容忍性三个指标决定的，这三个指标在 F_1 上的载荷均在 0.9 以上，它代表着领导者的风险承受能力。F_2 主要是由领导者受教育水平和领导者把握市场机会的能力两个指标决定的，代表领导者协同创新战略目标的前瞻性。

因此，本书用领导者的风险承受能力和领导者的创新意识两个指标衡量个体层次因素对技术创新与营销创新的协同作用的影响。

2）组织层次指标的提取

制造业技术创新与营销创新协同作用评价的组织层次指标有企业研究人员数量、产品种类数、新产品销售收入、协同创新工作程序的复杂性、企业获取信息的及时性、企业与外部环境的交流情况、固定资产所占比例、企业整体获利情况、创新活动投入产出情况九个指标。经 KMO 和 Bartlett 球形检验（见附录 2）发现，组织层次因素适合做主成分分析。对原始数据进行主成分分析后发现，这九个指标可以用三个因子 F_1、F_2 和 F_3 来代替，这三个主因子对原始指标的方差贡献率为 92.473%，基本不会遗漏重要信息。提取结果如表 5-7 和表 5-8 所示。

表 5-7　组织层次因素解释的总方差

成分	初始特征值 initial eigenvalue			提取平方和载入 extract square and loading			旋转平方和载入 rotating square and loading		
	合计 total	方差 variance	累积 accumulation	合计 total	方差 variance	累积 accumulation	合计 total	方差 variance	累积 accumulation
1	3.649	45.612%	45.612%	3.649	45.612%	45.612%	3.450	43.130%	43.130%
2	3.004	37.548%	83.160%	3.004	37.548%	83.160%	3.056	38.204%	81.335%
3	1.003	9.313%	92.473%	1.003	9.313%	92.473%	1.211	15.139%	96.473%
4	0.372	2.395%	94.868%						
5	0.259	1.789%	96.657%						
6	0.234	1.664%	98.321%						
7	0.077	0.857%	99.178%						
8	0.035	0.537%	99.715%						
9	0.023	0.285%	100.000%						

注：提取方法：主成分分析

表 5-8　组织层次因素旋转成分矩阵

影响因素	成分		
	F_1	F_2	F_3
企业研究人员数量	−0.729	0.043	0.564
产品种类数	0.462	0.876	0.118
新产品销售收入	0.819	−0.560	−0.005
协同创新工作程序的复杂性	0.195	−0.454	0.825
企业获取信息的及时性	0.527	0.827	0.191
企业与外部环境的交流情况	0.947	−0.300	0.052
固定资产所占比例	0.562	0.818	0.113
企业整体获利情况	0.839	−0.522	−0.018
创新活动投入产出情况	0.141	0.022	0.437

注：提取方法：主成分分析
　　已提取了 3 个成分

旋转后的成分矩阵的每一列分别除以对应成分特征根的平方根，就得到组织层次因素主成分分析的相关系数。由表 5-8 得到前 3 个主成分，Y_1，Y_2，Y_3 的线性

组合为

$$
\begin{cases}
Y_1 = -0.382X_1 + 0.242X_2 + 0.429X_3 + 0.102X_4 + 0.276X_5 \\
\qquad + 0.496X_6 + 0.294X_7 + 0.439X_8 + 0.073X_9 \\
Y_2 = 0.025X_1 + 0.505X_2 - 0.323X_3 - 0.262X_4 + 0.477X_5 \\
\qquad - 0.173X_6 + 0.472X_7 - 0.301X_8 + 0.018X_9 \\
Y_3 = 0.547X_1 + 0.114X_2 - 0.005X_3 + 0.799X_4 + 0.185X_5 \\
\qquad + 0.05X_6 + 0.109X_7 - 0.017X_8 + 0.423X_9
\end{cases}
$$

由因子分析模型可知，F_1 由企业整体获利情况、新产品销售收入以及企业与外部环境的交流情况三个指标决定（这三个指标在 F_1 上的载荷均在 0.8 以上），表示企业经营状况。F_2 由产品种类数、固定资产所占比例和企业获取信息的及时性三个指标决定，表示企业规模。F_3 由协同创新工作程序的复杂性、创新活动投入产出情况和企业研究人员数量三个指标决定，代表企业人力资本素质。

因此，本书用企业经营状况、企业规模和企业人力资本素质三个指标衡量组织层次因素对技术创新与营销创新协同作用的影响。

3）环境层次指标的提取

制造业技术创新与营销创新协同作用评价的环境层次指标有竞争激烈程度、政府政策支持、外部环境的变化、竞争公平程度、客户群体特征与产品的匹配性、企业信誉、区域经济发展水平、产品市场认同度以及区域创新与服务能力九个指标。经 KMO 和 Bartlett 球形检验（见附录 2）发现，环境层次因素适合做主成分分析。对原始数据进行主成分分析后发现，这九个指标可以用三个因子 F_1、F_2 和 F_3 来代替，这三个主因子对原始指标的方差贡献率为 93.73%，基本不会遗漏重要信息。提取结果如表 5-9 和表 5-10 所示。

表 5-9　环境层次因素解释的总方差

成分	初始特征值 initial eigenvalue			提取平方和载入 extract square and loading			旋转平方和载入 rotating square and loading		
	合计 total	方差 variance	累积 accumulation	合计 total	方差 variance	累积 accumulation	合计 total	方差 variance	累积 accumulation
1	3.631	45.384%	45.384%	3.631	45.384%	45.384%	3.462	43.272%	43.272%
2	3.038	37.973%	83.357%	3.038	37.973%	83.357%	3.055	38.191%	81.463%
3	1.070	10.374%	93.731%	1.070	10.374%	93.731%	1.221	12.269%	93.731%
4	0.552	2.146%	95.877%						
5	0.407	1.826%	97.703%						
6	0.311	0.677%	98.380%						
7	0.138	0.308%	98.688%						
8	0.057	0.197%	98.885%						
9	0.032	0.115%	100.000%						

注：提取方法：主成分分析

表 5-10　环境层次因素旋转成分矩阵

影响因素	成分		
	F_1	F_2	F_3
竞争激烈程度	0.095	0.989	−0.096
政府政策支持	−0.746	−0.192	0.522
外部环境的变化	0.272	−0.107	0.917
竞争公平程度	−0.020	0.992	−0.108
客户群体特征与产品的匹配性	0.973	−0.077	0.156
企业信誉	0.050	0.998	−0.023
区域经济发展水平	0.954	0.202	0.194
产品市场认同度	0.980	−0.053	0.155
区域创新与服务能力	0.931	0.465	0.043

注：旋转法：具有 Kaiser 标准化的正交旋转法

提取方法：主成分分析

旋转在 4 次迭代后收敛

与个体层次因素的计算方法一样，得到环境层次因素主成分分析的相关系数。由表 5-10 得到前 3 个主成分，Y_1，Y_2，Y_3 的线性组合为

$$
\begin{cases}
Y_1 = 0.05X_1 - 0.391X_2 + 0.143X_3 - 0.01X_4 + 0.511X_5 \\
\qquad + 0.026X_6 + 0.501X_7 + 0.514X_8 + 0.389X_9 \\
Y_2 = 0.567X_1 - 0.11X_2 - 0.061X_3 + 0.569X_4 - 0.044X_5 \\
\qquad + 0.573X_6 + 0.116X_7 - 0.03X_8 + 0.197X_9 \\
Y_3 = -0.093X_1 + 0.505X_2 + 0.886X_3 - 0.104X_4 + 0.151X_5 \\
\qquad - 0.022X_6 + 0.188X_7 + 0.15X_8 + 0.033X_9
\end{cases}
$$

由因子分析模型可知，第一个主因子 F_1 主要由产品市场认同度、客户群体特征与产品的匹配性、区域经济发展水平以及区域创新与服务能力四个指标决定（这四个指标在 F_1 上的载荷均在 0.9 以上），表示产品的市场需求程度。第二个主因子 F_2 主要由企业信誉、竞争公平程度以及竞争激烈程度三个指标决定，是代表替代品威胁与同业竞争者的竞争力的指标。F_3 由外部环境的变化和政府政策支持两个指标决定，它们是代表政府支持力度的指标。

因此，本书用产品的市场需求程度、替代品威胁与同业竞争者的竞争力以及政府支持力度三个指标衡量环境层次因素对技术创新与营销创新协同作用的影响。

综上，制造业技术创新与营销创新协同作用评价的指标体系，如表 5-11 所示。

表 5-11　制造业技术创新与营销创新协同作用评价的指标体系

层次	指标
个体层次	领导者的风险承受能力
	领导者的创新意识

续表

层次	指标
组织层次	企业经营状况
	企业规模
	企业人力资本素质
环境层次	市场需求程度
	替代品威胁与同业竞争者的竞争力
	政府支持力度

5.3.6　评价方法

1）DEA 方法的原理

1978 年，美国著名运筹学家 A. Charnes 和 W. W. Cooper 等提出 DEA 方法，该方法现已广泛用于各行业以解决实际问题。DEA 方法是基于投入产出数据的决策单元（decision making unit，DMU）相对有效性评价的评价方法。DEA 把每一个被评价主体作为一个决策单元，再由众多决策单元构成被评价群体。以决策单元的投入、产出指标数据为依据，计算比较各决策单元的相对效率，确定该决策单元是否有效。

1978 年，Charnes 等提出了 DEA 方法的第一个模型——C2R 模型。近年来，许多学者对 DEA 方法的模型进行了拓展与开发，本书选择最为经典的 C2R 模型进行分析。原始的 C2R 模型表达的是一个分式规划模型，本书参考的是经 Charnes-Cooper 变换后的等价线性规划模型：

$$\text{s.t.} \begin{cases} \sum_{j=1}^{n} y_{rj}\lambda_j - s_r^+ = y_{r0}, r=1,2,\cdots,s \\ \sum_{j=1}^{n} x_{ij}\lambda_j + s_i^- = \theta x_{i0}, i=1,2,\cdots,m \\ \min Z = \theta - \sum_{i=1}^{m} s_i^- - \sum_{r=1}^{s} s_r^+ \end{cases}$$

其中，$\theta, s_i^-, s_r^+, \lambda_j \geqslant 0, \forall i, r, j$。

θ 是有效性系数；x_{ij} 是决策单元 $j(j=1,2,\cdots,n)$ 的第 $i(i=1,2,\cdots,m)$ 个投入；y_{rj} 是决策单元 $j(j=1,2,\cdots,n)$ 的第 $r(r=1,2,\cdots,s)$ 个产出；s_i^- 和 s_r^+ 表示正负偏差变量；x_{i0} 和 y_{r0} 是当前被测单元的投入和产出。当 $\theta=1$ 且 $s_i^- = s_r^+ = 0$ 时，为 DEA 有效，即达到帕累托最优状态；当 $\theta=1$ 且 $s^- \neq 0$ 或 $s^+ \neq 0$ 时，为弱 DEA 有效，即此时企业还有投入减少而保持产出不变，或者投入不变增加产出的空间。当 $\theta<1$ 时，表示决策单元为非 DEA 有效。

与其他评价方法相比，DEA 方法的优点如下：不需要考虑投入与产出之间的复杂关系；不需要估计任何参数或者权重，而是直接由模型得到，避免了主观因素的影响。但该方法也存在缺点，即无法衡量不同指标对决策单元有效性的影响程度。

2）复合 DEA 方法的原理

基于上述 DEA 方法的优缺点，本书使用改进的 DEA 方法，保留 DEA 方法的优点，弥补 DEA 方法的缺点，即复合 DEA 方法。复合 DEA 的基本原理是，在 DEA 方法的基础上，去掉评价指标体系中的某一指标后，与原始结果对比，以探索该指标对决策单元有效性评价的影响作用大小。设全部指标构成集合 D，各决策单元的相对效率值为 $\theta_i(D)$，向量 $\boldsymbol{\theta}(D)$ 由 $\theta_i(D)$ 构成，即 $\boldsymbol{\theta}(D) = \{\theta_1(D), \theta_2(D), \cdots, \theta_i(D)\}^{\mathrm{T}}$；若 $D_1, D_2, \cdots, D_t$ 是 t 个由 D 中部分指标组成的不同子指标集（即有 $D \supset D_i$），得到 D_i 下以各决策单元相对效率值为分量的向量 $\boldsymbol{\theta}(D_i)$：$\boldsymbol{\theta}(D_i) = \{\theta_1(D_i), \theta_2(D_i), \cdots, \theta_n(D_i)\}^{\mathrm{T}}$。

复合 DEA 方法的应用包括两个方面：一是进一步分析非 DEA 有效的原因。若 j_0 在 D 指标下为非 DEA 有效，即 $\theta_{j0} < 1$，定义 $S_i = \dfrac{\theta_{j0}(D) - \theta_{j0}(D_i)}{\theta_{j0}(D_i)}$，$j = 1, 2, \cdots, t$。若指标 i_0 满足 $S_{j0} = \min(S_1, S_2, \cdots, S_t)$，表示指标 i_0 是对 j_0 无效性影响最大的指标，可能是该指标对应的产出效率低，也可能是由于该指标利用率最低。二是比较某一投入或产出指标对不同决策单元影响程度的大小。定义 $S_j(i) = \dfrac{\theta_j(D) - \theta_j(D_i)}{\theta_j(D_i)}$，$j = 1, 2, \cdots, n$，其中，$D_i$ 表示 D 中去掉第 i 个指标后的指标体系。若决策单元 j_0 满足：$S_{j0}(i) = \max\{S_j(i)\}$，$j = 1, 2, \cdots, n$，因为 i 指标的加入提高了其相对效率值，表明与其他决策单元相比，j_0 在第 i 个指标上具有相对优势。若 i 为投入指标，也可能表示该指标的投入不足。

5.3.7 评价结果分析

1）指标分类及指标测算

在对我国装备制造业技术创新与营销创新协同作用的现状进行评价之前，需要将评价指标按照投入和产出的角度分类。领导者的风险承受能力、领导者的创新意识、政府支持力度和企业人力资本素质的投入程度直接影响着技术创新与营销创新协同作用的强弱程度，因此把它们划分为投入指标。技术创新与营销创新协同作用越好，对企业经营状况、企业规模、市场需求程度以及替代品威胁与同业竞争者的竞争力的促进作用越强，因此，把这些指标划分为产出指标。

为了使对技术创新与营销创新协同作用的评价更加科学合理，本书评价指标的数据来源于《中国统计年鉴》、《中国工业经济统计年鉴》和《工业企业科技活动统计年鉴》等相关资料。并用 R&D 经费内部支出中的企业资金占比来衡量领导者的风险承受能力；用新产品 R&D 项目数来表示领导者的创新意识；用研究人员中 R&D 人员的数量占比衡量企业人力资本素质；用利润总额衡量企业经营状况；用固定资产所占比例衡量企业规模；用规模以上企业单位数占所有单位数的比重衡量替代品威胁与同业竞争者的竞争力；用 R&D 经费内部支出中的政府资金占比表示政府支持力度；市场需求程度用新产品的销售收入占主营业务收入的比重来表示。评价指标的划分及测算如表 5-12 所示。

表 5-12　投入产出视角下制造业技术创新与营销创新协同作用评价的指标体系

分类	指标	指标测算
投入指标	领导者的创新意识 X_1	新产品 R&D 项目数
	领导者的风险承受能力 X_2	R&D 经费内部支出中的企业资金占比
	企业规模 X_3	固定资产所占比例
	政府支持力度 X_4	R&D 经费内部支出中的政府资金占比
	企业人力资本素质 X_5	研究人员中 R&D 人员的数量占比
产出指标	企业经营状况 Y_1	利润总额
	替代品威胁与同业竞争者的竞争力 Y_2	规模以上企业单位数占所有单位数的比重
	市场需求程度 Y_3	新产品的销售收入占主营业务收入的比重

2）基于 DEA 方法的评价结果分析

LINGO（Linear Interactive and General Optimizer，交互式的线性和通用优化求解器）是专门用来求解各种线性或非线性规划问题的软件。能够使用建模语言与快速求解是该软件的两大优点。

本书在评价过程中采纳了 Andersen 和 Petersen 建议的方法，对复合 DEA 模型进行了适当的修改。表 5-13 中的原始结果是指评价第 j 个决策单元时，需要去掉方程右侧的相关数据信息，以便对各决策单元进行排序；去掉 X_{ij} 是指去掉第 i 个约束条件和变量 s_i^-；去掉 Y_{rj} 是指去掉第 5+r 个约束条件和变量 s_r^+。本书以我国 31 个省（自治区、直辖市）的装备制造业技术创新与营销创新的协同评价作为决策单元，对 2017 年我国装备制造业的协同作用的相对有效性做出评价，原始数据来源于相关统计年鉴。各决策单元的 DEA 评价结果如表 5-13 所示。

表 5-13　不同指标下的 DEA 评价结果对比

序号	决策单元	原始结果	去掉 X_{1j}	去掉 X_{2j}	去掉 X_{3j}	去掉 X_{4j}	去掉 X_{5j}	去掉 Y_{1j}	去掉 Y_{2j}	去掉 Y_{3j}
1	上海	2.60	2.46	2.60	2.47	2.60	2.35	2.16	2.60	2.60
2	北京	2.52	2.40	2.50	2.32	2.52	1.80	1.96	2.52	2.52
3	天津	2.37	2.25	2.37	2.23	2.37	1.74	1.85	2.37	2.37
4	山东	2.33	2.14	2.33	2.24	2.33	2.05	1.88	2.33	2.33
5	内蒙古	2.24	2.10	2.24	1.86	2.24	2.06	1.59	2.24	2.24
6	广东	2.15	2.12	2.15	1.74	2.15	1.93	2.05	2.15	2.15
7	福建	2.10	1.85	2.10	1.67	2.10	1.75	1.63	2.10	2.10
8	浙江	1.78	1.64	1.34	1.78	1.75	1.72	1.78	1.76	1.78
9	河北	1.77	1.45	1.62	1.77	1.77	1.65	1.77	1.58	1.77
10	江苏	1.72	1.50	1.62	1.65	1.72	1.65	1.72	1.66	1.72
11	广西	1.68	1.44	1.50	1.68	1.68	1.65	1.65	1.55	1.68
12	山西	1.65	1.40	1.56	1.65	1.65	1.54	1.65	1.58	1.65
13	辽宁	1.60	1.33	1.25	1.60	1.60	1.35	1.60	1.55	1.60
14	安徽	1.60	1.44	1.33	1.60	1.60	1.48	1.60	1.48	1.60
15	湖北	1.55	1.40	1.27	1.55	1.49	1.47	1.55	1.50	1.55
16	海南	1.54	1.26	1.17	1.54	1.54	1.49	1.54	1.52	1.54
17	吉林	1.47	1.35	1.25	1.47	1.47	1.28	1.47	1.41	1.47
18	河南	1.47	1.35	1.25	1.47	1.47	1.45	1.47	1.43	1.47
19	黑龙江	1.45	1.26	1.36	1.45	1.45	1.36	1.45	1.34	1.45
20	陕西	1.45	1.40	1.36	1.43	1.45	1.25	1.43	1.35	1.45
21	湖南	1.42	1.21	1.15	1.39	1.42	1.32	1.42	1.36	1.42
22	重庆	1.40	1.15	1.09	1.40	1.40	1.35	1.40	1.36	1.40
23	四川	1.37	1.26	1.03	1.37	1.37	1.33	1.37	1.32	1.37
24	甘肃	1.36	1.36	1.23	1.36	1.36	1.36	1.36	1.13	1.25
25	江西	1.34	1.25	1.06	1.34	1.34	1.33	1.34	1.29	1.34
26	宁夏	1.27	1.27	0.86	1.27	1.27	1.27	1.27	0.87	0.95
27	贵州	1.24	1.24	1.20	1.24	1.24	1.24	1.24	0.80	1.05
28	青海	1.20	1.20	1.02	1.20	1.20	1.20	1.20	0.86	0.74
29	云南	1.18	1.18	1.05	1.18	1.18	1.18	1.18	0.95	1.12
30	新疆	1.13	1.13	1.05	1.10	1.13	1.13	1.10	0.67	0.65
31	西藏	1.10	1.10	0.80	1.10	1.10	1.10	1.10	0.75	0.82

从表 5-13 可以发现，在当前投入产出指标下，上海、北京、天津、山东、内蒙古、广东和福建七个省（自治区、直辖市）总体的 DEA 评价结果较高，与当地经济发展水平相适应。根据前述分析，成熟阶段技术创新与营销创新的协同程度最高，也就是说，这几个省（自治区、直辖市）中处于成熟阶段的企业较多。从表 5-13 中的数据结果可以发现，这几个省（自治区、直辖市）的 DEA 评价结果

在去掉 X_{1j}、X_{3j}、X_{5j}、Y_{1j} 这四个指标后，评价结果较原始结果的变化较大，这四个指标中 X_{3j}、X_{5j}、Y_{1j} 属于组织层次指标，因此，这几个省（自治区、直辖市）协同作用主要受到组织层次因素的影响。当然，经济发展水平越高，区域服务能力以及产业结构的完善程度越高，当地企业可获得的公共资源越多。

根据浙江、河北、江苏、广西、山西、辽宁等省（自治区）的 DEA 评价结果可以发现，其协同作用的投入存在冗余。这几个省（自治区）的 DEA 评价结果在去掉 X_{1j}、X_{2j}、X_{5j}、Y_{2j} 四个指标后，评价结果较原始结果的变化较大，这四个指标中 X_{1j} 和 X_{2j} 属于个体层次指标，X_{5j} 属于组织层次指标，Y_{2j} 属于环境层次指标。总体来看，个体层次要素对这几个省（自治区）协同作用的影响较大一些。

根据宁夏、贵州、青海、云南、新疆、西藏等省（自治区）的 DEA 评价结果可以发现，这几个省（自治区）的 DEA 评价结果在去掉 X_{2j}、Y_{2j}、Y_{3j} 三个指标后，评价结果较原始结果的变化较大。三个指标中，Y_{2j} 和 Y_{3j} 属于环境层次指标，说明这些地区的协同作用水平总体受到环境层次要素的影响较大。

3）基于复合 DEA 方法的评价结果分析

表 5-13 的数据显示，去掉某一指标后，各决策单元的目标函数值都发生了变化，但数值波动幅度不同，这表明各指标对各决策单元技术创新与营销创新协同作用的分析都发挥了不同程度的作用。为了进一步对数据的相对有效性进行分析，计算了各指标的 $S_j(i)$ 值，复合 DEA 评价结果如表 5-14 所示。

表 5-14　复合 DEA 评价结果

序号	决策单元	投入					产出		
		$S_j(1)$	$S_j(2)$	$S_j(3)$	$S_j(4)$	$S_j(5)$	$S_j(6)$	$S_j(7)$	$S_j(8)$
1	上海	0.06	0	0.05	0	0.11	0.20	0	0
2	北京	0.05	0.01	0.09	0	0.40	0.29	0	0
3	天津	0.05	0	0.06	0	0.36	0.28	0	0
4	山东	0.09	0	0.04	0	0.14	0.24	0	0
5	内蒙古	0.07	0	0.20	0	0.09	0.41	0	0
6	广东	0.01	0	0.24	0	0.11	0.05	0	0
7	福建	0.14	0	0.26	0	0.20	0.29	0	0
8	浙江	0.09	0.33	0	0.02	0.03	0	0.01	0
9	河北	0.22	0.09	0	0	0.07	0	0.12	0
10	江苏	0.15	0.06	0.04	0	0.04	0	0.04	0

续表

序号	决策单元	投入					产出		
		$S_j(1)$	$S_j(2)$	$S_j(3)$	$S_j(4)$	$S_j(5)$	$S_j(6)$	$S_j(7)$	$S_j(8)$
11	广西	0.17	0.12	0	0	0.02	0.02	0.08	0
12	山西	0.18	0.06	0	0	0.07	0	0.04	0
13	辽宁	0.20	0.28	0	0	0.19	0	0.03	0
14	安徽	0.11	0.20	0	0	0.08	0	0.08	0
15	湖北	0.11	0.22	0	0.04	0.05	0	0.03	0
16	海南	0.22	0.32	0	0	0.03	0	0.01	0
17	吉林	0.09	0.18	0	0	0.15	0	0.04	0
18	河南	0.09	0.18	0	0	0.01	0	0.03	0
19	黑龙江	0.15	0.07	0	0	0.07	0	0.08	0
20	陕西	0.04	0.07	0.01	0	0.16	0.01	0.07	0
21	湖南	0.17	0.23	0.02	0	0.08	0	0.03	0
22	重庆	0.22	0.28	0	0	0.04	0	0.03	0
23	四川	0.09	0.33	0	0	0.03	0	0.04	0
24	甘肃	0	0.11	0	0	0.00	0	0.20	0.09
25	江西	0.07	0.26	0	0	0.01	0	0.04	0
26	宁夏	0	0.48	0	0	0	0	0.46	0.34
27	贵州	0	0.03	0	0	0	0	0.55	0.18
28	青海	0	0.18	0	0	0	0	0.40	0.62
29	云南	0	0.12	0	0	0	0	0.24	0.05
30	新疆	0	0.08	0	0	0	0.03	0.69	0.74
31	西藏	0	0.38	0	0	0	0	0.47	0.34
32	$\sum S_j(i)$	2.82	4.65	1.02	0.06	2.54	1.82	3.84	2.36
33	标准差	0.07	0.13	0.07	0.01	0.10	0.12	0.19	0.18

根据表 5-14 纵向的 $\sum S_j(i)$ 列的累计值，从投入指标看，$S_j(2)$ 的累计值绝对值最大，为 4.65；$S_j(4)$ 的累计值最小，为 0.06。这表明，现阶段对我国各地区制造业技术创新与营销创新协同作用影响最大的投入指标是领导者的风险承受能力。当领导者的风险承受能力较强时，会把较多的企业资金用于企业的创新活动中，用创新产品吸引客户，主动创新，让创新走在需求的前面，引领客户不断更新换代新产品，而不是以需求拉动企业的创新行为。因此，各行业还是应该加大创新投入，尤其是企业自有资金的投入。投入指标中，存在最多冗余的是政府

支持力度，表明这些企业对政府资金的利用不够充分。从 $S_j(4)$ 列的数据来看，浙江和湖北的政府资金利用率较高，与其他省（自治区、直辖市）相比在该指标的利用上存在优势。从产出指标来看，$S_j(7)$ 列的累计值高于其他两列，为 3.84，表明当前 DEA 的相对效率值对企业经营状况 $\left[S_j(7)\right]$ 这一指标最为敏感，从该列的具体数据可以看出，新疆和贵州比其他省（自治区、直辖市）对该指标表现得更敏感。

根据表 5-14 纵向列"标准差"的累计值，可以分析决策单元不同指标上的相对效率。从投入指标来看，子行业对"领导者的风险承受能力 $\left[S_j(2)\right]$"指标的投入差别较大，标准差为 0.13，也就是当前企业 R&D 资金中的企业资金占比方面在各地区的差异较大，结合表 5-14 的数据可知，宁夏和西藏在该指标上的投入最为缺乏。从各产出指标来看，$S_j(7)$ 列的标准差最大，为 0.19，表明各决策单元在该指标上的产出不均衡，也就是各地区的替代品威胁与同业竞争者的竞争力差别较大。

综合以上分析，目前我国各地区装备制造业的技术创新与营销创新协同产出的相对效率差别较大。根据复合 DEA 的评价结果，各投入产出指标对各地区技术创新与营销创新协同作用的重要性差别也比较大。因此，各地区应该根据各指标的相对效率值，找出非 DEA 有效的形成原因，有针对性地提高本地区的投入产出率。

5.4 制造业技术创新与营销创新协同动力机制分析

在前述研究的基础上，我们得到制造业技术创新与营销创新协同作用的主要影响因素之间的因果关系；然后，根据调查问卷得到的相关数据，建立各因素间的方程关系式；最后，得到不同生命周期阶段技术创新与营销创新协同作用的关键路径。

本书运用系统动力学方法，分析制造业不同生命周期中技术创新与营销创新的协同作用各因素之间的关系，通过量化数据对各状态变量进行仿真，以期获得不同生命周期技术创新与营销创新协同作用的最优路径和关键影响因素。

5.4.1 制造业技术创新与营销创新协同因果关系分析

影响制造业技术创新与营销创新协同作用的因素之间是相互影响、相互作用的，各因素之间的因果关系如图 5-12 所示。

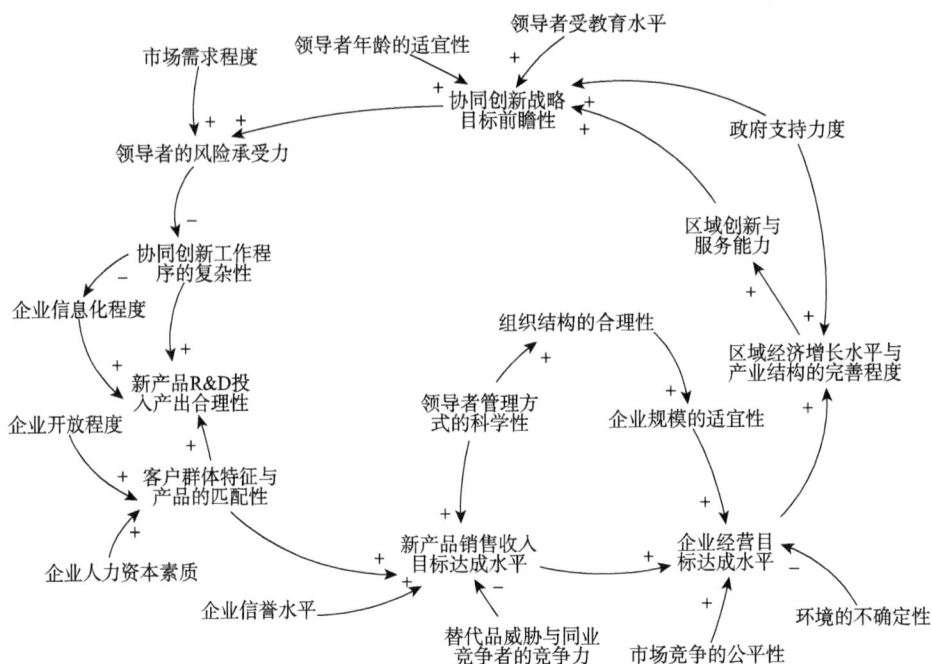

图 5-12　制造业技术创新与营销创新协同作用因素的因果关系图

从图 5-12 中，可以发现一条主要反馈回路：协同创新战略目标前瞻性→领导者的风险承受力→协同创新工作程序的复杂性→新产品 R&D 投入产出合理性→客户群体特征与产品的匹配性→新产品销售收入目标达成水平→企业经营目标达成水平→区域经济增长水平与产业结构的完善程度→区域创新与服务能力。

除了这条反馈回路外，其他因素之间也存在着正向促进或负向抑制作用，如企业人力资本素质、企业开放程度的提高将会正向作用于客户群体特征与产品的匹配性，环境的不确定性负向作用于企业经营目标达成水平，替代品威胁与同业竞争者的竞争力将负向作用于新产品销售收入目标达成水平等。因此，企业的协同创新产出水平在各因素正负反馈回路的作用下达到系统稳态。

5.4.2　制造业技术创新与营销创新协同动力机制流图构建

制造业技术创新与营销创新协同作用因果关系的分析是系统动力学模型构建的第一步，该模型的第二步是技术创新与营销创新协同作用机制流图的构建以及系统动力学方程的建立。

在制造业技术创新与营销创新协同作用的因果关系图的基础上，根据各因素之间的因果关系建立反馈回路，进行初步分析，这是系统动力学流图的基础。通过因果关系构建技术创新与营销创新协同作用机制的流图，并根据相关数据建立各因素之间的数量关系，为仿真奠定了基础。制造业技术创新与营销创新协同作用机制流图如图 5-13 所示。

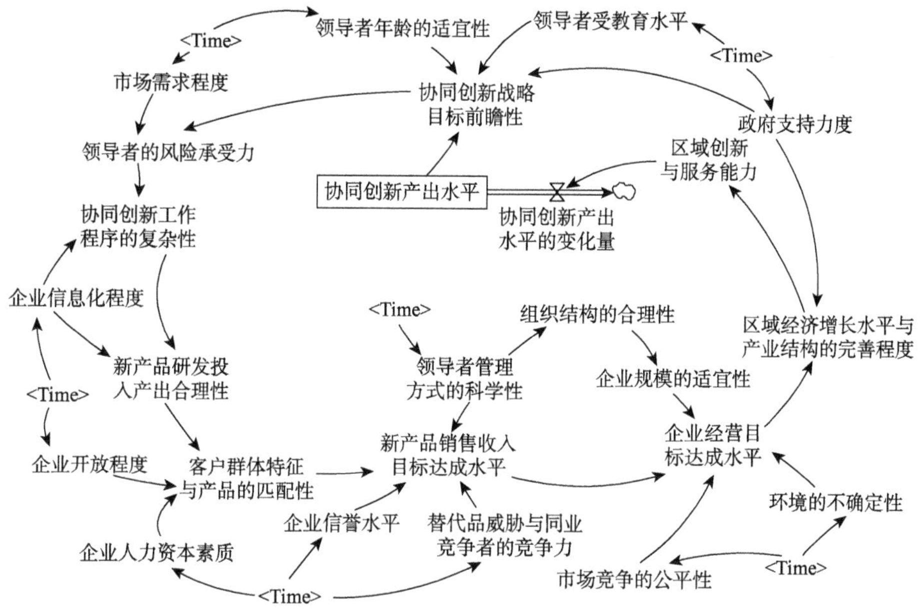

图 5-13 制造业技术创新与营销创新协同作用机制流图

从图 5-13 可以看出，协同创新产出水平为状态变量，协同创新产出水平的变化量为速率变量，协同创新产出水平在协同创新产出水平的变化量的作用下，形成动态增加的循环过程。

5.4.3 制造业技术创新与营销创新协同动力机制的量化分析

1）模型的主要系统方程

本书以装备制造业为案例对象，对技术创新与营销创新协同作用流图进行仿真时，使用的数据来自前期获得的 269 份有效问卷，有效问卷调查对象包括海尔集团等 150 家企业。把这些有效问卷的数据按照企业生命周期整理后，得到各生命周期的相关指标数据，然后使用 IBM SPSS 21 软件进行数据处理，得到仿真所用方程（见附录 3）。

2）参数估计

各因子之间的关系方程体现了各系统变量之间的数量关系与逻辑关系，对方程中的参数估计进行说明如下：

状态变量：状态变量来自于制造业技术创新与营销创新协同作用的影响因子，初始值取生命周期阶段各指标的平均值。

速率变量：速率变量是对应的状态变量的变化速率，没有固定的方程式。

辅助变量：各因素之间有已经公认的方程式；各因素之间有逻辑关系，但是数量关系难以确定时，本书运用IBM SPSS 21软件对各因素数据进行处理，建立方程式。

常量：直接根据问卷数据用确定的常数表示。

5.4.4 制造业技术创新与营销创新协同动力机制的有效性检验

有效性检验主要是检验本书所构建的制造业技术创新与营销创新协同作用机制的模型是否与现实相符。有效性检验的方法一般包括直观检验、运行检验和历史检验三种方法。

1）制造业技术创新与营销创新协同动力机制的直观检验

直观检验用来检验模型与系统内部机制的一致性，如模型中的方程表达式是否正确、因素之间的逻辑关系是否合理等。

2）制造业技术创新与营销创新协同动力机制的运行检验

为了检验制造业技术创新与营销创新协同作用系统仿真模型的运行是否产生病态结构，令仿真步长 DT（delay time，延迟时间）取值分别为 1、0.5 和 0.25 进行仿真检验，观察并比较仿真结果。

从图 5-14~图 5-17 中能够看出，在不同的仿真步长下，不同生命阶段制造业技术创新与营销创新的协同产出水平的曲线波动不大，相对稳定，因此能够得出本书构建的机制模型比较稳定的结论。

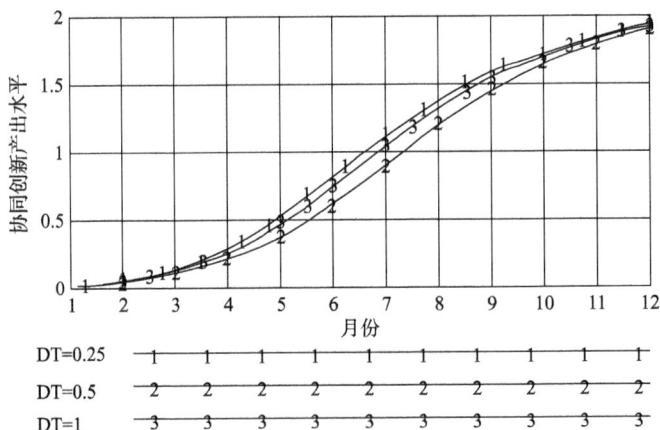

图 5-14　不同 DT 下出生阶段协同创新产出水平稳定性比较

3）制造业技术创新与营销创新协同动力机制的历史检验

历史检验，也就是检验系统结果与历史数据之间的拟合度。当由模型得出的仿

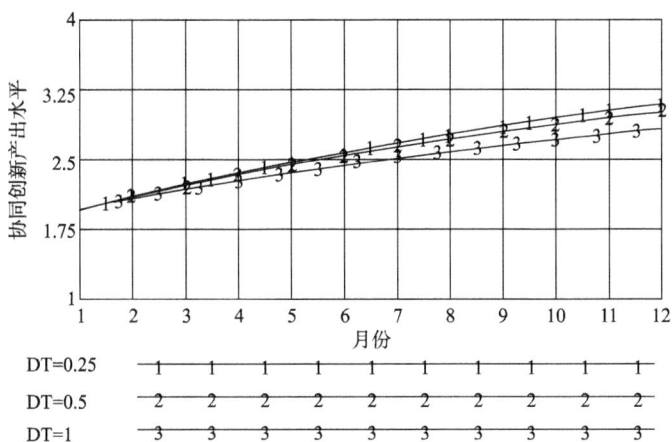

图 5-15　不同 DT 下成长阶段协同创新产出水平稳定性比较

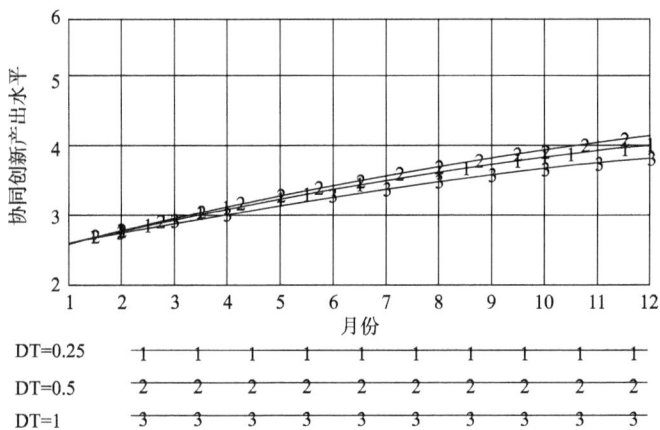

图 5-16　不同 DT 下成熟阶段协同创新产出水平稳定性比较

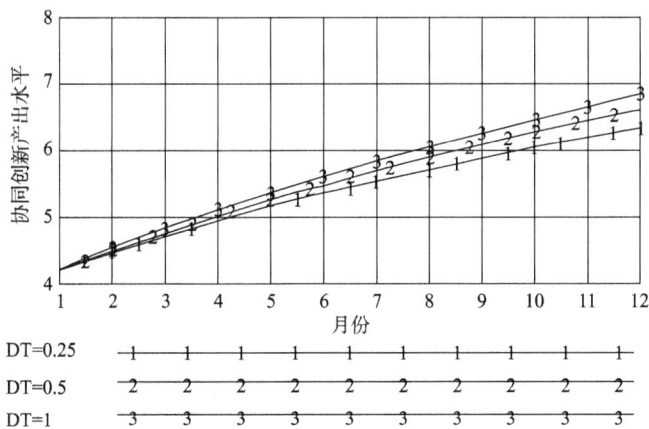

图 5-17　不同 DT 下转型阶段协同创新产出水平稳定性比较

真结果与历史数据结果的误差率小于 5%时，就可以说明本书构建的制造业技术创新与营销创新协同作用的机制模型与实际系统运行结果一致，反之则为无效。其中，误差率=［（模拟值−实际值）/实际值］×100%。由于检验的是不同生命周期技术创新与营销创新协同作用系统的稳定性，因此，对于历史数据的选择并不是传统的连续几年内的纵向数据，而是选择把不同生命阶段作为纵向数据的时间轴，数据来源于实地调查和问卷调查。不同生命阶段协同创新产出水平拟合图见图 5-18。

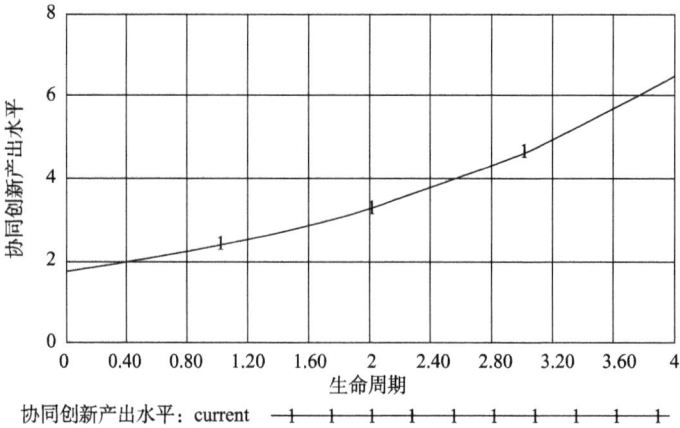

图 5-18　不同生命阶段协同创新产出水平拟合图

从表 5-15 中可以得出，各阶段的协同创新产出水平的误差率均小于 5%，因此，本书构建的模型是有效的。

表 5-15　不同生命阶段协同创新产出水平历史检验误差比较

生命周期阶段	协同创新产出水平		
	实际值	模拟值	误差率
出生阶段	2.03	2.11	3.9%
成长阶段	3.04	3.18	4.6%
成熟阶段	4.38	4.55	3.9%
转型阶段	6.23	6.21	− 0.3%

综上所述，通过三种有效性检验，本书提出的制造业技术创新与营销创新协同作用模型较为合理，与实际系统的发展吻合度较高，即该模型通过检验。

5.4.5　制造业技术创新与营销创新协同动力机制的灵敏度分析

参数灵敏度检验的目的是找出对模型产生较大影响的关键因素。本小节主要是通过调整协同创新产出水平的路径中辅助变量的参数，通过灵敏度分析，找出影响状态变量的关键因素。

　　协同创新产出水平路径如下：协同创新产出水平→协同创新战略目标前瞻性→领导者的风险承受力→协同创新工作程序的复杂性→新产品 R&D 投入产出合理性→客户群体特征与产品的匹配性→新产品销售收入目标达成水平→企业经营目标达成水平→区域经济增长水平与产业结构的完善程度→区域创新与服务能力→协同创新产出水平变化量。

　　对灵敏度的分析，主要是分析反馈回路上的辅助变量。在不改变其他因素系数的情况下，分别将协同创新战略目标前瞻性、领导者的风险承受力、协同创新工作程序的复杂性、新产品 R&D 投入产出合理性、客户群体特征与产品的匹配性、新产品销售收入目标达成水平、企业经营目标达成水平、区域经济增长水平与产业结构的完善程度、区域创新与服务能力的系数上调 1%后，观察曲线的变化，调整后的仿真结果如下文所示。

　　1）出生阶段协同创新产出水平路径的灵敏度分析

　　从图 5-19 可以看出，将回路上的辅助变量系数上调 1%后，曲线 2、3、8、9 与原始曲线相比波动较大；从表 5-16 中的数据也可以看出，协同创新战略目标前瞻性、领导者的风险承受力、区域经济增长水平与产业结构的完善程度、区域创新与服务能力四个因素的方程系数上调 1%后，增长率在 30%左右，明显高于其他因素的增长率。因此，这四个因素是出生阶段协同创新产出水平的关键影响因素。从因素所属层次的划分可以发现，这四个因素包括两个个体层次因素、两个环境层次因素。由曲线变化的强烈程度及增长率绝对值的大小得出，对出生阶段制造业协同创新产出水平的影响由大到小依次为环境层次因素、个体层次因素、组织层次因素。

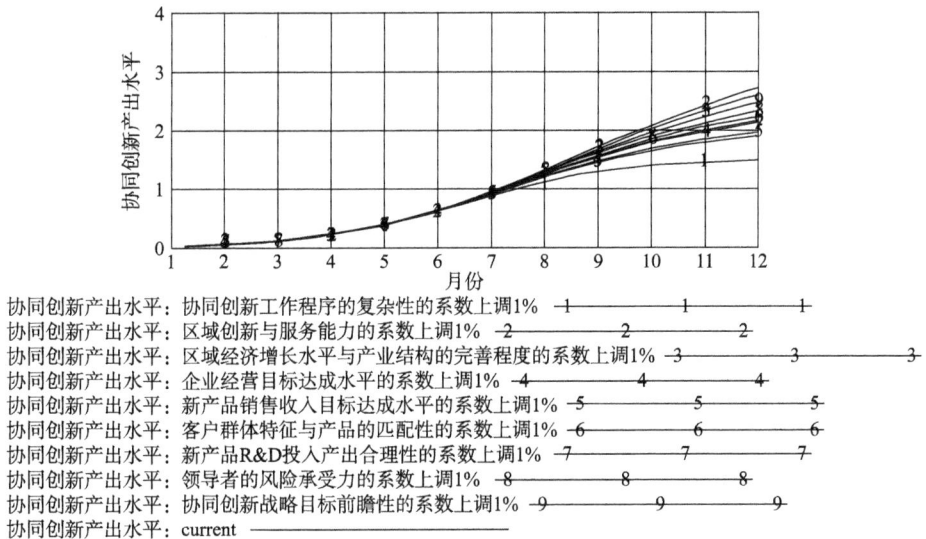

协同创新产出水平：协同创新工作程序的复杂性的系数上调1%　1
协同创新产出水平：区域创新与服务能力的系数上调1%　2
协同创新产出水平：区域经济增长水平与产业结构的完善程度的系数上调1%　3
协同创新产出水平：企业经营目标达成水平的系数上调1%　4
协同创新产出水平：新产品销售收入目标达成水平的系数上调1%　5
协同创新产出水平：客户群体特征与产品的匹配性的系数上调1%　6
协同创新产出水平：新产品R&D投入产出合理性的系数上调1%　7
协同创新产出水平：领导者的风险承受力的系数上调1%　8
协同创新产出水平：协同创新战略目标前瞻性的系数上调1%　9
协同创新产出水平：current

图 5-19　出生阶段各因素比重变化引起的协同创新产出水平变化趋势图

表 5-16　出生阶段协同创新产出水平对各因素比重变化的灵敏度

因素	协同创新产出水平		
	原始值	系数上调1%	增长率
协同创新战略目标前瞻性		2.60	28.08%
领导者的风险承受力		2.58	27.09%
协同创新工作程序的复杂性		1.65	-18.72%
新产品 R&D 投入产出合理性		2.13	4.93%
客户群体特征与产品的匹配性	2.03	2.32	14.29%
新产品销售收入目标达成水平		2.24	10.34%
企业经营目标达成水平		2.03	0.00
区域经济增长水平与产业结构的完善程度		2.63	29.56%
区域创新与服务能力		2.75	35.47%

2）成长阶段协同创新产出水平路径的灵敏度分析

从图 5-20 中可以看出，对回路上的辅助变量系数上调1%后，曲线 1、5、8、9 与原始曲线相比波动较大；从表 5-17 中的数据也可以看出，协同创新战略目标前瞻性、领导者的风险承受力、客户群体特征与产品的匹配性以及区域创新与服务能力四个因素的方程系数上调 1%后，增长率的绝对值在 10%左右，明显高于其他因素。因此，这四个因素对成长阶段创新协同产出水平的影响较大。根据对要素所属层次的划分，这四个要素包括了个体、组织、环境三个层次，根据曲线变化强度的大小以及增长率绝对值的大小，可以判断出对成长阶段协同创新产出水平的影响由大到小依次为个体层次、组织层次、环境层次。

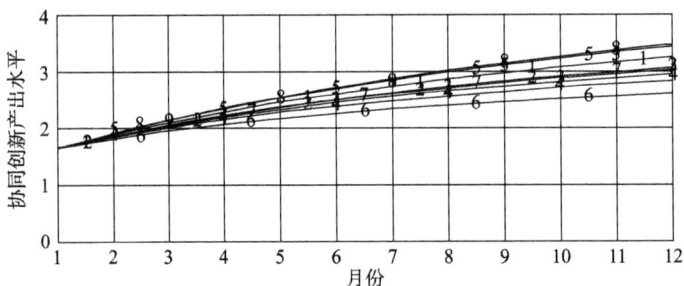

协同创新产出水平：区域创新与服务能力的系数上调1%　——1——1——1——1——
协同创新产出水平：区域经济增长水平与产业结构的完善程度的系数上调1% 2——2——2——2
协同创新产出水平：企业经营目标达成水平的系数上调1% 3——3——3——3
协同创新产出水平：新产品销售收入目标达成水平的系数上调1% 4——4——4——4
协同创新产出水平：客户群体特征与产品的匹配性的系数上调1% 5——5——5——5
协同创新产出水平：协同创新工作程序的复杂性的系数上调1% 6——6——6——6
协同创新产出水平：新产品R&D投入产出合理性的系数上调1% 7——7——7——7
协同创新产出水平：领导者的风险承受力的系数上调1% 8——8——8——8
协同创新产出水平：协同创新战略目标前瞻性的系数上调1% 9——9——9——9
协同创新产出水平：current ———————

图 5-20　成长阶段各因素比重变化引起的协同创新产出水平变化趋势图

表 5-17 成长阶段协同创新产出水平对各因素比重变化的灵敏度

因素	协同创新产出水平		
	原始值	系数上调1%	增长率
协同创新战略目标前瞻性		3.42	12.50%
领导者的风险承受力		3.38	11.18%
协同创新工作程序的复杂性		2.76	−9.21%
新产品 R&D 投入产出合理性		3.10	1.97%
客户群体特征与产品的匹配性	3.04	3.43	12.83%
新产品销售收入目标达成水平		3.07	0.99%
企业经营目标达成水平		3.05	0.33%
区域经济增长水平与产业结构的完善程度		3.06	0.66%
区域创新与服务能力		3.41	12.17%

3）成熟阶段协同创新产出水平路径的灵敏度分析

从图 5-21 中可以看出，除了调整"协同创新工作程序的复杂性"后协同创新产出水平较原始值有所降低，上调其他因素后协同创新产出水平都高于原始值。从图5-21中不难发现，曲线4、5、6、7与原始曲线相比波动较大；从表5-18中的相关数据也可以看出，协同创新工作程序的复杂性、新产品 R&D 投入产出合理性、客户群体特征与产品的匹配性、新产品销售收入目标达成水平四个因素的方程系数上调1%后，增长率绝对值的变化都在10%以上。因此，这四个因素对成熟阶段的创新协同产出水平有较大影响。根据对要素所属层次的划分，这四个要素均属于组织层次，表明组织层次要素对成熟阶段的创新协同作用的影响较大。

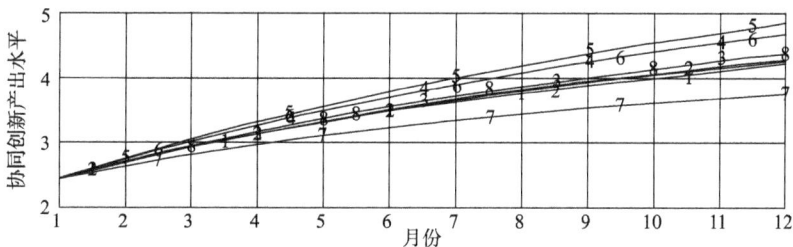

协同创新产出水平：区域创新与服务能力的系数上调1% ——1————1————1——
协同创新产出水平：区域经济增长水平与产业结构的完善程度的系数上调1% —2———2———2—
协同创新产出水平：企业经营目标达成水平的系数上调1% —3———3———3—
协同创新产出水平：新产品销售收入目标达成水平的系数上调1% —4———4———4—
协同创新产出水平：客户群体特征与产品的匹配性的系数上调1% —5———5———5—
协同创新产出水平：新产品R&D投入产出合理性的系数上调1% —6———6———6—
协同创新产出水平：协同创新工作程序的复杂性的系数上调1% —7———7———7—
协同创新产出水平：领导者的风险承受力的系数上调1% —8———8———8—
协同创新产出水平：协同创新战略目标前瞻性的系数上调1% —9———9———9—
协同创新产出水平：current ————————

图 5-21 成熟阶段各因素比重变化引起的协同创新产出水平变化趋势图

表 5-18　成熟阶段协同创新产出水平对各因素比重变化的灵敏度

因素	协同创新产出水平		
	原始值	系数上调 1%	增长率
协同创新战略目标前瞻性	4.38	4.39	0.23%
领导者的风险承受力		4.41	0.68%
协同创新工作程序的复杂性		3.81	−13.01%
新产品 R&D 投入产出合理性		4.88	11.42%
客户群体特征与产品的匹配性		4.93	12.56%
新产品销售收入目标达成水平		4.88	11.42%
企业经营目标达成水平		4.43	1.14%
区域经济增长水平与产业结构的完善程度		4.40	0.46%
区域创新与服务能力		4.46	1.83%

4）转型阶段协同创新产出水平路径的灵敏度分析

从图 5-22 中可以看出，上调回路中的任一变量，状态变量"协同创新产出水平"的值都会有所变化。除了调整"协同创新工作程序的复杂性"后协同创新产出水平较原始值有所降低，上调其他因素后协同创新产出水平都高于原始值。从图 5-22 中不难发现，曲线 1、4、6、8、9 与原始曲线相比波动较大；从表 5-19 中的数据也可以看出企业经营目标达成水平、客户群体特征与产品的匹配性、领导者的风险承受力、协同创新战略目标前瞻性、协同创新工作程度的复杂性五个因素的方程系数上调 1% 后，较原始结果的增长率的绝对值的变化较大，也就是说这五个因素对转型阶段的协同创新产出水平的变化产生较大的影响。根据对要素所属层次的划分，这五个要素中包含了个体、组织、环境三个层次，根据曲线变化强度的大小以及增长率绝对值的大小，可以判断出对转型阶段协同创新产出水平的影响由大到小依次为个体层次、环境层次、组织层次。

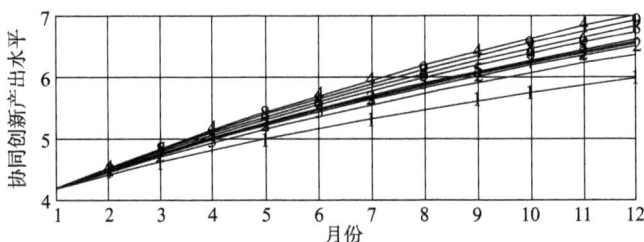

协同创新产出水平：协同创新工作程序的复杂性的系数上调1%　1
协同创新产出水平：区域创新与服务能力的系数上调1%　2
协同创新产出水平：区域经济增长水平与产业结构的完善程度的系数上调1%　3
协同创新产出水平：企业经营目标达成水平的系数上调1%　4
协同创新产出水平：新产品销售收入目标达成水平的系数上调1%　5
协同创新产出水平：客户群体特征与产品的匹配性的系数上调1%　6
协同创新产出水平：新产品R&D投入产出合理性的系数上调1%　7
协同创新产出水平：领导者的风险承受力的系数上调1%　8
协同创新产出水平：协同创新战略目标前瞻性的系数上调1%　9
协同创新产出水平：current

图 5-22　转型阶段各因素比重变化引起的协同创新产出水平变化趋势图

表 5-19　转型阶段协同创新产出水平对各因素比重变化的灵敏度

因素	对应曲线	协同创新产出水平		
		原始值	系数上调 1%	增长率
协同创新战略目标前瞻性	9		6.92	11.08%
领导者的风险承受力	8		6.88	10.43%
协同创新工作程序的复杂性	1		5.96	−4.33%
新产品 R&D 投入产出合理性	7		6.49	4.17%
客户群体特征与产品的匹配性	6	6.23	6.93	11.24%
新产品销售收入目标达成水平	5		6.31	1.28%
企业经营目标达成水平	4		6.95	11.56%
区域经济增长水平与产业结构的完善程度	3		6.39	2.57%
区域创新与服务能力	2		6.43	3.21%

综上所述，出生阶段技术创新与营销创新协同创新产出水平主要受到环境层次因素的影响；成长阶段主要受到个体层次因素的影响；成熟阶段主要受到组织层次因素的影响；个体层次因素对企业转型阶段的影响要高于组织层次与环境层次的影响。

第6章　制造业转型升级与技术创新协同评价实证研究

6.1　制造业转型升级与技术创新协同评价指标体系建立

对制造业转型升级与技术创新协同状况进行评价，就必须全面考虑影响制造业转型升级与技术创新协同的特征因素。本章以山东省制造业为案例分析对象，分析山东省制造业的实际情况，建立一套完整、科学、全面的评价体系。

6.1.1　制造业转型升级与技术创新协同评价指标体系建立的原则

1）系统化原则

制造业转型升级与技术创新协同评价指标体系是由五个一级评价指标组成的，通过这些评价指标可以全面系统地反映评价指标的内容。

2）可操作性与科学性原则

制造业转型升级与技术创新协同评价指标体系应从企业的实际出发，努力做到理论与实践相结合，并力求指标含义明确。

3）稳定可比性原则

制造业转型升级与技术创新协同评价指标体系应该能够以一种便于理解和应用的方式表示，其优劣程度应具有明显的可度量性，可用于地区之间、行业之间或企业之间技术创新能力的比较评价。这样，通过知己知彼，便于以后更加有效、有针对性地开展转型升级技术创新能力改造方面的工作。

6.1.2　制造业转型升级与技术创新协同评价指标体系构建

根据上述原则，在参考大量资料和文献的基础上，结合制造业的特点，将影响制造业转型升级与技术创新协同的因素加以系统分析与合理综合。指标主要选取了反映制造业转型升级与技术创新协同能力投入和产出的数量、质量、速度、效率等方面的关键指标，这些关键指标能够定量地反映制造业转型升级与技术创新协同能力，涵盖了表征制造业转型升级与技术创新协同强弱的主要方面。综合以上分析，可得到制造业转型升级与技术创新协同评价指标体系，如图 6-1 所示。

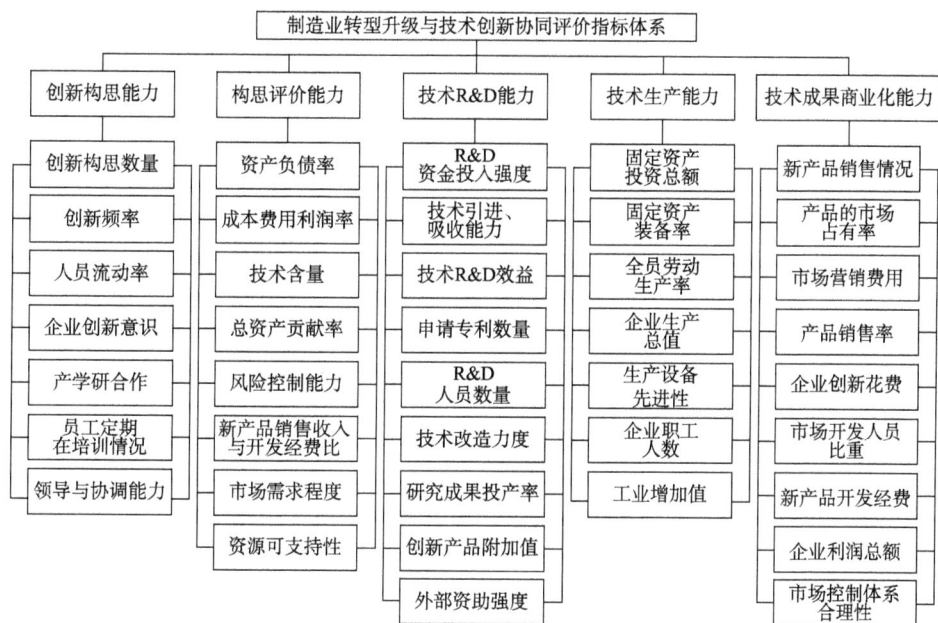

图 6-1　制造业转型升级与技术创新协同评价指标体系

6.2　制造业转型升级与技术创新协同因子识别

本书认为制造业转型升级与技术创新协同不足不一定导致企业实施转型，但是企业转型一定是由技术创新能力改变引起的，所以转型分析的第一步是技术创新能力分析，通过对制造业转型升级与技术创新协同影响因素的定量分析，对待转型升级与技术创新协同因子进行求解。

6.2.1　企业待转型升级与技术创新协同因子的识别

制造业转型升级的研究与制造业技术创新能力密不可分，因此，转型升级分析是从技术创新能力出发，分析影响转型升级的技术创新能力因子，最终形成转型方案。

转型升级与技术创新协同因子分析建立在该因子对制造业转型升级与技术创新协同产生影响的前提下，影响制造业转型升级与技术创新协同的因素很多，有些因素虽然会对制造业转型升级与技术创新协同的提升产生影响，但这种优势只表现为一定时间内的优势，对这些影响因素只需要采取一般性的手段即可，并不需要企业做出根本性的变革。

本节旨在找出使企业产生持续技术创新能力的影响因素，从而确定待转型升级与技术创新协同因子。待转型升级与技术创新协同因子的提取是一个权衡的过程，由于这些因素对于不同企业和不同利益主体取向上有很大的差异，同时很多指标之间存在不可共度性和矛盾性，很难直接用定量的方法进行处理，因此常常采用定性和定量相结合的方法进行分析而后进行权衡选择。

从表 6-1 中能够看出影响技术创新能力的二级指标，企业进行技术创新能力改造的力度也会很大，考虑到影响因素的可实现性和复杂性，以及状态变量的可量化性，采用德尔菲法，从制造业转型升级与技术创新协同评价指标体系中，提取出 19 个待转型升级与技术创新协同因子，如表6-1 所示。

表 6-1　制造业待转型升级与技术创新协同因子

一级指标	待转型升级与技术创新协同因子
创新构思能力	创新构思数量
	创新频率
	人员流动率
构思评价能力	资产负债率
	总资产贡献率
	新产品销售收入与开发经费比
	成本费用利润率
技术 R&D 能力	R&D 资金投入强度
	技术 R&D 成果数量
	申请专利数量
	R&D 人员数量

续表

一级指标	待转型升级与技术创新协同因子
技术生产能力	固定资产投资总额
	固定资产装备率
	全员劳动生产率
	企业生产总值
技术成果商业化能力	新产品销售收入
	市场营销费用
	产品销售率
	企业利润总额

6.2.2　HMM[①]

1. HMM 的基本理论

HMM 是一种以俄国数学家 A. A. Markov 命名的统计分析模型，被广泛地应用于信号处理和模式识别中，具有牢固的统计学基础和有效的训练算法，因此可以用来识别转型升级与技术创新协同因子。

2. HMM 基本原理

Rabiner（1989）等认为 HMM 由以下五个部分组成。

1）隐状态数集合 S

常用离散集合 S 来表示不同的隐状态 $S = \{S_1, S_2, \cdots, S_N\}$，其中用 $q_t = S_i$ 表示 HMM 在 t 时刻处于隐状态 S_i，隐状态序列为 $Q = \{q_t, \cdots, q_t\}$。$S_i = (i = 1, 2, \cdots, N)$ 代表独立的状态，N 为状态数。

2）观测值数量 M

用 V 表示观测符号集合 $V = \{V_1, V_2, \cdots, V_M\}$，观测值是模型的输出部分，其中，模型在 t 时刻的观测值表示为 O_i，$V_i (i = 1, 2, \cdots, M)$ 表示由状态产生的观测符号。

3）状态转移概率矩阵 A

状态转移的概率分布可表示为 $A = \{a_{ij}\}$，其中 $a_{ij} = P\left(q_{t+1} = S_j \mid q_t = S_i\right)$，$1 \leqslant i, j \leqslant N$，且满足 $a_{ij} \geqslant 0$，$\sum_{j=1}^{N} a_{ij} = 1$，表示时刻 t 从状态 S_i 转移到时刻 $t+1$ 状态 S_j

---

① HMM：hidden Markov model，隐马尔可夫模型。

的概率。

4）观测值概率矩阵 $\boldsymbol{B}$

矩阵 $\boldsymbol{B} = b_i(k)$ 表示模型在状态为 S_i 时产生观测值 V_k 的概率，即 $b_i(k) = P(V_k|S_i)$，其中 $1 \leq i \leq N$，$1 \leq k \leq M$，并且有 $\sum_{i=1}^{N} b_i(k) = 1$，$1 \leq i \leq N$。

5）初始状态概率向量 $\boldsymbol{\pi}$

系统初始状态概率分布可表示为 $\boldsymbol{\pi} = \{\pi_i\}$，$1 \leq i \leq N$，其中 $\pi_i = P(q_1 = S_i)$。

综上所述，要描述一个完整的 HMM 需要的模型参数为 $\{S, M, \boldsymbol{A}, \boldsymbol{B}, \boldsymbol{\pi}\}$，多使用符号 $\lambda = (\boldsymbol{A}, \boldsymbol{B}, \boldsymbol{\pi})$ 来表示 HMM。

3. HMM 基本问题

HMM 可以解决三类基本问题，即解码问题、评价问题、学习问题。

1）解码问题

给定模型 $\lambda = (\boldsymbol{A}, \boldsymbol{B}, \boldsymbol{\pi})$ 和观测值序列 $O = O_1, O_2, \cdots, O_R$，选择一个对应的状态序列 $S = (q_1, q_2, \cdots, q_R)$ 解释观测值序列 O。可以通过 Viterbi 算法进行估计，得出的 q 就是企业的转型升级与技术创新协同因子。

Viterbi 算法如下。

定义变量：

$$\delta_t(i) = \max_{q_1, q_2, \cdots, q_{t-1}} P(q_1, q_2, \cdots, q_t) = P(S_i, O_1, O_2, \cdots, O_t | \lambda)，则 \delta_{t+1}(j) = \left[\max_t \delta_t(i) a_{ij}\right] b_j(O_{t+1})。$$

递归：$\delta_t(j) = \max_{1 \leq i \leq N} \left[\delta_{t-1}(i) a_{ij}\right] b_j(O_t)$，$2 \leq t \leq T$；$1 \leq j \leq N$。

初始化：$\delta_1(i) = \pi_i b_i(O_1)$，$\Phi_1(i) = 0$，$1 \leq i \leq N$。

终止：$q_T^* = \max_{1 \leq i \leq N} \delta_T(i)$。

求解得出转型升级与技术创新协同因子的最终组合：$q_1^*, q_2^*, \cdots, q_T^*$。

2）评价问题

给定模型 $\lambda = (\boldsymbol{A}, \boldsymbol{B}, \boldsymbol{\pi})$ 和观测值序列 $O = O_1, O_2, \cdots, O_R$，一般采用向前算法或向后算法。

定义向后变量：

$\beta_t(i) = P[O_{T+1}, O_t, \cdots, O_1, q_t = S_i / \lambda]$，则向后算法的计算流程为

递归：$\beta_t(j) = \sum_{j=1}^{n_t} \beta_{t+1}(j) a_{ij} b_j(O_{t+1})$，$t = T-1, T-2, \cdots, 1, 1 \leq j \leq n_t$；

初始化：$\beta_t(i) = 1, 1 \leq i \leq n_t$；

终止：$P(O|\lambda) = \sum_{i=1}^{N} \alpha_t(i)\beta_t(i)$。

定义向前变量：

$\alpha_t(i) = P[O_1, O_2, \cdots, O_T, q_t = S_i / \lambda]$，则向前算法的计算流程为

递归：$\alpha_{t+1}(j) = \left[\sum_{j=1}^{n_{t+1}} \alpha_t(i)a_{ij}\right]b_j(O_{t+1})$, $1 \leqslant t \leqslant T-1, 1 \leqslant j \leqslant n_{t+1}$；

初始化：$\alpha_1(i) = \pi_i b_i(O_1), 1 \leqslant i \leqslant n_1$；

终止：$P(O|\lambda) = \sum_{j=1}^{N} \alpha_t(i)$。

3）学习问题

调整模型参数 $\lambda = (A, B, \pi)$，使得 $P(O|\lambda)$ 最大，一般采用 Baum-Welch 算法。

定义变量：

$$\gamma_t(i) = P(q_t = S_i | O, \lambda), \xi_t(i,j) = P(q_t = S_i | O, \lambda)$$

$$\xi_t(i,j) = \frac{\alpha_t(i)a_{ij}b_j(O_{t+1})\beta_{t+1}(j)}{P(O|\lambda)} = \frac{\alpha_t(i)a_{ij}b_j(O_{t+1})\beta_{t+1}(j)}{\sum_{i=1}^{N}\sum_{j=1}^{N}\alpha_t(i)a_{ij}b_j(O_{t+1})\beta_{t+1}(j)}$$

$$\gamma_t(i) = \frac{\alpha_t(i)\beta_t(i)}{P(O|\lambda)} = \frac{\alpha_t(i)\beta_t(i)}{\sum_{i=1}^{N}\alpha_t(i)\beta_t(i)}$$

$$\text{且} \sum_{t=1}^{N}\gamma_t(i) = 1, \ \gamma_t(i) = \sum_{j=1}^{N}\xi_t(i,j)$$

故 $t=1$ 时 S_i 转型升级与技术创新协同因子的期望数为 $\gamma_1(i)$。

$$\bar{a}_{ij} = \frac{\text{待转型升级与技术创新协同因子从} S_i \text{变成} S_j \text{的期望数}}{\text{待转型升级与技术创新协同因子是} S_i \text{的期望数}} = \frac{\sum_{t=1}^{T-1}\xi_t(i,j)}{\sum_{t=1}^{T-1}\gamma_t(i)}$$

$$\bar{b}_j = \frac{\text{待转型升级与技术创新协同因子从} S_j \text{变成} V_k \text{的期望数}}{\text{待转型升级与技术创新协同因子是} S_j \text{的期望数}} = \frac{\sum_{t=1}^{T}\gamma_t(j)\delta_t(O_t, v_k)}{\sum_{t=1}^{T}\gamma_t(j)}$$

其中，当 $O_t = v_t$ 时，$\delta_t(O_t, v_t) = 1$；当 $O_t \neq v_t$ 时，$\delta_t(O_t, v_t) = 0$。

利用上述结论，即可进行模型估算，选择模型参数初始值，初始值应满足 HMM 的要求，即

$$\sum_{i=1}^{n_t} \pi_i = 1 \; ; \; \sum_{j=1}^{n_t} a_{ij} = 1, \; 1 \leqslant i \leqslant n_t \; ; \; \sum_{k=1}^{M} b_j(k) = 1, \; 1 \leqslant j \leqslant N$$

将初始值代入公式中，计算新的 $P(O|\lambda)$，不断更新数值，直到 $P(O|\lambda)$ 收敛。

将训练问题得到的使 $P(O|\lambda)$ 最大的 O 代入第一步，通过前两步算法得到的最优路径，就是企业转型的"转型基因"。

6.2.3　山东省制造业转型升级与技术创新协同因子识别

6.2.1 节内容只是分析出了待转型升级与技术创新协同因子，这些因素只是促使企业转型的可能因素，并不是最终的转型升级与技术创新协同因子，为了提取出最终的转型升级与技术创新协同因子，本书引入了 HMM 法，对待转型升级与技术创新协同因子进行深度量化分析，最终得出影响企业转型的最终因子。一个企业如果需要转型，必然是其拥有"转型基因"，这条基因由转型升级与技术创新协同因子构成。

定义 6-1：技术创新影响因素个数为 n，则技术创新因素集 $S = \{S_1, S_2, \cdots, S_N\}$；待转型升级与技术创新协同因子个数为 m，则待转型升级因素集 $V = \{V_1, V_2, \cdots, V_M\}$。

定义 6-2：由于判断的摄入点不同，诱发企业转型升级的影响因素很多，识别出的转型升级与技术创新协同因子也可能不同，因此将引起企业转型升级的影响因子从一个技术创新能力影响因素改变为另一个影响因素的概率设为 $A = \{a_{ij}\}$，待转型升级与技术创新协同因子成为转型升级与技术创新协同因子的概率分布为 $B = b_i(k)$，待转型升级与技术创新协同因子成为转型升级与技术创新协同因子的初始概率为 $B = \{\pi_i\}$。

定义 6-3：序列 $O = (O_1, O_2, \cdots, O_R)$，是企业技术创新过程的一级指标，其中每一变量表示企业创新的每一个过程，该变量受技术创新能力因素的影响。这里将对某一变量产生直接影响的因素划分为一类，对应的转型升级与技术创新协同因子是这一变量中对企业技术创新影响程度最大的因素，也是与企业转型升级相关度最高的因素。

本节基于上述理论分析，依据技术创新过程，从创新构思能力、构思评价能力、技术 R&D 能力、技术生产能力和技术成果商业化能力五个方面定义 O_T，根据表 6-2，规定待转型升级与技术创新协同因子 S_i。本书依据山东省工业企业 S_i 指标占全国的比例，将对该比例进行无量纲化处理的结果作为这些因素成为转型升级与技术创新协同因子的初始概率 π_i，如表 6-2 所示。

表 6-2 山东省待转型升级与技术创新协同因素结果分析

O_T	S_i	占全国比重 C_i	π_i
创新构思能力 O_1	人员流动率 S_1	0.3	0.3
	创新频率 S_2	0.2	0.2
	创新构思数量 S_3	0.51	0.5
构思评价能力 O_2	新产品销售收入与开发经费比 S_4	0.97	0.23
	成本费用利润率 S_5	1.01	0.24
	总资产贡献率 S_6	1.27	0.30
	资产负债率 S_7	1.01	0.24
技术 R&D 能力 O_3	R&D 人员数量 S_8	0.1	0.23
	申请专利数量 S_9	0.06	0.14
	技术 R&D 成果数量 S_{10}	0.2	0.45
	R&D 资金投入强度 S_{11}	0.08	0.18
技术生产能力 O_4	固定资产投资总额 S_{12}	0.7	0.18
	固定资产装备率 S_{13}	1	0.26
	企业生产总值 S_{14}	1.3	0.34
	全员劳动生产率 S_{15}	0.88	0.23
技术成果商业化能力 O_5	产品销售率 S_{16}	0.13	0.25
	企业利润总额 S_{17}	0.23	0.44
	市场营销费用 S_{18}	0.09	0.17
	新产品销售收入 S_{19}	0.07	0.13

对表 6-2 中的 S_i 进行深入分析可知,影响企业技术创新的因素初始概率都比较高,都有可能成为转型升级与技术创新协同因子,因此本书待转型升级与技术创新协同因子的序列 $V_i = S_i$。运用德尔菲法可知待转型升级与技术创新协同因子成为转型升级与技术创新协同因子的可能性。HMM 确定转型升级与技术创新协同因子的计算结果如表 6-3 所示。

表 6-3 HMM 确定转型升级与技术创新协同因子的计算结果

O_T	V_i（待转型升级与技术创新协同因子）	π_i	$b_j(k)$	a_{ij}			
创新构思能力 O_1	人员流动率 S_1	0.3	0.18	a_{ij}	S_1	S_2	S_3
	创新频率 S_2	0.2	0.12	S_1	0	0.07	0.3
				S_2	0.1	0	0.4
	创新构思数量 S_3	0.5	0.7	S_3	0.08	0.05	0

续表

O_T	V_i（待转型升级与技术创新协同因子）	π_i	$b_j(k)$	a_{ij}			
构思评价能力 O_2	新产品销售收入与开发经费比 S_4	0.23	0.22	a_{ij}	S_4	S_5	S_6	S_7
	成本费用利润率 S_5	0.24	0.19	S_4	0	0.06	0.14	0.1
	总资产贡献率 S_6	0.30	0.35	S_5	0.08	0	0.1	0.09
	资产负债率 S_7	0.24	0.24	S_6	0.05	0.05	0	0.05
				S_7	0.09	0.08	0.11	0
技术 R&D 能力 O_3	R&D 人员数量 S_8	0.23	0.22	a_{ij}	S_8	S_9	S_{10}	S_{11}
	申请专利数量 S_9	0.14	0.06	S_8	0	0.01	0.13	0.02
	技术 R&D 成果数量 S_{10}	0.45	0.59	S_9	0.1	0	0.27	0.1
	R&D 资金投入强度 S_{11}	0.18	0.13	S_{10}	0.02	0.01	0	0.01
				S_{11}	0.1	0.04	0.19	0
技术生产能力 O_4	固定资产投资总额 S_{12}	0.18	0.11	a_{ij}	S_{12}	S_{13}	S_{14}	S_{15}
	固定资产装备率 S_{13}	0.26	0.25	S_{12}	0	0.1	0.23	0.13
	企业生产总值 S_{14}	0.34	0.43	S_{13}	0.04	0	0.11	0.06
	全员劳动生产率 S_{15}	0.23	0.21	S_{14}	0.02	0.06	0	0.02
				S_{15}	0.05	0.09	0.09	0
技术成果商业化能力 O_5	产品销售率 S_{16}	0.25	0.23	a_{ij}	S_{16}	S_{17}	S_{18}	S_{19}
	企业利润总额 S_{17}	0.44	0.5	S_{16}	0	0.12	0.04	0.03
	市场营销费用 S_{18}	0.17	0.17	S_{17}	0.02	0	0.03	0.02
	新产品销售收入 S_{19}	0.13	0.1	S_{18}	0.1	0.12	0	0.05
				S_{19}	0.11	0.26	0.1	0

利用HMM中的解码问题算法对表6-3进行求解，得到 $q_1^* = \delta_1(3)$，$q_2^* = \delta_2(1)$，$q_3^* = \delta_3(3)$，$q_4^* = \delta_4(3)$，$q_5^* = \delta_5(2)$。从结果可以看出，山东省制造业转型升级与技术创新协同因子为创新构思数量、新产品销售收入与开发经费比、技术 R&D 成果数量、企业生产总值、新产品销售收入。

根据上述计算结果得出的转型升级与技术创新协同因子如表 6-4 所示，可以看出制造业的创新构思数量、新产品销售收入与开发经费比、技术 R&D 成果数量、企业生产总值、新产品销售收入等因素指标变化将直接影响制造业，使之发生根本性变革，是决定企业转型升级决策的动因所在。因此，在结合自身的发展需要和发展能力的基础上山东制造业需要针对以上因素指标，确定转型升级路径方向和具体实施方案。

表 6-4　HMM 计算结果

HMM 计算结果	转型升级与技术创新协同因子				
	$q_1^* = \delta_1(3)$	$q_2^* = \delta_2(1)$	$q_3^* = \delta_3(3)$	$q_4^* = \delta_4(3)$	$q_5^* = \delta_5(2)$
对应 S_i	S_3	S_4	S_{10}	S_{14}	S_{19}
对应转型因子	创新构思数量	新产品销售收入与开发经费比	技术 R&D 成果数量	企业生产总值	新产品销售收入

6.3　基于复合DEA的山东制造业转型升级发展现状研究

6.3.1　山东制造业发展概况

山东省立足山东实际，做出建设经济文化强省的重大决策，团结带领全省人民，加快推进由经济大省向经济强省跨越，在富民强省的道路上迈出坚实的步伐，通过制造业转型升级促进山东工业经济全面提质增效。

从表6-5中能够看出2006~2013年山东工业企业规模迅速扩大，利润总额、企业总产值、技术 R&D 成果数量及创新构思数量不断增加，但技术创新能力提升水平却不理想，其发展仍然存在一些问题。

表 6-5　2006~2013 年山东省统计数据

项目	2006 年	2007 年	2008 年	2009 年	2010 年	2011 年	2012 年	2013 年
新产品销售收入与开发经费比	15.10%	14.01%	14.07%	15.12%	17.57%	16.89%	15.98%	13.99%
利润总额/亿元	2 633	3 391	3 924	4 513	6 108	7 098	8 016	8 715
企业总产值/亿元	38 780	49 873	62 959	71 209	83 851	99 505	114 707	129 906
技术 R&D 成果数量/项	2 207	3 248	4 125	5 430	7 300	9 428	12 202	15 254
创新构思数量/万件	3.80	4.70	6.00	6.70	8.10	10.96	12.86	15.52

资料来源：2007~2014 年《山东省统计年鉴》，其中创新构思数量所用数据是山东省规模以上工业企业的专利申请数量

１）工业企业科技成果转化率低，创新方向不够明确

目前，山东多数工业企业创新的方向性不明确，知识源获取渠道狭隘，企业缺乏核心技术与竞争优势，科技创新的一次产出层次较低，在市场竞争中缺乏优势进而使得产品附加值较低。同时，科技成果转化效率低下，创新投入变成了创新主体的沉没成本，大量科技创新没有转化成相应的最终价值，无法持续发展和做大做强。

2）转型发展压力大，工业企业积聚程度低

山东工业规模大，产业体系不完善、不配套；省内各类、各级园区中普遍存在的问题是龙头项目少、产业集聚度低、中小企业扎堆但关联弱、主导企业关联带动效应差、链条短；没有实现信息共享、资源优势互补，没有形成发展合力。

3）自主创新能力不强，科技整体发展水平不高

目前，山东科技的整体发展水平和自主创新能力与产业大省的地位极不相称，还存在 R&D 投入不足、创新人才缺乏、成果转化率低等问题。2013 年山东综合科技进步水平指数远低于广东、江苏、浙江等省份（图 6-2）。

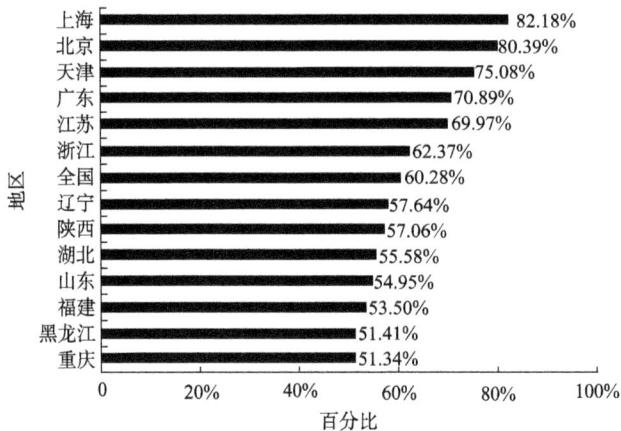

图 6-2　2013 年全国及部分地区综合科技进步水平指数

因此，本章以山东工业企业作为切入点，以技术创新能力的五个过程为研究对象，借鉴技术创新能力投入产出效率较高的省份的发展经验，深入研究山东技术创新能力创新的过程，总结不同技术创新能力环节的效率情况、影响技术创新效率的因素及相应的对策建议等问题，对促进山东工业企业核心竞争力的提升，促进创新效率和转型升级技术创新能力的提高，具有十分重要的现实意义。

6.3.2　基于复合 DEA 的山东制造业转型升级与技术创新协同因子实证分析

为了评价山东制造业转型升级与技术创新协同因子的现状，从全国选取工业发展比较好的 7 个省（分别是江苏、河北、辽宁、四川、湖南、广东、河南）为决策单元，与山东进行横向对比，所有数据来源于 2014 年各地区统计年鉴，用复合 DEA 分析方法，研究地区间制造业转型升级的横向差异，为本章山东制造业转型升级技术创新能力改造路径对策研究提供理论基础。

在本章中，山东制造业转型升级评价的范围包括 8 个地区（决策单元），每一决策单元有 3 种投入、2 种产出。投入和产出主要是在 6.2 节中利用 HMM 方法所求得的转型因子，如表 6-6 所示。原始数据见表 6-7，数据来源于 2014 年各地区统计年鉴。

表 6-6　评价指标体系

项目	指标	
投入	创新构思数量	X_1
	新产品销售收入与开发经费比	X_2
	技术 R&D 成果数量	X_3
产出	企业生产总值	Y_1
	利润总额	Y_2

表 6-7　2014 年各地区投入产出指标原始数据

	指标	山东	江苏	河北	辽宁	四川	湖南	广东	河南	全国
投入	创新构思数量/件	40 030	93 518	9 171	11 628	15 713	17 424	96 646	14 400	560 918
	新产品销售收入与开发经费比	14%	12%	14%	12%	12%	19%	13%	18%	14%
	技术 R&D 成果数量/件	15 254	33 090	3 054	5 226	5 666	6 880	47 213	4 182	205 146
产出	企业生产总值/亿元	129 906	132 721	46 317	52 892	35 329	28 629	106 854	58 779	1 019 405
	利润总额/亿元	8 715	8 380	2 735	2 976	2 349	2 048	6 496	4 543	68 379

为了更为具体地分析山东投入与产出指标的合理性，进一步采用复合 DEA 模型求解，对复合 DEA 模型进行评价。根据表 6-8 的数据，运用复合 DEA 方法，各地区不同指标下制造业转型升级与技术创新协同因子复合 DEA 评价结果见表 6-9。

表 6-8　各地区不同指标下制造业转型升级与技术创新协同因子 DEA 评价结果

DMU	DMU1 山东	DMU2 江苏	DMU3 河北	DMU4 辽宁	DMU5 四川	DMU6 湖南	DMU7 广东	DMU8 河南
DEA 原始结果	1.000	0.649	1.000	1.000	0.621	0.439	0.752	1.000
复合 DEA 原始结果	1.630	1.210	1.200	1.063	0.600	0.402	0.721	1.261
去掉 X_1	1.555	1.210	1.079	0.920	0.597	0.357	0.742	1.261
去掉 X_2	0.710	0.296	1.200	0.901	0.488	0.378	0.224	1.213
去掉 X_3	1.630	1.210	1.127	1.063	0.597	0.402	0.721	1.138
去掉 Y_1	1.619	1.139	0.945	0.872	0.576	0.392	0.721	1.261
去掉 Y_2	1.490	1.210	1.200	1.063	0.594	0.356	0.752	0.971

表 6-9　各地区不同指标下制造业转型升级与技术创新协同因子复合 DEA 评价结果

DMU		DMU1 山东	DMU2 江苏	DMU3 河北	DMU4 辽宁	DMU5 四川	DMU6 湖南	DMU7 广东	DMU8 河南
投入	X_1	0.048	0.000	0.113	0.155^*	0.005	0.126	-0.028	0.000
	X_2	1.296	3.089^*	0.000	0.180	0.229	0.063	2.221	0.039
	X_3	0.000	0.000	0.065	0.000	0.005	0.000	0.000	0.108^*
产出	Y_1	0.006	0.063	0.270^*	0.218	0.042	0.027	0.000	0.000
	Y_2	0.093	0.000	0.000	0.000	0.009	0.128	-0.041	0.298^*

从表 6-8 中原始 DEA 评价结果上看，8 个地区制造业转型升级发展的情况由好到差的排序为：山东（1.630）、河南（1.261）、江苏（1.210）、河北（1.200）、辽宁（1.063）、广东（0.721）、四川（0.600）、湖南（0.402）。

θ^0 为 1 的地区有山东、河北、辽宁及河南，说明这些地区的制造业转型升级投入产出相对效率为 DEA 有效。

θ^0 值为 0.5~1 的地区有广东、江苏和四川，这些地区的投入产出相对效率较山东、河北等地要低，并且企业转型升级的投入存在冗余，没有达到最大产出，在这些地区中，广东的经济实力较强，其投入产出相对效率也接近有效。

θ^0 值低于 0.5 的地区有湖南。该地区制造业转型升级的投入产出相对效率明显偏低，存在较为严重的投入冗余。

为了分析某一指标的选择对转型升级的影响，在得出对应不同投入产出指标的评价结果后，可以获取更多的信息，本书对投入产出指标对评价结果的影响也进行了分析，结果见表 6-9。

就复合分析结果来详细考察。

首先，从投入指标来看，辽宁创新构思数量指标对转型升级的贡献明显优于其他 7 个省；江苏新产品销售收入与开发经费比对转型升级的贡献比较高；河南技术 R&D 成果数量对转型升级的贡献明显优于其他省。

其次，从产出指标来分析，河北的企业生产总值对转型升级的有效性优于其他省，辽宁企业生产总值对转型升级的有效性也比较大；河南利润总额对转型升级的有效性明显高于其他省。

最后，从以上投入、产出指标两个方面的分析可以看出 8 个地区制造业转型升级各有优势，不同地区可以根据转型升级的目标，参照不同的竞争地区，继续发挥自身优势。

第7章 制造业转型升级与技术创新协同发展 SD 模型的建立

7.1 制造业转型升级与技术创新协同发展关键要素分析

制造业转型升级与技术创新协同系统具有非线性和复杂性特点，本章利用系统动力学理论科学地分析制造业转型升级与技术创新协同系统中各发展关键要素的相关关系，并提出以下概念。

1）系统边界

系统边界就是系统内部因素和外部因素的分界线。建立系统边界的目的是排除系统边界外部因素的干扰。系统边界内部的因素会对系统产生重要的影响，需要进行深入的剖析和研究。系统外部因素对系统产生的影响较小或者没有影响。

2）因果关系图

因果关系图是系统反馈结构的重要工具，是系统动力学模型的基础。因果关系图中包含多个变量，变量之间用标有因果关系的箭头连接。

3）系统流图

系统流图是对因果关系图的细化结构，它不仅展示了因果关系图中所有相关因素之间的关系，还更简洁地表示出系统要素之间的作用关系，明确地表达出系统的反馈形式和各因素之间的控制规律。

4）数量关系方程

数量关系方程是根据系统流图各要素的关系进行的定量描述，从已知初始状态递推后一状态的关系式。

5）仿真系统

仿真系统是在实际的系统模型和相应人为设置的环境下，建立具有一定逻辑关系的仿真模型，并对此逻辑关系进行定量分析，获得解决问题的有效信息。

通过对制造业与技术创新协同发展的分析，可见其是一个系统的行为，企业在进行转型升级与技术创新协同过程中会受到内外部众多有形及无形因素的影响，这些因素之间也是相互影响、相互作用的，会形成具有特定功能的有机整体。根据转型升级与技术创新协同的这一特点，我们可以通过系统动力学的方法来分析制造业转型升级与技术创新协同的过程，通过定性和定量的仿真来确定影响企业转型升级与技术创新协同的关键因素，探索提高企业技术创新能力的新途径。

7.2 制造业转型升级与技术创新协同发展系统划分

按照前文对技术创新能力的分析，本章主要对技术创新能力的五个方面进行系统动力学模型的构建，考虑到在对创新构思能力和构思评价能力构建 SD（system dynamics，系统动力学）图时，其结构图存在许多相同之处，因此本章对机理相同的这两部分只绘制一个综合图，即创新构思能力子系统图。综上所述，本章将制造业转型升级与技术创新协同系统分为四个子系统，即创新构思能力子系统、技术 R&D 能力子系统、技术生产能力子系统及技术成果商业化能力子系统。

下面将运用系统动力学方法分析制造业转型升级与技术创新协同发展影响因素系统中各子系统之间的关系，建立系统动力学模型，并引入前文研究中识别的转型升级因素作为状态变量，通过量化数据对各状态变量进行仿真，以期获得制造业转型升级与技术创新协同的关键影响因素和优化路径，进而有针对性地提出促进制造业转型升级与技术创新协同的合理建议。

7.3 制造业转型升级与技术创新协同发展系统边界

系统的行为与功能结构变化主要取决于系统内部变量及变量之间的相互关系，将创新构思能力、技术生产能力、技术 R&D 能力、构思评价能力、技术成果商业化能力五个方面中的一部分影响因素纳入系统进行研究，确定系统影响因素的边界，不考虑系统边界以外的外部环境因素对系统行为的影响。

系统边界明确了系统目标以及建立系统的目的，在参考已有研究对纳入研究的影响因素指标界定的基础上，本章界定的影响制造业转型升级与技术创新协同发展的因素主要有创新频率、企业创新意识、R&D 人员数量、人员流动率、产学研合作、资产负债率、消化吸收经费支出、成本费用利润率、技术改造经费支出、购买国外经费支出、科技论文发表量、引进经费支出、申请专利数量、生产设备先进性、工业增加值占总产值比重、创新产品成本、企业职工人数、管理费用等。

7.4 制造业转型升级与技术创新协同发展因果关系分析

7.4.1 创新构思能力子系统

1）因果关系图

本节将创新构思能力和构思评价能力合并为一个创新构思能力子系统，在各个影响因素的因果关系的基础上，建立创新构思能力因果关系图，如图 7-1 所示。

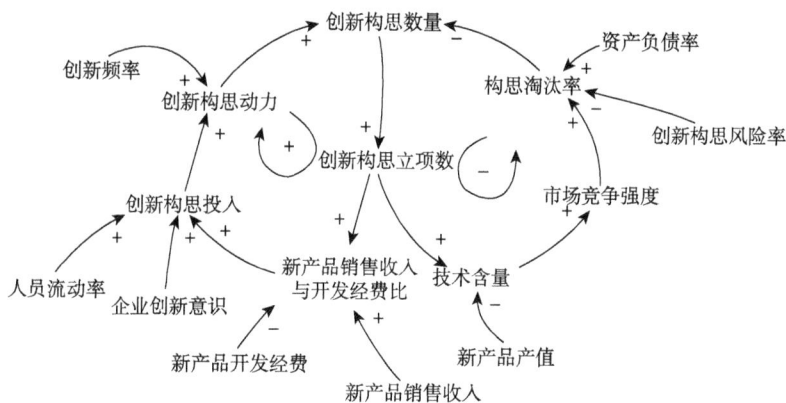

图 7-1 创新构思能力因果关系图

2）原因树分析

运用系统动力学仿真软件——Vensim 软件，输出创新构思能力的原因树，如图 7-2~图 7-4 所示。

```
创新构思投入 ┐
            ├→ 创新构思动力 ┐
创新频率    ┘              ├→ 创新构思数量
创新构思风险率 ┐           ┘
市场竞争强度 ─→ 构思淘汰率 ┘
资产负债率    ┘
```

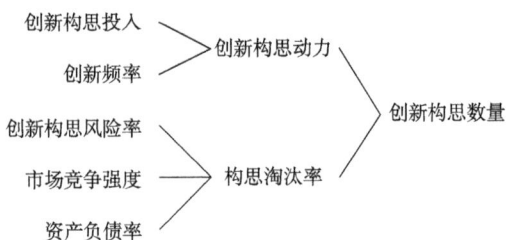

图 7-2　创新构思数量原因树

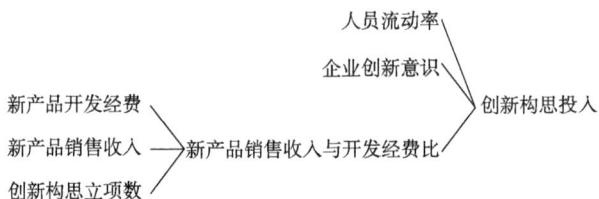

```
            人员流动率 ┐
          企业创新意识 ┐
                      ├→ 创新构思投入
新产品开发经费 ┐     ┘
新产品销售收入 ─→ 新产品销售收入与开发经费比
创新构思立项数 ┘
```

图 7-3　创新构思投入原因树

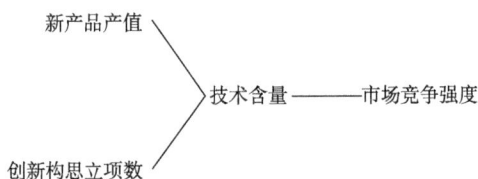

```
新产品产值 ┐
          ├ 技术含量 ──── 市场竞争强度
创新构思立项数 ┘
```

图 7-4　市场竞争强度原因树

从图 7-2 中可以看出影响创新构思数量的主要是创新构思动力和构思淘汰率两个变量，而影响创新构思动力的关键变量是创新构思投入和创新频率，影响构思淘汰率的关键因素是创新构思风险率、市场竞争强度、资产负债率。从图 7-3 中可以看出新产品销售收入与开发经费比影响着创新构思投入，同时它又受到新产品开发经费、新产品销售收入及创新构思立项数的影响。从图 7-4 可以看出技术含量影响着市场竞争强度，同时又受到新产品产值和创新构思立项数的影响。

3）反馈回路分析

从图 7-1 中共可得出两条反馈回路。

（1）创新构思数量→创新构思立项数→新产品销售收入与开发经费比→创新构思投入→创新构思动力→创新构思数量。该反馈回路表明，随着创新构思数量的增加，企业获得的创新构思立项数也随之增加，从而使新产品销售收入与开发经费比也随之增长，企业获得效益后会加大对创新构思的投入，获得来自员工的构思动力，使构思数量再次循环增加。该反馈回路是正反馈。

（2）创新构思数量→创新构思立项数→技术含量→市场竞争强度→构思淘

汰率→创新构思数量。该反馈回路与第一条有重合之处，企业获得更多的项目之后会将重点放在产品的技术含量上，产品具有较高的技术含量便能加剧现有市场竞争的激烈程度，使得市场淘汰率增加，淘汰掉原本技术含量少的产品，构思淘汰率的增加也增加了企业构思的风险度，减弱了创新构思数量。该反馈回路是负反馈。

7.4.2　技术 R&D 能力子系统

1）因果关系图

根据各影响因素对技术 R&D 能力的影响及其因素之间的因果反馈关系，构建技术 R&D 能力因果关系图，如图 7-5 所示。

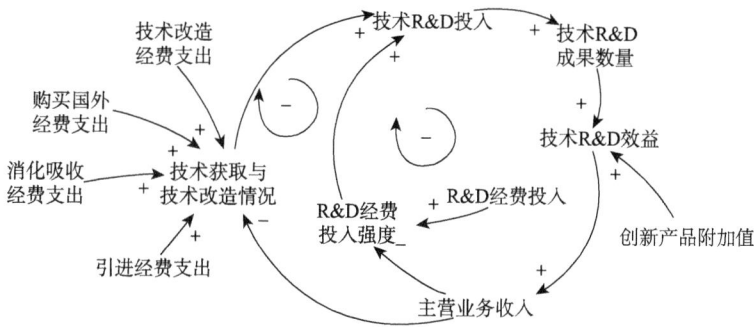

图 7-5　技术 R&D 能力因果关系图

2）原因树分析

运用 Vensim 软件输出技术 R&D 能力的原因树，如图 7-6~图 7-8 所示。

图 7-6　技术 R&D 成果数量原因树

图 7-7　R&D 经费投入强度原因树

技术R&D效益 —— 主营业务收入

引进经费支出

技术改造经费支出 ——→ 技术获取与技术改造情况

消化吸收经费支出

购买国外经费支出

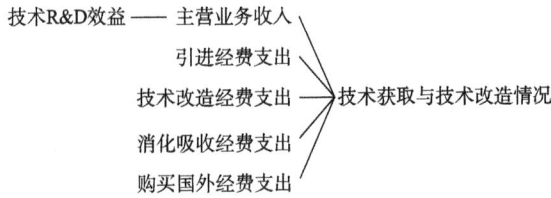

图 7-8　技术获取与技术改造情况原因树

从图 7-6 中可以看出技术 R&D 投入影响技术 R&D 成果数量，而它又受到 R&D 经费投入强度和技术获取与技术改造情况的影响。从图 7-7 中可以看出 R&D 经费投入强度受到 R&D 经费投入以及主营业务收入的影响。从图 7-8 中可以看出技术获取与技术改造情况受到引进经费支出、技术改造经费支出、消化吸收经费支出、购买国外经费支出及主营业务收入的影响，而技术 R&D 效益也会对主营业务收入产生影响，从而产生循环回路。

3）反馈回路分析

从图 7-5 中共可得出两条反馈回路。

（1）技术 R&D 成果数量→技术 R&D 效益→主营业务收入→技术获取与技术改造情况→技术 R&D 投入→技术 R&D 成果数量。该反馈回路表明，技术 R&D 成果数量的增加可以使技术 R&D 效益提高，从而使企业的主营业务收入也随之增加，而此时企业技术获取与技术改造的情况便会减少，这会减少技术 R&D 投入，技术 R&D 成果数量平稳增加。该反馈回路是负反馈。

（2）技术 R&D 成果数量→技术 R&D 效益→主营业务收入→R&D 经费投入强度→技术 R&D 投入→技术 R&D 成果数量。该反馈回路与上一条有重合之处，主营业务收入增加之后，会减小企业 R&D 经费投入强度，从而使企业技术 R&D 投入也随之减少，技术 R&D 成果数量维持稳定。该反馈回路是负反馈。

但是从历年统计年鉴来看，主营业务收入增加的同时，R&D 经费投入、技术改造经费支出、购买国外经费支出、消化吸收经费支出及引进经费支出也在增大，有时候甚至会超过企业收入的增加量，因此虽然两条反馈回路均为负反馈，但是技术 R&D 成果数量在平稳增加。

7.4.3　技术生产能力子系统

1）因果关系图

根据各影响因素对技术生产能力的作用及其相互间的因果反馈关系，建立技术生产能力因果关系图，如图 7-9 所示。

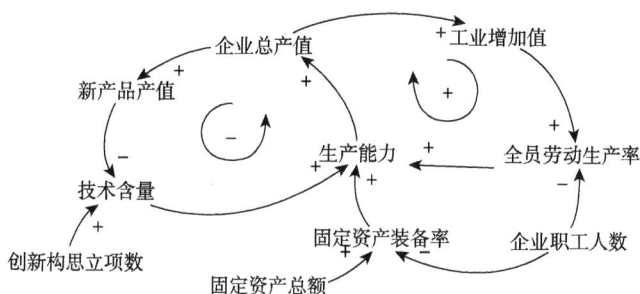

图 7-9　技术生产能力因果关系图

2）原因树分析

运用 Vensim 软件输出技术生产能力的原因树，如图 7-10~图 7-13 所示。

图 7-10　企业总产值原因树

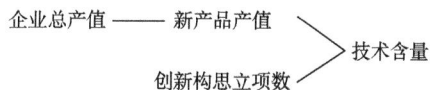

图 7-11　技术含量原因树

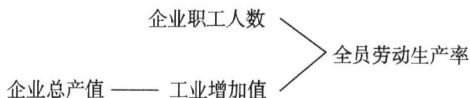

图 7-12　全员劳动生产率原因树

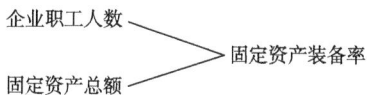

图 7-13　固定资产装备率原因树

从图 7-10 中可以看出生产能力是影响企业总产值的关键因素，同时也受到全员劳动生产率、固定资产装备率和技术含量的影响。图 7-11 解释了新产品产值和创新构思立项数是影响技术含量的关键因素。图 7-12 和图 7-13 解释了企业职工人数和工业增加值影响全员劳动生产率，以及企业职工人数和固定资产总额影响固定资产装备率。

3）反馈回路分析

从图 7-9 中共可得出两条反馈回路。

（1）企业总产值→新产品产值→技术含量→生产能力→企业总产值。该反馈回路表明企业总产值增加，从而使新产品产值增加，企业产品技术含量减小，生产能力也随之减小。该反馈回路是负反馈。

（2）企业总产值→工业增加值→全员劳动生产率→生产能力→企业总产值。该反馈回路表明企业总产值的增加使企业工业增加值随之增加，从而提高了企业的全员劳动生产率，企业生产能力也随之提高。该反馈回路是正反馈。

7.4.4　技术成果商业化能力子系统

1）因果关系图

根据前文对技术成果商业化能力的分析，其因果关系图如图7-14所示。

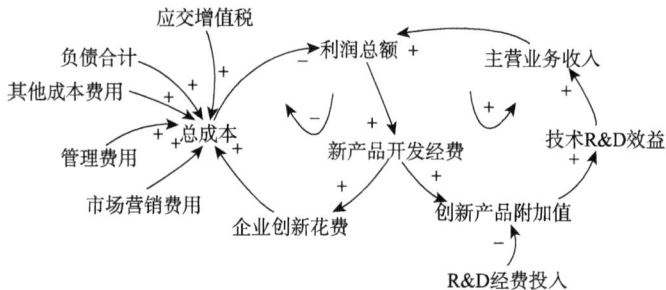

图7-14　技术成果商业化能力因果关系图

2）原因树分析

运用Vensim软件输出技术成果商业化能力的原因树，如图7-15~图7-17所示。

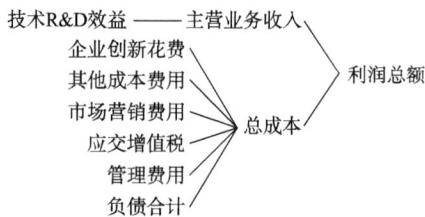

图7-15　利润总额原因树

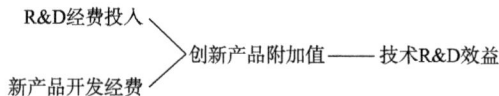

图7-16　技术R&D效益原因树

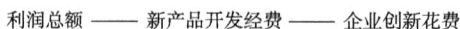

图7-17　企业创新花费原因树

图 7-15 显示了总成本和主营业务收入是影响利润总额的两个关键因素,技术 R&D 效益会影响主营业务收入,而总成本则受到许多因素的影响,其中最为关键的影响因素是企业创新花费。图 7-16 显示创新产品附加值会对技术 R&D 效益产生影响,而它也会受到新产品开发经费和 R&D 经费投入的影响。图 7-17 显示企业创新花费主要受新产品开发经费的影响。

3)反馈回路分析

从图 7-14 中共可得出两条反馈回路。

(1)利润总额→新产品开发经费→创新产品附加值→ 技术R&D效益→主营业务收入→利润总额。该反馈回路表明企业利润增加,企业中用于新产品开发的经费也会随之增加,从而使创新产品附加值增加,企业获得更多的技术 R&D 效益,再次获得更多收入,从而使利润总额增加,获得反馈循环。该反馈回路是正反馈。

(2)利润总额→新产品开发经费→企业创新花费→总成本→利润总额。该反馈回路表明企业利润增加,企业投入新产品的费用也会增加,从而使企业总成本增加,销售收入减少,利润总额减少。该反馈回路是负反馈。

7.4.5　制造业转型升级与技术创新协同发展因果关系图

综上所述,通过探讨技术创新能力各个子系统的结构,我们利用图 7-1、图 7-5、图 7-9 和图 7-14 合成了制造业转型升级与技术创新协同发展因果关系图,以反映制造业转型升级与技术创新协同发展的整个过程,具体因果关系图如图 7-18 所示。

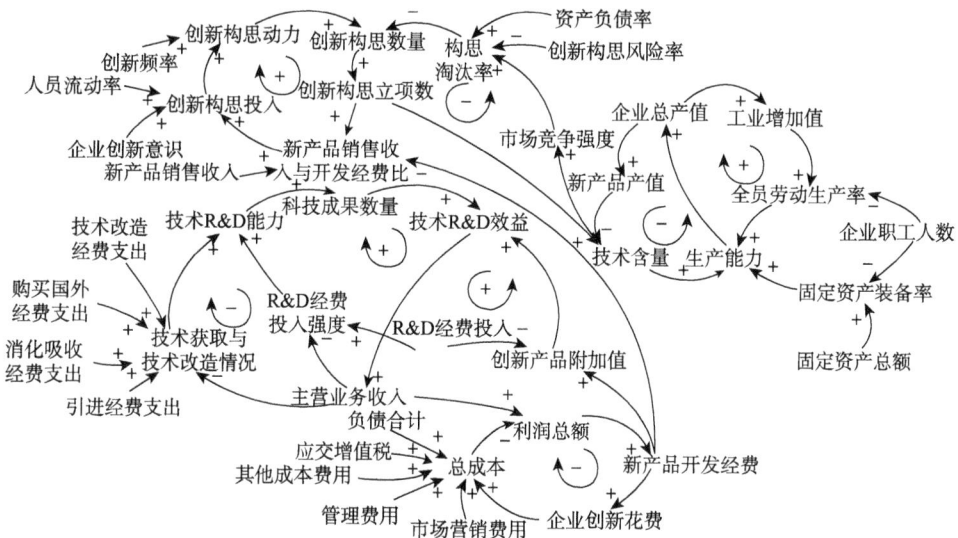

图 7-18　制造业转型升级与技术创新协同发展因果关系图

7.5 系统流图的构建

系统动力学模型由两部分组成：一部分是量化的系统动力学方程，另一部分是系统结构流程图。本节借助 Vensim PLE 软件来构建制造业转型升级与技术创新协同发展 SD 流图。

系统动力学模型中包括五种系统指标，即状态变量（又称为状态变量 level 或 stock）、变化速率变量（又称为决策变量 rate）、常量（constant）、辅助变量（auxiliary）和流（flow）。

流图从定量和定性角度对系统动态行为和结构进行描述，而因果关系仅描述系统变量之间的反馈结构。

7.4 节建立了制造业转型升级与技术创新协同发展因果关系图，对各子系统进行了初步的分析，并用表示因果关系的反馈回路描述了各个要素之间的关系，这是构建系统流图的基础，本节将在各个阶段 SD 因果关系图的基础上应用 Vensim PLE 软件进一步构建技术创新能力各个子系统的系统流图，这也是构建结构方程式，进一步进行各阶段仿真的基础。本节的目的就是通过因果分析建立各子系统的系统流图，并建立各因素之间的数量关系，通过数量仿真结果来寻求制造业转型升级与技术创新协同的路径。

7.5.1 创新构思能力子系统流图

制造业转型升级与技术创新协同发展系统流图构建也分成四个部分，其中创新构思能力子系统流图是在图 7-1 的基础上，应用 Vensim PLE 软件绘制的，如图 7-19 所示。

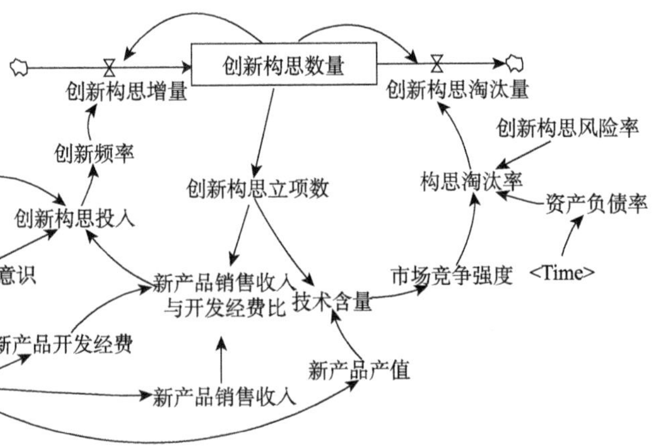

图 7-19 创新构思能力子系统流图

从图 7-19 可以看出创新构思数量为状态变量，创新构思增量和创新构思淘汰量为速率变量，创新构思数量正是在创新构思增量和创新构思淘汰量的共同作用下，形成了动态增加的循环过程。速率变量受到多方因素的影响，以下的数量关系将反映各因素对创新构思数量的具体影响。

创新构思数量=创新构思原始数量+创新构思增量-创新构思淘汰量

创新构思增量=创新频率×创新构思数量

创新构思频率=创新构思投入×系数

创新构思投入=人员流动率×系数+企业创新意识×系数+新产品销售收入与开发经费比×系数

新产品销售收入与开发经费比=新产品销售收入/新产品开发经费+创新构思立项数×系数

创新构思立项数=创新构思数量×系数

创新构思淘汰量=构思淘汰率×创新构思数量

构思淘汰率=资产负债率×系数+创新构思风险率×系数+市场竞争强度×系数

技术含量=创新构思立项数/新产品产值

市场竞争强度=技术含量×系数

7.5.2 技术 R&D 能力子系统流图

技术 R&D 能力子系统流图是在图 7-5 的基础上，应用 Vensim PLE 软件绘制的，如图 7-20 所示。

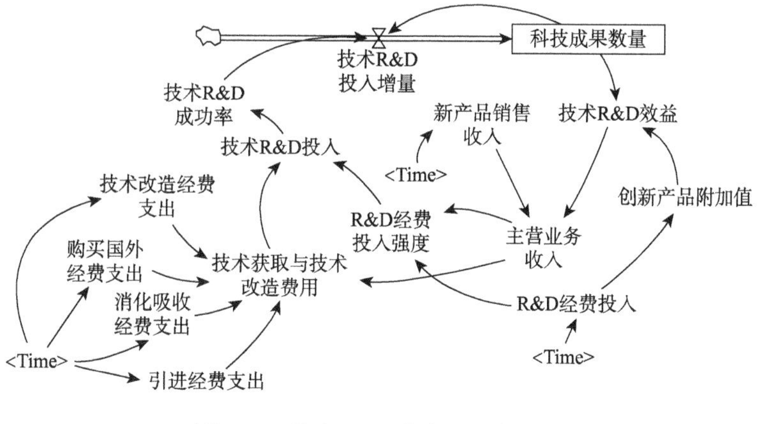

图 7-20 技术 R&D 能力子系统流图

从图 7-20 中可以看出科技成果数量为状态变量，技术 R&D 投入增量为速率变量，状态变量在技术 R&D 投入增量的作用下动态增加，这个过程不断循环。而速率变量受到许多因素的影响，以下的数量关系将反映各因素对科技成果数量的具体影响。

技术 R&D 成果数量=技术 R&D 投入增量+科技成果原始值

技术 R&D 投入增量=技术 R&D 成功率×科技成果数量

技术 R&D 成功率=技术 R&D 投入×系数

技术 R&D 投入=R&D 经费投入强度×系数+技术获取与技术改造费用×系数

技术 R&D 效益=创新产品附加值×科技成果数量

R&D 经费投入强度=R&D 经费投入/主营业务收入

主营业务收入=新产品销售收入×系数+技术 R&D 效益×系数

创新产品附加值=新产品开发经费/R&D 经费投入

技术获取与技术改造费用=（技术改造经费支出+购买国外经费支出+消化吸收经费支出+引进经费支出）×100/主营业务收入

7.5.3 技术生产能力子系统流图

技术生产能力子系统流图是在图 7-9 的基础上，应用 Vensim PLE 软件绘制的，如图 7-21 所示。

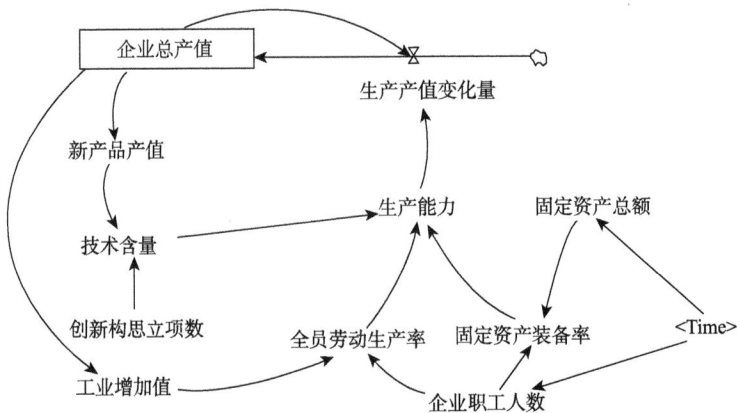

图 7-21　技术生产能力子系统流图

从图 7-21 中可以看出企业总产值为状态变量，生产产值变化量为速率变量，企业总产值在生产产值变化量的影响下动态增加，这是一个不断循环的过程。以下的数量关系将反映各因素对企业总产值的具体影响。

企业总产值=生产产值变化量+企业生产原始值

生产产值变化量=企业总产值×生产能力

生产能力=技术含量×系数+全员劳动生产率/固定资产装备率

全员劳动生产率=工业增加值/企业职工人数

工业增加值=企业总产值×系数

新产品产值=企业总产值×系数

总销售产值=企业总产值×系数

固定资产装备率=固定资产总值/企业职工人数

7.5.4　技术成果商业化能力子系统流图

技术成果商业化能力子系统流图是在图 7-14 的基础上，应用 Vensim PLE 软件绘制的，如图 7-22 所示。

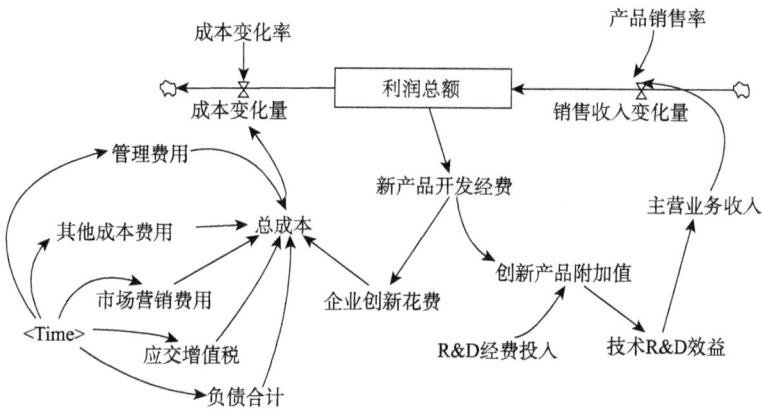

图 7-22　技术成果商业化能力子系统流图

从图 7-22 中可以看出利润总额为状态变量，销售收入变化量为速率变量，新产品销售收入在新产品成本变化量和新产品销售收入变化量的共同作用下形成了动态增加的循环过程。而速率变量受到许多因素的影响，以下的数量关系将反映各因素对利润总额的具体影响。

利润总额=销售收入变化量−成本变化量+利润原始值

成本变化量=总成本×成本变化率

总成本=其他成本费用+市场营销费用+管理费用+企业创新花费+应交增值税+负债合计

新产品开发经费=利润总额×系数

销售收入变化量=主营业务收入×产品销售率

企业创新花费=新产品开发经费×系数

7.5.5 制造业转型升级与技术创新协同发展系统流图

在技术创新能力各个子系统 SD 流图的基础上，将各个子系统流图进行合并，绘制制造业转型升级与技术创新协同发展系统流图，以反映技术创新能力的整个过程，如图 7-23 所示。从图 7-23 中可以看出，各个系统不是孤立存在的，各子系统之间相互联系和相互促进，是具有动态循环性的反馈机制。

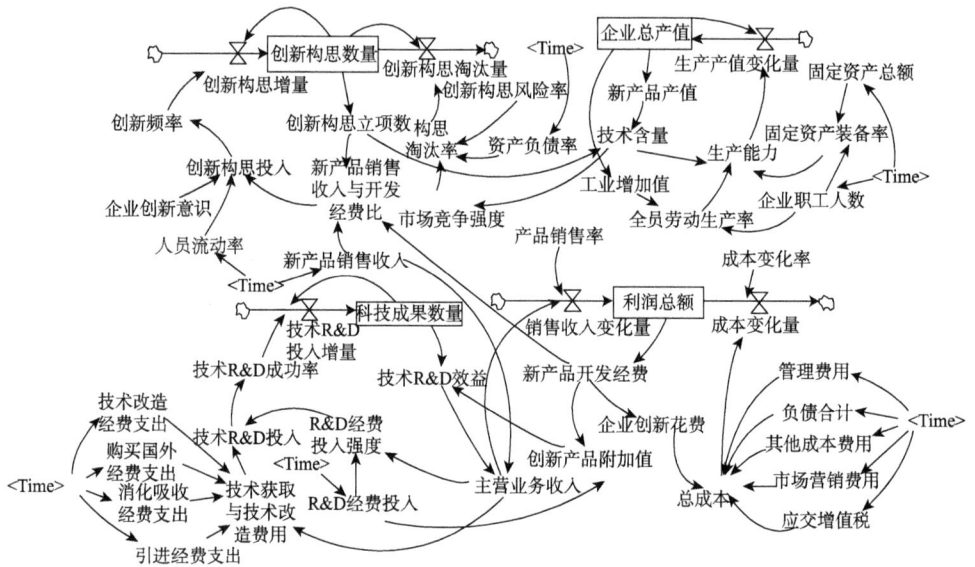

图 7-23　制造业转型升级与技术创新协同发展系统流图

7.6　制造业转型升级与技术创新协同发展系统的量化分析

7.6.1　模型的主要系统方程

依据《中国科技统计年鉴》《中国工业统计年鉴》《中国统计年鉴》《山东统计年鉴》等 2006~2013 年共 8 年的原始数据，经整理计算而确定了图 7-23 中制造业转型升级与技术创新协同发展系统流图建模所需要的变量之间的逻辑定量关系。该模型的系统方程构建如图 7-24 所示。

File Edit View Insert Model Options Windows Help

(01) FINAL TIME = 2013
Units: Year
The final time for the simulation.

(02) INITIAL TIME = 2006
Units: Year
The initial time for the simulation.

(03) 'R&D经费投入' = WITH LOOKUP (
Time,
([(2006,200)-(2013,3000)],(2006,249.21),(2007,333.45),(2008,465.4),(2009
,552.59),(2010,720.33),(2011,892.55),(2012,1075.5),(2013,1133)))
Units:亿元

(04) 'R&D经费投入强度'=
'R&D经费投入'/主营业务收入
Units: **undefined**

(05) SAVEPER =
TIME STEP
Units: Year [0,?]
The frequency with which output is stored.

(06) TIME STEP = 1
Units: Year [0,?]
The time step for the simulation.

(07) 主营业务收入=
新产品销售收入*6.798+技术研发效益*3.61+14030.2
Units: **undefined**

(08) 产品销售率=
0.8
Units: **undefined**

(09) 人员流动率 = WITH LOOKUP (
Time,
([(2006,-10)-(2013,20)],(2006,4.03),(2007,4.41),(2008,0.5),(2009,-2.15),
(2010,3.53),(2011,1.34),(2012,1.39),(2013,2)))

(10) 企业创新意识=
0.5
Units: **undefined**

(11) 企业创新花费=
新产品开发经费
Units: **undefined**

(12) 企业总产值 = INTEG (
生产产值变化量,
38780)
Units:亿元

(13) 企业职工人数 = WITH LOOKUP (
Time,
([(2006,700)-(2013,1500)],(2006,788),(2007,831),(2008,913),(2009,927),(2010
,932),(2011,860),(2012,918),(2013,948)))
Units:万人

(14) 全员劳动生产率=
工业增加值/企业职工人数
Units:万元/人

(15) 其他成本费用 = WITH LOOKUP (
Time,
([(2006,15000)-(2013,180000)],(2006,20390),(2007,26300),(2008,32700),(2009
,41550),(2010,51300),(2011,65500),(2012,73000),(2013,77310)))
Units:亿元

(16) 创新产品附加值=
0.4*新产品开发经费/'R&D经费投入'*
Units: **undefined**

(17) 创新构思增量=
创新构思数量*创新频率
Units:项

(18) 创新构思投入=
0.068*新产品销售收入与开发经费比+0.07*人员流动率+0.18*企业创新意识

(19) 创新构思数量 = INTEG (
创新构思增量-创新构思淘汰量,
7907)
Units:项

(20) 创新构思淘汰量=
创新构思数量*淘汰率
Units:项

(21) 创新构思风险率=
0.6
Units: **undefined**

(22) 创新频率=
创新构思投入*0.8
Units: **undefined**

(23) 利润总额 = INTEG (
销售收入变化量-成本变化量,
2633)
Units:亿元

(24) 固定资产总额 = WITH LOOKUP (
Time,
([(2006,10000)-(2013,60000)],(2006,10186),(2007,12333),(2008,14925),(2009
,20221),(2010,22788),(2011,24336),(2012,27313),(2013,30513)))
Units:亿元

(25) 固定资产装备率=
固定资产总额/企业职工人数
Units:万元/人

(26) 工业增加值=
0.214*企业总产值+3220.95
Units:亿元

(27) 市场竞争强度=
技术含量

(28) 市场营销费用 = WITH LOOKUP (
Time,
([(2006,800)-(2013,6000)],(2006,853),(2007,1067),(2008,1301),(2009,1472)
,(2010,1769),(2011,1894),(2012,2211),(2013,2432)))
Units:亿元

(29) 应交增值税 = WITH LOOKUP (
Time,
([(2006,1000)-(2013,10000)],(2006,1248),(2007,1572),(2008,1943),(2009,2052
),(2010,2546),(2011,2864),(2012,3426),(2013,3890)))
Units:亿元

(30) 引进经费支出 = WITH LOOKUP (
Time,
([(2006,20)-(2013,80)],(2006,23.35),(2007,33.97),(2008,43.62),(2009,48.74
),(2010,25),(2011,29.92),(2012,27.68),(2013,23.7)))
Units:亿元

(31) 总成本=
企业创新花费+其他成本费用+市场营销费用+管理费用+应交增值税
+负债合计
Units:亿元

(32) 成本变化率=
0.74998
Units: **undefined**

(33) 成本变化量=
总成本*成本变化率
Units: **undefined**

(34) 技术含量=
构思立项数量*0.99/新产品产值
Units: **undefined**

(35) 技术改造费用支出 = WITH LOOKUP (
Time,
([(2006,200)-(2013,1000)],(2006,210),(2007,247),(2008,220),(2009,289),(2010
,301),(2011,311),(2012,330),(2013,338)))

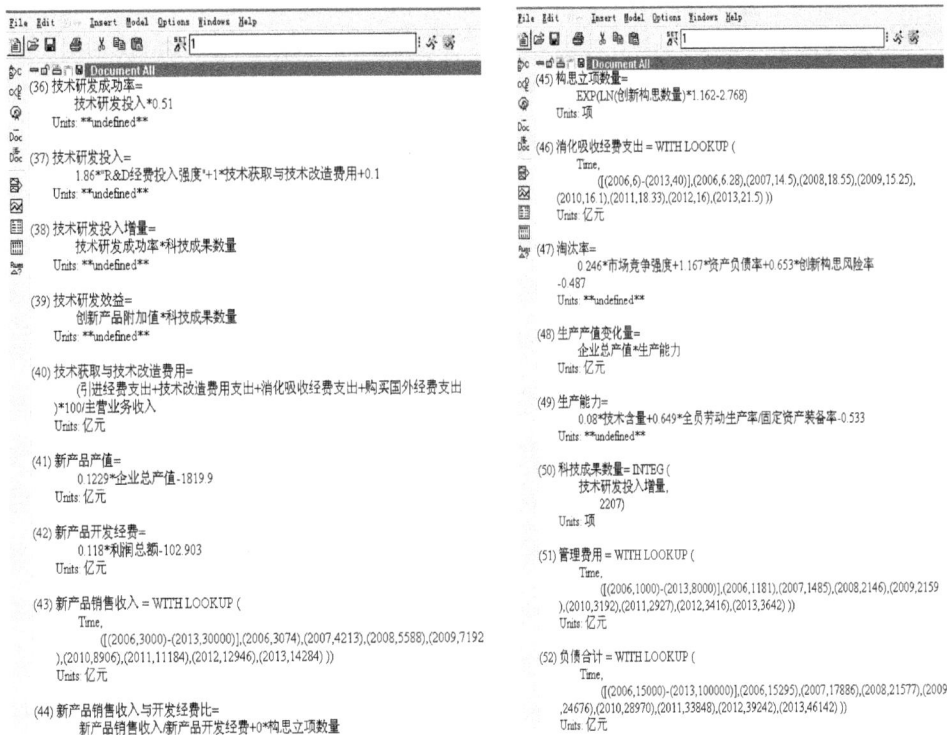

(36) 技术研发成功率=
技术研发投入'*0.51
Units: **undefined**

(37) 技术研发投入=
1.86*R&D经费投入强度'+1*技术获取与技术改造费用+0.1
Units: **undefined**

(38) 技术研发投入增量=
技术研发成功率*科技成果数量
Units: **undefined**

(39) 技术研发效益=
创新产品附加值*科技成果数量
Units: **undefined**

(40) 技术获取与技术改造费用=
(引进经费支出+技术改造费用支出+消化吸收经费支出+购买国外经费支出
)*100/主营业务收入
Units: 亿元

(41) 新产品产值=
0.1229*企业总产值-1819.9
Units: 亿元

(42) 新产品开发经费=
0.118*利润总额-102.903
Units: 亿元

(43) 新产品销售收入 = WITH LOOKUP (
Time,
([(2006,3000)-(2013,30000)],(2006,3074),(2007,4213),(2008,5588),(2009,7192
),(2010,8906),(2011,11184),(2012,12946),(2013,14284)))
Units: 亿元

(44) 新产品销售收入与开发经费比=
新产品销售收入/新产品开发经费+0*构思立项数量

(45) 构思立项数量=
EXP(LN(创新构思数量)*1.162-2.768)
Units: 项

(46) 消化吸收经费支出 = WITH LOOKUP (
Time,
([(2006,6)-(2013,40)],(2006,6.28),(2007,14.5),(2008,18.55),(2009,15.25),
(2010,16.1),(2011,18.33),(2012,16),(2013,21.5)))
Units: 亿元

(47) 淘汰率=
0.246*市场竞争强度+1.167*资产负债率+0.653*创新构思风险率
-0.487
Units: **undefined**

(48) 生产产值变化量=
企业总产值*生产能力
Units: 亿元

(49) 生产能力=
0.08*技术含量+0.649*全员劳动生产率/固定资产装备率-0.533
Units: **undefined**

(50) 科技成果数量= INTEG (
技术研发投入增量,
2207)
Units: 项

(51) 管理费用 = WITH LOOKUP (
Time,
([(2006,1000)-(2013,8000)],(2006,1181),(2007,1485),(2008,2146),(2009,2159
),(2010,3192),(2011,2927),(2012,3416),(2013,3642)))
Units: 亿元

(52) 负债合计 = WITH LOOKUP (
Time,
([(2006,15000)-(2013,100000)],(2006,15295),(2007,17886),(2008,21577),(2009
,24676),(2010,28970),(2011,33848),(2012,39242),(2013,46142)))
Units: 亿元

图 7-24 制造业转型升级与技术创新协同发展系统流图模型系统方程图

7.6.2 参数估计

本书建立 SD 流图是为了实现对制造业转型升级与技术创新协同发展的动态仿真模拟量化分析，确定了模型中各因果变量间的数量关系和逻辑关系，接下来将分别说明各 SD 流图系统动力学方程式量化要素。

1）状态变量

依据从《中国科技统计年鉴》《中国工业统计年鉴》《中国统计年鉴》《山东统计年鉴》等年鉴中获得的数据，本书中状态变量初值取 2006 年相关变量的历史真实统计数据。

2）速率变量

速率变量没有专门的函数表达式。它主要是反映水平变量的变化数量。

3）辅助变量

本书对辅助变量之间逻辑数量关系的确定主要有三类：①变量之间数量关系不确定，但有逻辑关系，本书主要通过搜集各变量的原始数据资料并利用 SPSS 统计处理软件计算获得。例如，新产品产值=0.122 9×企业总产值−1 819.9。②变量之间有确定的关系表达式。例如，总成本=市场营销费用+负债+企业创新花费+管理费用+其他成本费用+应交增值税合计。③变量之间的数量关系和逻辑关系都不明确，本书主要利用表函数（WITH LOOKUP）来表达。例如，新产品销售收入=WITH LOOKUP（Time，{[（2006，3 000）-（2013，30 000）]，（2006，3 074），（2007，4 213），（2008，5 588），（2009，7 192），（2010，8 906），（2011，11 184），（2012，12 946），（2013，14 284）}）。

4）常量

常量可以直接用数据表示，可以参考其他权威资料或者通过专家评估获得不能直接获得的数据。

通过以上总结，本书模型中的参数估计使用了以下方法。

（1）专家评估。

（2）依据模型中某些变量的关系。

（3）使用常用的数学方法，如多元回归分析。

（4）参考模型的行为特征。

（5）历年文献和调查统计资料。

7.7　模型有效性检验

模型的有效性检验是为了验证现实系统与构造模型的吻合度。系统动力学模型有效性检验方法可分为直观有效性检验、运行有效性检验和历史有效性检验三种方法，主要是检验模型所获得的行为与信息是否反映了实际系统的发展规则和特质。

1）直观有效性检验

直观有效性检验，用来检验模型是否与系统的内部机制相一致，主要通过对资料的进一步分析，检验因果关系是否合理，量纲是否一致，变量是否有正确的定义，对每个元素、模型方程表述是否合理。

2）运行有效性检验

运行有效性检验是为了检验仿真模型的稳定性，DT 值分别取 1，0.5，0.25，进行仿真检验。观察并比较山东传统工业转型升级与技术创新协同发展的创新构思数量、科技成果数量、企业总产值及利润总额的仿真结果，得出的结论为系统是比较稳定的（图 7-25~图 7-28）。

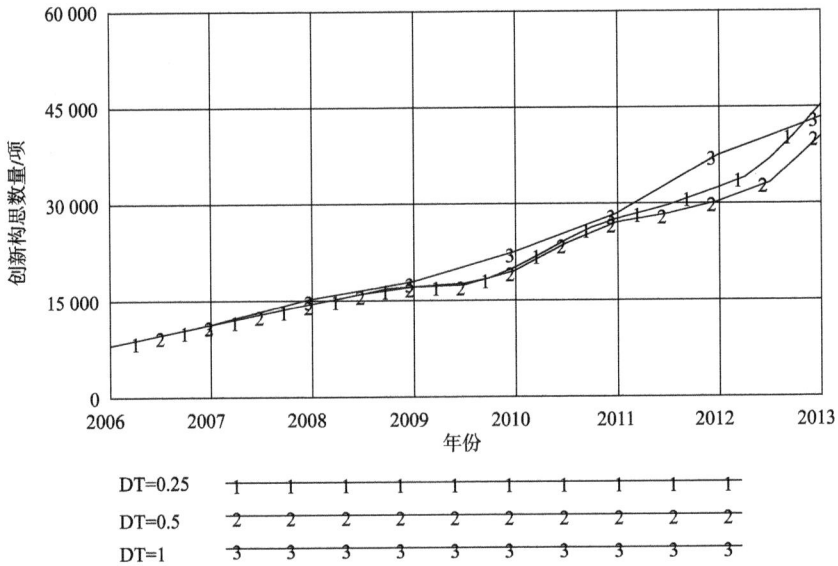

图 7-25　不同 DT 下创新构思数量稳定性比较

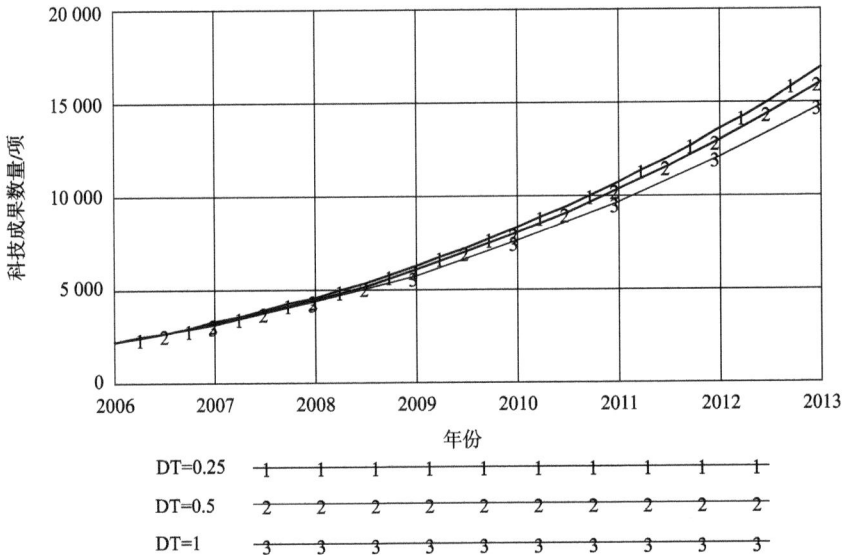

图 7-26　不同 DT 下科技成果数量稳定性比较

3）历史有效性检验

历史有效性检验，即系统行为与历史数据的相关度检验。如果实际结果数据与仿真检验得出的结果之间的相对误差率的绝对值小于 5%，就可以说明实际系统行为与本书所描述的系统行为是有效的。其中，误差率=（模拟值-实际值）×

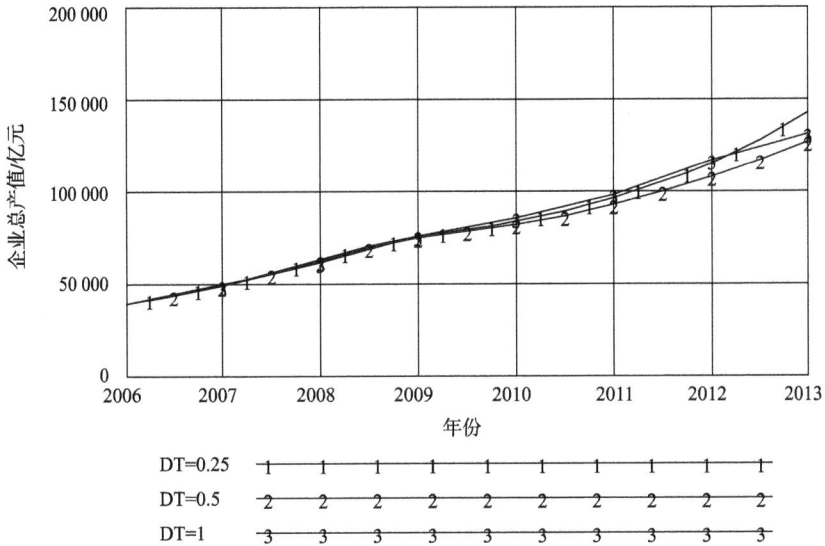

图 7-27　不同 DT 下企业总产值稳定性比较

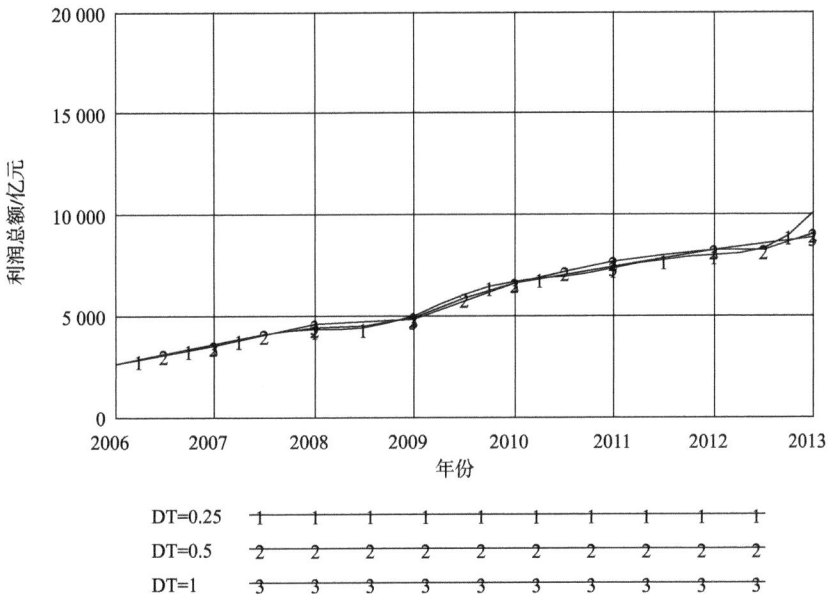

图 7-28　不同 DT 下利润总额稳定性比较

100%/实际值。本书选取 2006~2013 年共 8 年的系统模型数据与历史数据进行比较（系统模型数据值的比较如表 7-1~表 7-4、图 7-29~图 7-32 所示），其中，创新构思数量所用数据是山东规模以上工业企业的申请专利数量。

表 7-1　创新构思数量历史有效性检验误差比较

年份	创新构思数量		
	实际值/项	模拟值/项	误差率
2006	7 907	7 907	0
2007	10 362	10 657	2.85%
2008	14 276	14 694	2.93%
2009	18 441	17 596	−4.58%
2010	20 000	19 330	−3.35%
2011	27 560	26 571	−3.59%
2012	34 689	33 789	−2.59%
2013	40 030	40 799	1.92%

表 7-2　科技成果数量历史有效性检验误差比较

年份	科技成果数量		
	实际值/项	模拟值/项	误差率
2006	2 207	2 207	0
2007	3 248	3 090	−4.86%
2008	4 125	4 305	4.36%
2009	5 430	5 694	4.86%
2010	7 300	7 558	3.53%
2011	9 428	9 627	2.11%
2012	12 202	12 024	−1.46%
2013	15 254	14 827	−2.78%

表 7-3　企业总产值历史有效性检验误差比较

年份	企业总产值		
	实际值/亿元	模拟值/亿元	误差率
2006	38 780	38 780	0
2007	49 873	48 812	−2.13%
2008	62 959	60 544	−3.84%
2009	71 209	74 452	4.55%
2010	83 851	84 478	0.75%
2011	99 505	95 765	−3.76%
2012	114 707	112 530	−1.90%
2013	129 906	124 549	−4.12%

表 7-4　利润总额历史有效性检验误差比较

年份	利润总额		
	实际值/亿元	模拟值/亿元	误差率
2006	2 633	2 633	0
2007	3 391	3 453	1.83%
2008	3 924	4 128	5.20%
2009	4 513	4 565	1.15%
2010	6 108	6 018	−1.47%
2011	7 098	7 066	−0.45%
2012	8 016	8 192	2.20%
2013	8 715	8 993	3.19%

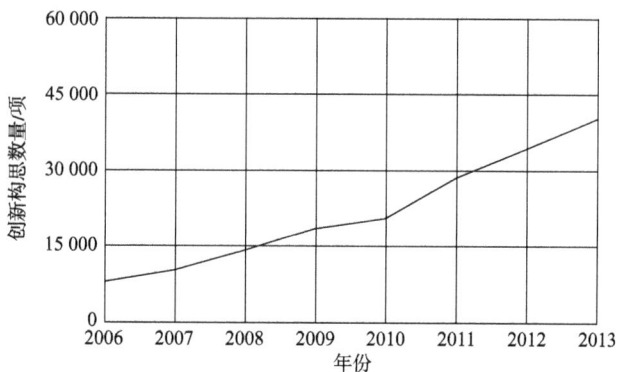

图 7-29　创新构思数量的拟合图

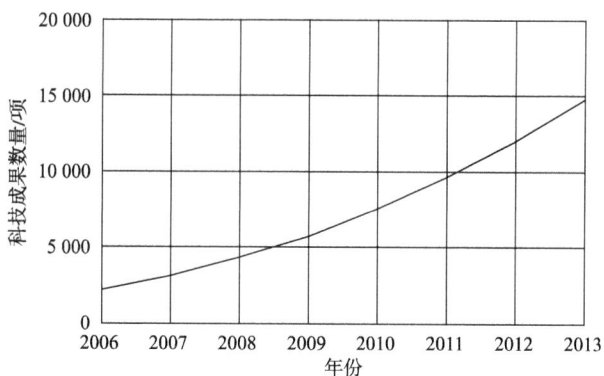

图 7-30　科技成果数量的拟合图

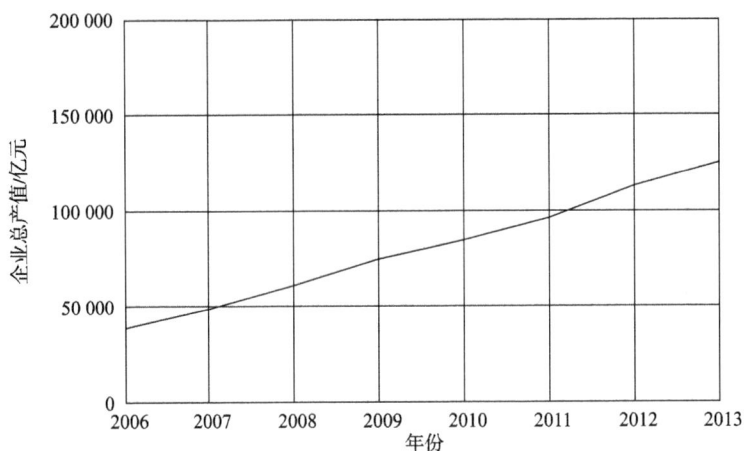

图 7-31　企业总产值的拟合图

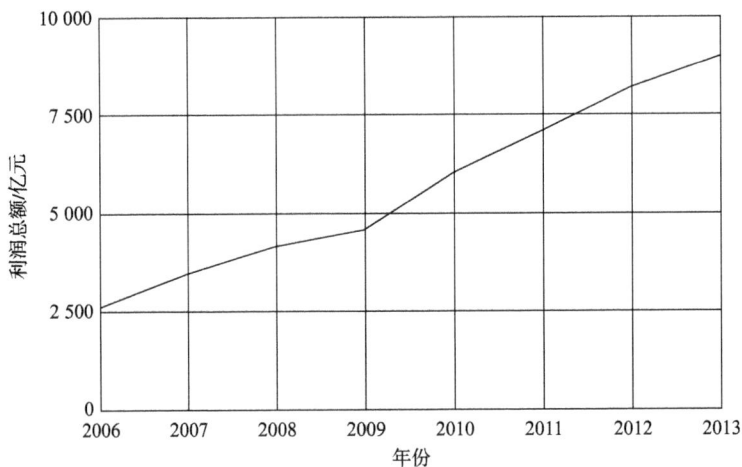

图 7-32　利润总额的拟合图

　　综上所述，通过三种有效性检验方法的运用，可以得出本书的制造业转型升级与技术创新协同发展模型较为合理，与实际系统的发展吻合度较高，因此该 SD 模型通过了检验。

第8章 制造业转型升级与技术创新协同发展路径的灵敏度分析

8.1 创新构思能力路径的灵敏度分析

通过对图 7-19 的分析可以看出影响创新构思数量的主要两条反馈回路，以下分别对每一条回路进行灵敏度分析，找出其中对创新构思数量影响最大的关键因素和关键路径，为制造业转型升级与技术创新协同发展路径做铺垫。

8.1.1 创新构思能力路径一分析

路径一：创新构思数量→创新构思立项数→新产品销售收入与开发经费比→创新构思投入→创新频率→创新构思增量。

进行灵敏度分析，主要是对回路上的辅助变量进行分析，因此本条路径主要是通过影响创新构思增量从而影响创新构思数量的变化，是对创新构思立项数、新产品销售收入与开发经费比、创新构思投入和创新频率的系数上调1%进行分析。

在不改变其他因素系数的情况下，将创新构思立项数对新产品销售收入与开发经费比的系数上调 1%，即加快创新构思立项数的科技转化，将知识成果更多地转化为经济成果，提高现有项目的利用率，增加企业的效益，调整后的仿真结果为曲线 1。

在不改变其他因素系数的情况下，将新产品销售收入与开发经费比对创新构思投入的系数上调 1%，即加大对新产品的预期效益的重视程度，从而加大对创新构思的投入，调整后的仿真结果为曲线 2。

在不改变其他因素系数的情况下，将创新构思投入对创新频率的系数上调 1%，即加大创新构思的投入水平，提高企业的创新频率，整体提高企业的创新水平，调整后的仿真结果为曲线 3。

在不改变其他因素系数的情况下，将创新频率对创新构思增量的系数上调1%，即加大创新频率向创新构思的转化率，从而整体提高企业的创新水平，调整后的仿真结果为曲线4。

初始数据得出的创新构思仿真曲线为曲线5。

运行调整后的创新构思能力模型，可得创新构思数量变化趋势图（图 8-1）和创新构思数量灵敏度表（表 8-1）。

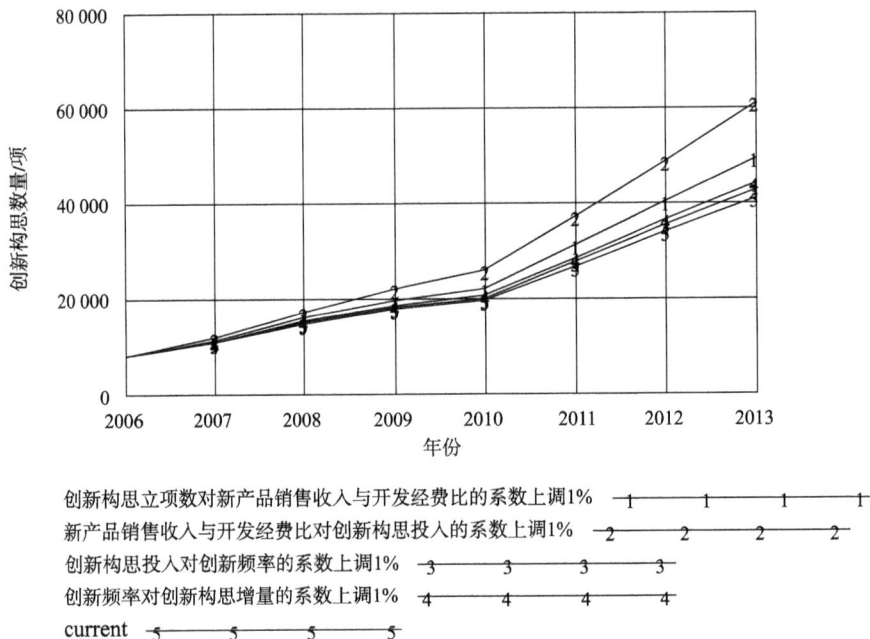

创新构思立项数对新产品销售收入与开发经费比的系数上调1%　——1—
新产品销售收入与开发经费比对创新构思投入的系数上调1%　——2—
创新构思投入对创新频率的系数上调1%　——3—
创新频率对创新构思增量的系数上调1%　——4—
current　——5—

图 8-1　路径一各因素比重变化引起的创新构思数量变化趋势图

表 8-1　路径一创新构思数量对各因素比重变化的灵敏度

	创新构思数量			
	曲线 1		曲线 2	
年份	创新构思立项数对新产品销售收入与开发经费比的系数上调 1%/项	增长率	新产品销售收入与开发经费比对创新构思投入的系数上调 1%/项	增长率
2006	7 907	0	7 907	0
2007	11 086	3.86%	11 593	8.07%
2008	15 794	6.97%	17 128	14.21%
2009	19 518	9.85%	21 914	19.71%
2010	22 090	12.49%	25 797	25.07%
2011	31 022	14.35%	36 879	27.95%
2012	40 126	15.79%	48 532	30.38%
2013	49 265	17.18%	60 940	49.37%

续表

年份	曲线 3		曲线 4		曲线 5
	创新构思投入对创新频率的系数上调1%/项	增长率	创新频率对创新构思增量的系数上调1%/项	增长率	原值/项
2006	7 907	0	7 907	0	7 907
2007	10 766	1.01%	10 854	1.82%	10 657
2008	14 972	1.85%	15 198	3.32%	14 694
2009	18 036	2.44%	18 398	4.36%	17 596
2010	19 910	2.91%	20 387	5.18%	19 330
2011	27 524	3.46%	28 312	6.15%	26 571
2012	35 137	3.84%	36 255	6.80%	33 789
2013	42 606	4.24%	44 110	7.51%	40 799

结果分析：通过图 8-1 和表 8-1 可以看出等幅调整该路径上各因素的影响系数，对企业创新构思数量的影响是不同的，从整体来看都是增加的，并且增长率随着年份的增长而不断上升。而其中改变新产品销售收入与开发经费比对创新构思投入系数，对创新构思数量的影响最大，到 2013 年，创新构思数量由 40 799 项增长到 60 940 项，增长率达到 49.37%，在趋势图中最上方，为曲线 2；创新构思立项数对新产品销售收入与开发经费比的影响也很大，到 2013 年增长率达到了 17.18%，在趋势图中是曲线 1，仅次于曲线 2；创新构思投入对创新频率系数调整后对创新构思数量的影响很小，到 2013 年增长率为 4.24%，在趋势图中是曲线 3；创新频率对创新构思增量的系数影响也较小，增长率为 7.51%，接近于原值。

可以得出：在本路径中改变新产品销售收入与开发经费比对创新构思投入的系数对创新构思数量的影响是最大的，因此，新产品销售收入与开发经费比是路径一上的关键因素。

8.1.2　创新构思能力路径二分析

路径二：创新构思数量→创新构思立项数→技术含量→市场竞争强度→构思淘汰率→创新构思淘汰量。

路径二是通过影响创新构思淘汰量，从而影响创新构思数量，因此调整系数时，该路径选择对创新构思立项数、技术含量、市场竞争强度以及构思淘汰率的系数下调 1%，来进行灵敏度分析。

在不改变其他因素系数的情况下，将淘汰率对创新构思淘汰量的系数下调 1%，即市场淘汰率越低，创新构思淘汰数量就减少，创新构思数量增加，调整后的仿真结果为曲线 1。

在不改变其他因素系数的情况下，将市场竞争强度对构思淘汰率的系数下调

1%，即市场竞争强度越低，市场上易淘汰的产品就减少，创新构思数量增加，调整后的仿真结果为曲线2。

在不改变其他因素系数的情况下，将技术含量对市场竞争强度的系数下调1%，即通过降低产品技术含量而减小市场竞争强度，增加创新构思数量，调整后的仿真结果为曲线3。

在不改变其他因素系数的情况下，将创新构思立项数对技术含量的系数下调1%，即减小企业产品的技术含量，以减小构思淘汰率，从而增加创新构思数量，调整后的仿真结果为曲线4。

初始数据得出的创新构思仿真曲线为曲线5。

运行调整后的创新构思能力模型，可得创新构思数量变化趋势图（图 8-2）和创新构思数量灵敏度表（表8-2）。

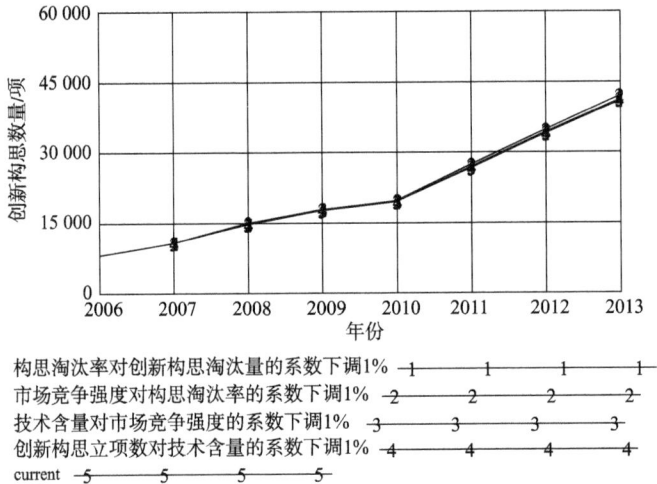

图8-2 路径二各因素比重变化引起的创新构思数量变化趋势图

表8-2 路径二创新构思数量对各因素比重变化的灵敏度

年份	创新构思数量			
	曲线1		曲线2	
	构思淘汰率对创新构思淘汰量的系数下调1%/项	增长率	市场竞争强度对构思淘汰率的系数下调1%/项	增长率
2006	7 907	0	7 907	0
2007	10 717	0.56%	10 714	0.53%
2008	14 843	1.00%	14 837	0.96%
2009	17 847	1.40%	17 852	1.43%

续表

年份	曲线 1		曲线 2	
	构思淘汰率对创新构思淘汰量的系数下调 1%/项	增长率	市场竞争强度对构思淘汰率的系数下调 1%/项	增长率
2010	19 684	1.80%	19 692	1.84%
2011	27 125	2.04%	27 143	2.11%
2012	34 569	2.25%	34 639	2.45%
2013	41 864	2.54%	41 990	2.84%

年份	曲线 3		曲线 4		曲线 5
	技术含量对市场竞争强度的系数下调 1%/项	增长率	创新构思立项数对技术含量的系数下调 1%/项	增长率	原值/项
2006	7 907	0	7 907	0	7 907
2007	10 671	0.13%	10 671	0.13%	10 657
2008	14 729	0.24%	14 728	0.23%	14 694
2009	17 658	0.35%	17 654	0.33%	17 596
2010	19 418	0.45%	19 406	0.39%	19 330
2011	26 709	0.52%	26 683	0.42%	26 571
2012	33 995	0.60%	33 934	0.42%	33 789
2013	41 086	0.70%	40 958	0.39%	40 799

结果分析：通过图 8-2 和表 8-2 可以看出等幅调整该路径上各因素的影响系数，对企业创新构思数量的影响是不同的，从整体来看数量略微增加，增长率随着仿真年份增加而增加。其中，将构思淘汰率对创新构思淘汰量的系数改变后，到 2013 年创新构思数量增加为 41 864 项，增长率为 2.54%；将市场竞争强度对构思淘汰率的系数改变后，到 2013 年创新构思数量增加为 41 990 项，增长率为 2.84%，在趋势变化图中为曲线 2；改变技术含量对市场竞争强度的系数和创新构思立项数对技术含量的系数，创新构思数量增加不明显，2013 年，创新构思数量分别为 41 086 项和 40 958 项，增长率分别为 0.70%和 0.39%；而图 8-2 中 4 条曲线几乎重合，变化不大。因此该条路径上的关键因素是市场竞争强度。

综上所述，通过对图 8-1、图 8-2 和表 8-1、表 8-2 的分析，路径一对创新构思数量的增长率分别为 17.18%、33.05%、4.24%和 7.51%；而路径二创新构思数量的增长率分别为 2.54%、2.84%、0.70%和 0.39%，路径二明显影响程度低于路径一，因此路径一为创新构思能力的关键路径。

8.2　技术 R&D 能力路径的灵敏度分析

通过对图 7-20 的分析可以看出影响科技成果数量的主要两条反馈回路，以下分别对每一条回路进行灵敏度分析，找出其中对科技成果数量影响最大的关键因素和关键路径，为制造业转型升级与技术创新协同发展路径做铺垫。

8.2.1　技术 R&D 能力路径一分析

路径一：技术 R&D 成果数量→技术 R&D 效益→主营业务收入→R&D 经费投入强度→技术 R&D 投入→技术 R&D 成功率→技术 R&D 投入增量。

路径一主要是通过调整该路径上的因素系数影响技术 R&D 投入增量，从而影响科技成果数量。因此主要对技术 R&D 效益、主营业务收入、R&D 经费投入强度、技术 R&D 投入及技术 R&D 成功率的系数进行调整，因为系数调整 1%，曲线变化不明显，因此对技术 R&D 能力的所有路径系数均调整 20%。

在不改变其他因素系数的情况下，将技术 R&D 成功率对技术 R&D 投入增量的系数上调 20%，即增加技术 R&D 的成功率，获得更多的 R&D 增量，增加企业技术 R&D 成果数量，调整后的仿真结果为曲线 1。

在不改变其他因素系数的情况下，将技术 R&D 投入对技术 R&D 成功率的系数上调 20%，即增加技术投入比例，获得更多有利于企业 R&D 的资源，增加企业技术 R&D 成功率，调整后的仿真结果为曲线 2。

在不改变其他因素系数的情况下，将 R&D 经费投入强度对技术 R&D 投入的系数上调 20%，即加大 R&D 经费投入强度在 R&D 投入中的比例以增加技术 R&D 投入，调整后的仿真结果为曲线 3。

因为主营业务收入与 R&D 经费投入强度呈反比例关系，在不改变其他因素系数的情况下，将主营业务收入对 R&D 经费投入强度的系数下调 20%，即降低主营业务收入，以增大 R&D 经费投入强度，从而增加科技成果数量，调整后的仿真结果为曲线 4。

在不改变其他因素系数的情况下，将技术 R&D 效益对主营业务收入的系数下调 20%，即企业减小技术 R&D 效益对主营业务收入的影响，从而减少主营业务收入，增加技术 R&D 投入，使科技成果数量增加，调整后的仿真结果为曲线 5。

初始数据得出的科技成果数量仿真曲线为曲线 6。

运行调整后的技术 R&D 能力模型，可得科技成果数量变化趋势图（图 8-3）

和科技成果数量灵敏度表（表 8-3）。

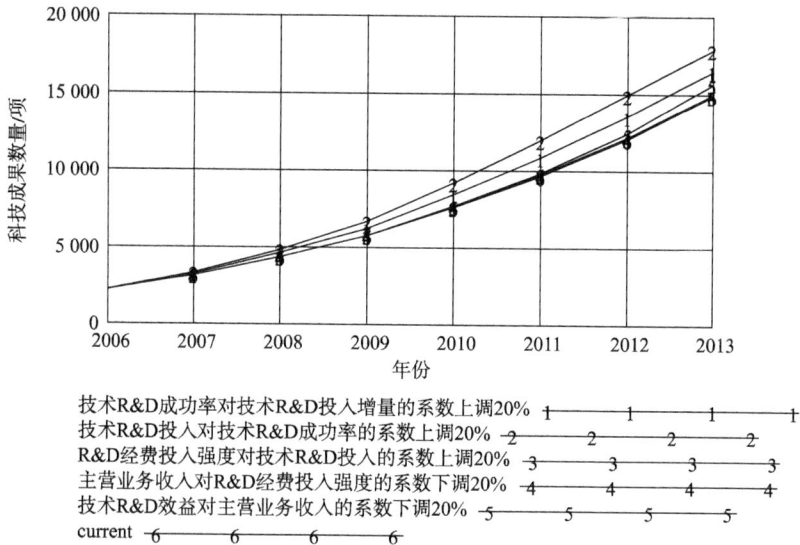

图 8-3　路径一各因素比重变化引起的科技成果数量变化趋势图

表 8-3　路径一科技成果数量对各因素比重变化的灵敏度

年份	科技成果数量			
	曲线 1		曲线 2	
	技术 R&D 成功率对技术 R&D 投入增量的系数上调 20%/项	增长率	技术 R&D 投入对技术 R&D 成功率的系数上调 20%/项	增长率
2006	2 207	0	2 207	0
2007	3 178	2.78%	3 263	5.30%
2008	4 550	5.39%	4 792	10.16%
2009	6 155	7.49%	6 618	13.95%
2010	8 335	9.32%	9 121	17.14%
2011	10 754	10.48%	11 882	18.98%
2012	13 478	10.79%	14 871	19.15%
2013	16 401	9.60%	17 788	16.64%
年份	曲线 3		曲线 4	
	R&D 经费投入强度对技术 R&D 投入的系数上调 20%/项	增长率	主营业务收入对 R&D 经费投入强度的系数下调 20%/项	增长率
2006	2 207	0	2 207	0
2007	3 091	0.05%	3 093	0.11%
2008	4 309	0.10%	4 315	0.23%
2009	5 704	0.16%	5 716	0.37%

续表

年份	曲线3		曲线4	
	R&D 经费投入强度对技术 R&D 投入的系数上调20%/项	增长率	主营业务收入对 R&D 经费投入强度的系数下调20%/项	增长率
2010	7 574	0.21%	7 595	0.50%
2011	9 652	0.27%	9 687	0.62%
2012	12 061	0.31%	12 111	0.72%
2013	14 877	0.33%	14 942	0.77%

年份	曲线5		曲线6
	技术 R&D 效益对主营业务收入的系数下调20%/项	增长率	原值/项
2006	2 207	0	2 207
2007	3 091	0.05%	3 090
2008	4 312	0.17%	4 305
2009	5 714	0.35%	5 694
2010	7 612	0.72%	7 558
2011	9 757	1.34%	9 627
2012	12 328	2.47%	12 024
2013	15 591	4.90%	14 827

结果分析：通过图 8-3 和表 8-3 可以看出，等幅调整该路径上各因素的影响系数，对科技成果数量的影响是不同的。改变技术 R&D 投入对技术 R&D 成功率的系数对科技成果数量影响比较大，到 2013 年科技成果数量从 14 827 项增加为 17 788 项，增长率为 16.64%，在趋势变化图中为曲线2；技术 R&D 成功率对技术 R&D 投入增量的系数上调之后对科技成果影响也较大，到 2013 年科技成果数量增加到 16 401 项，增长率为 9.60%，在趋势变化图中为曲线1。

技术 R&D 效益对主营业务收入系数下调之后对科技成果数量的影响较大，下调系数之后主营业务收入减小，由于该反馈是负反馈，因此科技成果数量增加，截至 2013 年由 14 827 项增加到 15 591 项，增长率为 4.90%，在趋势变化图中为曲线5；而改变 R&D 经费投入强度对技术 R&D 投入的系数和主营业务收入对 R&D 经费投入强度的系数，科技成果数量变化很小，2013 年分别为 14 877 项和 14 942 项，变化率分别为 0.33% 和 0.77%，在趋势变化图中为曲线3和曲线4，几乎重合。因此该条路径上的关键因素是技术 R&D 投入。

8.2.2 技术 R&D 能力路径二分析

路径二：技术 R&D 成果数量→技术 R&D 效益→主营业务收入→技术获取与

技术改造费用→技术 R&D 投入→技术 R&D 成功率→技术 R&D 投入增量。

路径二主要是通过影响技术 R&D 投入增量从而影响科技成果数量。考虑到第二条路径与第一条有重合部分，因此主要对主营业务收入、技术获取与技术改造费用、技术 R&D 投入系数进行调整分析。

在不改变其他因素系数的情况下，将技术 R&D 成功率对技术 R&D 投入增量的系数上调 20%，调整后的仿真结果为曲线 1。

在不改变其他因素系数的情况下，将技术 R&D 投入对技术 R&D 成功率的系数上调 20%，调整后的仿真结果为曲线 2。

在不改变其他因素系数的情况下，将技术获取与技术改造费用对技术 R&D 投入的系数上调 20%，即增加技术获取与技术改造费用，增加技术 R&D 投入，调整后的仿真结果为曲线 3。

由于主营业务收入与技术获取与技术改造费用呈反比例关系，在不改变其他因素系数的情况下，将主营业务收入对技术获取与技术改造费用的系数下调 20%，即通过减小主营业务收入，增加技术获取与技术改造费用，从而增加科技成果数量，调整后的仿真结果为曲线 4。

在不改变其他因素系数的情况下，将技术 R&D 效益对主营业务收入的系数下调 20%，调整后的仿真结果为曲线 5。

初始数据得出的科技成果数量仿真曲线为曲线 6。

运行调整后的技术 R&D 能力模型，可得科技成果数量变化趋势图（图 8-4）和科技成果数量灵敏度表（表 8-4）。

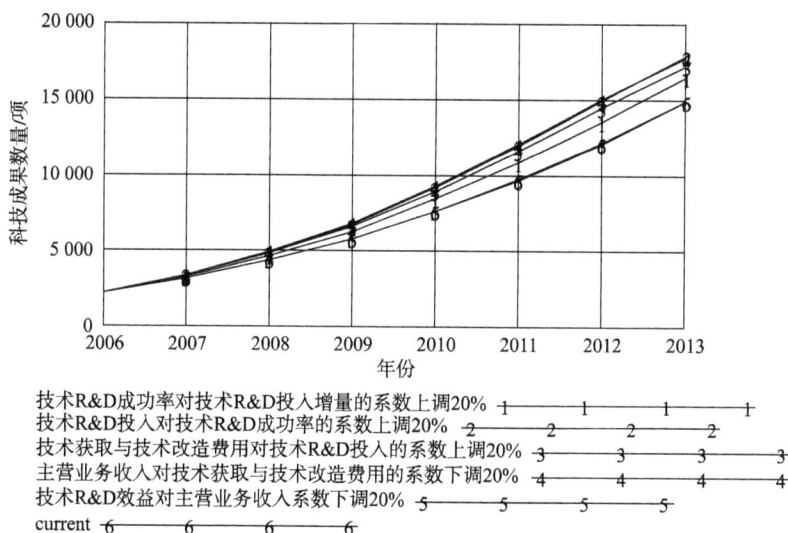

图 8-4　路径二各因素比重变化引起的科技成果数量变化趋势图

表 8-4 路径二科技成果数量对各因素比重变化的灵敏度

科技成果数量

年份	曲线 1		曲线 2	
	技术 R&D 成功率对技术 R&D 投入增量的系数上调 20%/项	增长率	技术 R&D 投入对技术 R&D 成功率的系数上调 20%/项	增长率
2006	2 207	0	2 207	0
2007	3 178	2.78%	3 263	5.30%
2008	4 550	5.39%	4 792	10.16%
2009	6 155	7.49%	6 618	13.95%
2010	8 335	9.32%	9 121	17.14%
2011	10 754	10.48%	11 882	18.98%
2012	13 478	10.79%	14 871	19.15%
2013	16 401	9.60%	17 788	16.64%

年份	曲线 3		曲线 4	
	技术获取与技术改造费用对技术 R&D 投入的系数上调 20%/项	增长率	主营业务收入对技术获取与技术改造费用的系数下调 20%/项	增长率
2006	2 207	0	2 207	0
2007	3 241	4.67%	3 279	5.78%
2008	4 728	8.94%	4 836	10.98%
2009	6 483	12.17%	6 689	14.87%
2010	8 880	14.90%	9 229	18.11%
2011	11 507	16.34%	11 992	19.73%
2012	14 358	16.26%	14 925	19.44%
2013	17 183	13.71%	17 697	16.22%

年份	曲线 5		曲线 6
	技术 R&D 效益对主营业务收入的系数下调 20%/项	增长率	原值/项
2006	2 207	0	2 207
2007	3 091	0.05%	3 090
2008	4 312	0.17%	4 305
2009	5 714	0.35%	5 694
2010	7 612	0.72%	7 558
2011	9 757	1.34%	9 627
2012	12 328	2.47%	12 024
2013	15 591	4.90%	14 827

结果分析：通过图 8-4 和表 8-4 可以看出，等幅调整该路径上各因素的影响系数，对科技成果数量的影响是不同的。其中改变技术 R&D 投入对技术 R&D 成功率的系数对科技成果数量的影响为 16.64%，在趋势图中为曲线 2，位于最上方；

而将主营业务收入对技术获取与技术改造费用的系数减小 20%时，科技成果数量影响较大，到 2013 年由 14 827 项增加到 17 697 项，增长率为 16.22%，在趋势图中为曲线 4；而技术获取与技术改造费用对技术 R&D 投入系数的影响也很大，到 2013 年由 14 827 项增加到 17 183 项，增长率为 13.71%，在趋势图中为曲线 3；技术 R&D 效益对主营业务收入的系数影响在上文分析过为 4.90%。因此，路径二上的关键因素也是技术 R&D 投入。

综上所述，通过对两条路径的对比分析，可以发现路径二对科技成果数量的影响更大，科技成果数量的增长率分别为 9.60%、16.64%、13.71%、16.22%和4.90%；路径一中科技成果数量的增长率分别为 9.60%、16.64%、0.33%、0.77%和4.90%。路径一对科技成果数量的影响明显小于路径二，因此路径二为关键路径。

8.3　技术生产能力路径的灵敏度分析

通过对图 7-21 的分析可以看出影响企业总产值的主要两条反馈回路，以下分别对每一条回路进行灵敏度分析，找出其中对企业总产值影响最大的关键因素和关键路径，为制造业转型升级与技术创新协同发展路径做铺垫。

8.3.1　技术生产能力路径一分析

路径一：企业总产值→新产品产值→技术含量→生产能力→生产产值变化量。

路径一主要是通过调整各因素的系数从而改变生产产值的变化量，进而使企业总产值发生变化。该路径主要调整的参数是新产品产值、技术含量和生产能力，因为系数调整 1%，曲线变化不明显，因此对技术生产能力的所有路径系数均调整 5%。

在不改变其他因素系数的情况下，将生产能力对生产产值变化量的系数上调5%，即增加产品的生产能力，从而提高生产产值增量，增加企业总产值，调整后的仿真结果为曲线 1。

在不改变其他因素系数的情况下，将技术含量对生产能力的系数上调 5%，即增加技术含量高的产品的生产能力，调整后的仿真结果为曲线 2。

由于新产品产值与技术含量呈反比例关系，在不改变其他因素系数的情况下，将新产品产值对技术含量的系数下调 5%，即通过下调新产品产值使技术含量增加，促进企业增大生产能力，获得更多产值，调整后的仿真结果为曲线 3。

在不改变其他因素系数的情况下，初始数据得出的企业总产值仿真曲线为曲线4。

运行调整后的技术生产能力模型，可得企业总产值变化趋势图（图 8-5）和企业总产值灵敏度表（表8-5）。

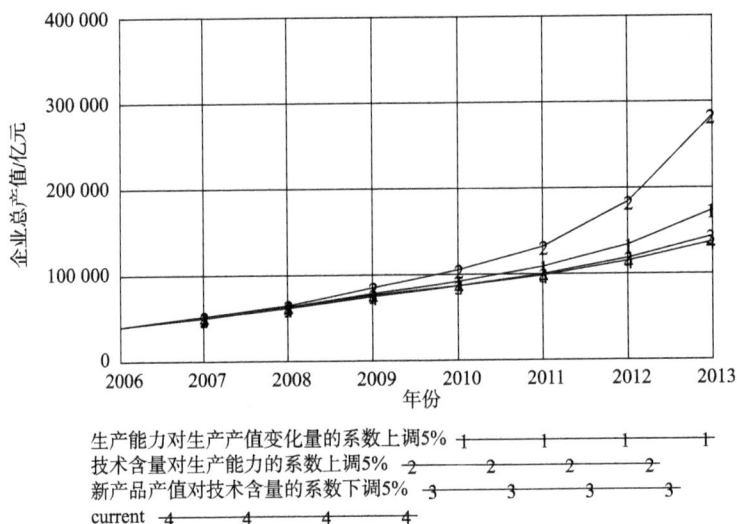

图 8-5　路径一各因素比重变化引起的企业总产值变化趋势图

表 8-5　路径一企业总产值对各因素比重变化的灵敏度

年份	企业总产值			
	曲线 1		曲线 2	
	生产能力对生产产值变化量的系数上调 5%/亿元	增长率	技术含量对生产能力的系数上调 5%/亿元	增长率
2006	38 780	0	38 780	0
2007	49 290	1.02%	50 174	2.76%
2008	62 112	2.37%	64 751	6.35%
2009	78 068	4.24%	84 286	11.30%
2010	91 334	6.55%	103 845	17.81%
2011	107 326	9.84%	131 394	26.35%
2012	132 960	14.59%	182 138	37.65%
2013	172 750	21.38%	282 358	51.90%
年份	曲线 3		曲线 4	
	新产品产值对技术含量的系数下调 5%/亿元	增长率	原值/亿元	
2006	38 780	0	38 780	
2007	48 906	0.24%	48 790	
2008	60 965	0.53%	60 643	

续表

年份	曲线 3		曲线 4
	新产品产值对技术含量的系数下调 5%/亿元	增长率	原值/亿元
2009	75 453	0.92%	74 758
2010	86 595	1.44%	85 352
2011	98 885	2.14%	96 770
2012	117 240	3.14%	113 559
2013	142 317	4.57%	135 811

结果分析：通过对图 8-5 和表 8-5 分析可以看出，等幅调整该路径上各因素的影响系数，对企业总产值的影响是不同的。其中上调技术含量对生产能力的系数，到 2013 年时，企业总产值由 135 811 亿元增加到 282 358 亿元，增长率为 51.90%，在趋势变化图中为曲线 2，位于最上方；上调生产能力对生产产值变化量的系数，到 2013 年时，企业总产值由 135 811 亿元增加到 172 750 亿元，增长率为 21.38%，在趋势图中为曲线 1；由于新产品产值与技术含量成反比，所以下调新产品产值对技术含量的系数后，2013 年企业总产值由 135 811 亿元增加到 142 317 亿元，增长率为 4.57%，在趋势变化图中为曲线 3。因此，路径一上的关键因素为技术含量。

8.3.2　技术生产能力路径二分析

路径二：企业总产值→工业增加值→全员劳动生产率→生产能力→生产产值变化量。

路径二与路径一有相同之处，都是通过调整该路径上各因素的系数改变生产产值的变化量，从而改变企业总产值。改变的因素主要是工业增加值、全员劳动生产率和生产能力。

在不改变其他因素系数的情况下，将生产能力对生产产值变化量的系数上调 5%，即增加产品的生产能力，从而提高生产产值变化量，增加企业总产值，调整后的仿真结果为曲线 1。

在不改变其他因素系数的情况下，将全员劳动生产率对生产能力的系数上调 5%，即加大生产能力中全员劳动生产率的比重，提高全员劳动生产率的重要性，从而增加企业总产值，调整后的仿真结果为曲线 2。

在不改变其他因素系数的情况下，将工业增加值对全员劳动生产率的系数上调 5%，即企业工业增加值的增加，促进了企业员工积极性，提高了全员劳动生产率，调整后的仿真结果为曲线 3。

在不改变其他因素系数的情况下，初始数据得出的企业总产值仿真曲线为曲线4。

运行调整后的技术生产能力模型，可得企业总产值变化趋势图（图 8-6）和企业总产值灵敏度表（表8-6）。

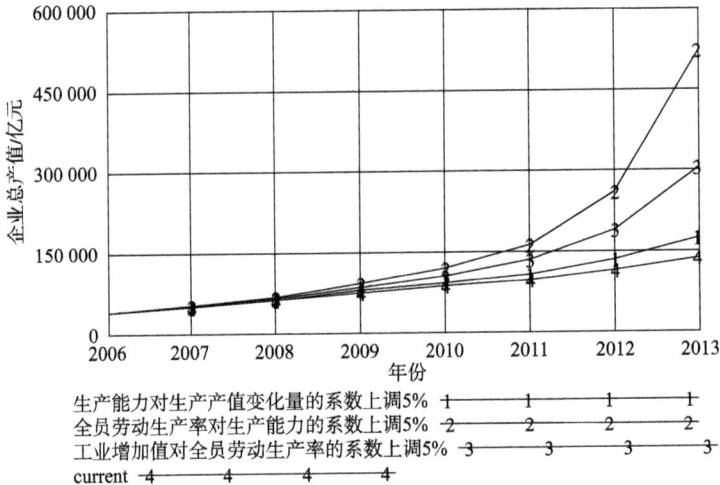

图 8-6　路径二各因素比重变化引起的企业总产值变化趋势图

表 8-6　路径二企业总产值对各因素比重变化的灵敏度

年份	企业总产值			
	曲线 1		曲线 2	
	生产能力对生产产值变化量的系数上调 5%/亿元	增长率	全员劳动生产率对生产能力的系数上调 5%/亿元	增长率
2006	38 780	0	38 780	0
2007	49 290	1.02%	50 983	4.30%
2008	62 112	2.37%	67 372	9.99%
2009	78 068	4.24%	90 756	17.63%
2010	91 334	6.55%	117 694	27.48%
2011	107 326	9.84%	162 243	40.36%
2012	132 960	14.59%	259 407	56.22%
2013	172 750	21.38%	520 413	73.90%
年份	曲线 3		曲线 4	
	工业增加值对全员劳动生产率的系数上调 5%/亿元	增长率	原值/亿元	
2006	38 780	0	38 780	
2007	50 213	2.83%	48 790	

续表

年份	曲线 3		曲线 4
	工业增加值对全员劳动生产率的系数上调 5%/亿元	增长率	原值/亿元
2008	64 946	6.63%	60 643
2009	84 761	11.80%	74 758
2010	104 888	18.63%	85 352
2011	134 197	27.89%	96 770
2012	189 436	40.05%	113 559
2013	304 342	55.38%	135 811

结果分析：通过图 8-6 和表 8-6 分析可以看出，等幅调整该路径上各因素的影响系数，对企业总产值的影响是不同的。其中上调全员劳动生产率对生产能力的系数，到 2013 年时，企业总产值由 135 811 亿元增加到 520 413 亿元，增长率为 73.90%，在趋势变化图中为曲线 2，位于最上方；增加工业增加值对全员劳动生产率的系数后，2013 年企业总产值由 135 811 亿元增加到 304 342 亿元，增长率为 55.38%，在趋势变化图中为曲线 3，位于曲线 2 的下方；接下来是生产能力对生产产值变化量的影响，在趋势变化图中为曲线 1。因此，路径二上的关键因素为全员劳动生产率，同时工业增加值对企业总产值的影响也很大。

综上所述，通过对图 8-5、图 8-6 和表 8-5、表 8-6 的分析可知，在两条路径中，路径二对企业总产值的影响较大，企业总产值增长率分别为 21.38%、73.90% 和 55.38%，增长率均超过 50%。在路径一中，技术含量对企业总产值的影响较大，增长率为 51.90%，其次是生产能力，增长率为 21.38%，新产品产值对其影响较小，增长率为 4.57%，因此路径二为关键路径。

8.4　技术成果商业化能力路径的灵敏度分析

通过对图 7-22 的分析可以看出影响企业利润总额的主要两条反馈回路，以下分别对每一条回路进行灵敏度分析，找出其中对利润总额影响最大的关键因素和关键路径，为制造业转型升级与技术创新协同发展路径做铺垫。

8.4.1　技术成果商业化能力路径一分析

路径一：企业利润总额→新产品开发经费→创新产品附加值→技术 R&D 效

益→主营业务收入→销售收入变化量。

路径一主要是通过改变各影响因素的系数，改变销售收入变化量，从而引起利润总额的变化。改变的因素有新产品开发经费、创新产品附加值、技术 R&D 效益及主营业务收入的系数。

在不改变其他因素系数的情况下，将主营业务收入对销售收入变化量的系数上调 1%，即增加主营业务收入，从而使销售收入变化量增加，使企业获得更多的利润，调整后的仿真结果为曲线 1。

在不改变其他因素系数的情况下，将技术 R&D 效益对主营业务收入的系数上调 1%，即提高技术 R&D 效益在主营业务收入中的比例，企业获得更多利润，从而提高企业对技术 R&D 的重视程度，调整后的仿真结果为曲线 2。

在不改变其他因素系数的情况下，将创新产品附加值对技术 R&D 效益的系数上调 1%，即产品拥有更多的附加值，其对技术 R&D 效益的影响也越来越大，从而激发企业更多收入，增加利润，调整后的仿真结果为曲线 3。

在不改变其他因素系数的情况下，将新产品开发经费对创新产品附加值的系数上调 1%，即加大新产品开发经费的投入，企业获得更多的创新产品附加值，增加新产品的价值，从而获得更多的市场及更多利润，调整后的仿真结果为曲线 4。

初始数据得出的利润总额仿真曲线为曲线 5。

运行调整后的技术成果商业化能力模型，可得利润总额变化趋势图（图 8-7）和利润总额灵敏度表（表 8-7）。

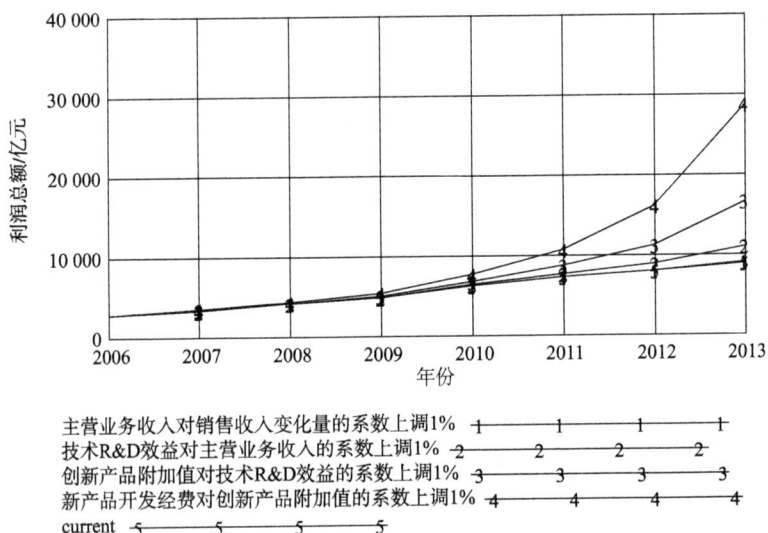

图 8-7 路径一各因素比重变化引起的利润总额变化趋势图

表 8-7 路径一利润总额对各因素比重变化的灵敏度

利润总额

年份	曲线 1		曲线 2	
	主营业务收入对销售收入变化量的系数上调 1%/亿元	增长率	技术 R&D 效益对主营业务收入的系数上调 1%/亿元	增长率
2006	2 633	0	2 633	0
2007	3 321	0.01%	3 326	0.18%
2008	4 101	0.02%	4 122	0.52%
2009	4 753	0.06%	4 807	1.18%
2010	6 268	0.11%	6 407	2.27%
2011	7 336	0.22%	7 676	4.65%
2012	8 041	0.48%	8 867	9.75%
2013	8 993	1.05%	11 010	19.18%

年份	曲线 3		曲线 4		曲线 5
	创新产品附加值对技术 R&D 效益的系数上调 1%/亿元	增长率	新产品开发经费对创新产品附加值的系数上调 1%/亿元	增长率	原值/亿元
2006	2 633	0	2 633	0	2 633
2007	3 342	0.64%	3 373	1.58%	3 320
2008	4 177	1.84%	4 293	4.50%	4 100
2009	4 956	4.16%	5 271	9.89%	4 750
2010	6 790	7.78%	7 605	17.66%	6 261
2011	8 621	15.10%	10 645	31.24%	7 319
2012	11 164	28.32%	16 115	50.34%	8 002
2013	16 624	46.47%	28 748	69.05%	8 898

结果分析：通过对图 8-7 和表 8-7 进行分析可以看出，等幅调整该路径上各因素的影响系数，对利润总额的影响是不同的。其中将新产品开发经费对创新产品附加值系数上调 1%，到 2013 年，企业利润总额由 8 898 亿元增加到 28 748 亿元，增长率为 69.05%，在趋势变化图中为曲线 4，位于最上方；增加创新产品附加值对技术 R&D 效益的系数后，2013 年企业利润总额由 8 898 亿元增加到 16 624 亿元，增长率为 46.47%，在趋势变化图中为曲线 3，位于曲线 4 的下方；上调技术 R&D 效益对主营业务收入的系数，2013 年企业利润总额由 8 898 亿元增加到 11 010 亿元，增长率为 19.18%，在趋势变化图中为曲线 2；调节主营业务收入对销售收入变化量的系数后，2013 年企业利润总额由 8 898 亿元增加到 8 993 亿元，

增长率为 1.05%，几乎与原值重合。因此，路径一上的关键因素为新产品开发经费，同时创新产品附加值对企业利润总额的影响也很大。

8.4.2 技术成果商业化能力路径二分析

路径二：企业利润总额→新产品开发经费→企业创新花费→总成本→成本变化量。

路径二主要是各因素的系数降低 1%，从而减小成本变化量，使企业利润增加。该路径上改变的因素是新产品开发经费、企业创新花费及总成本的系数。

在不改变其他因素系数的情况下，将企业总成本对成本变化量的系数下调 1%，降低企业的总成本，使成本变化量减小，从而使企业利润增加，调整后的仿真结果为曲线 1。

在不改变其他因素系数的情况下，将企业创新花费对总成本的系数下调 1%，即降低创新花费在总成本中的比例，使总成本变小，从而使利润增加，调整后的仿真结果为曲线 2。

在不改变其他因素系数的情况下，将新产品开发经费对企业创新花费的系数下调 1%，即降低企业新产品开发经费，从而使企业创新花费整体变少，企业总成本变少，调整后的仿真结果为曲线 3。

初始数据得出的利润总额仿真曲线为曲线 4。

运行调整后的技术成果商业化能力模型，可得利润总额变化趋势图（图 8-8）和利润总额灵敏度表（表 8-8）。

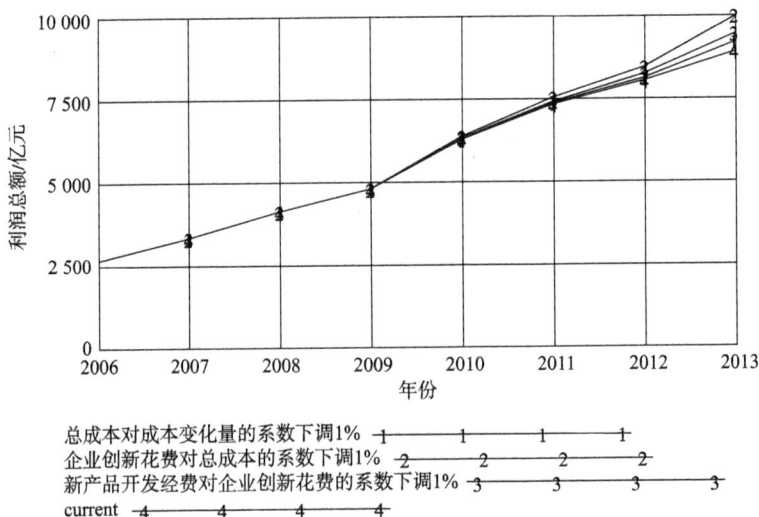

图 8-8 路径二各因素比重变化引起的利润总额变化趋势图

表 8-8　路径二利润总额对各因素比重变化的灵敏度

企业总产值

年份	曲线 1		曲线 2	
	总成本对成本变化量的系数下调 1%/亿元	增长率	企业创新花费对总成本的系数下调 1%/亿元	增长率
2006	2 633	0	2 633	0
2007	3 321	0.03%	3 323	0.09%
2008	4 103	0.07%	4 111	0.27%
2009	4 758	0.17%	4 780	0.62%
2010	6 281	0.31%	6 337	1.19%
2011	7 367	0.65%	7 504	2.46%
2012	8 117	1.41%	8 448	5.28%
2013	9 177	3.04%	9 985	10.89%

年份	曲线 3		曲线 4
	新产品开发经费对企业创新花费的系数下调 1%/亿元	增长率	原值/亿元
2006	2 633	0	2 633
2007	3 322	0.05%	3 320
2008	4 106	0.14%	4 100
2009	4 765	0.31%	4 750
2010	6 299	0.60%	6 261
2011	7 411	1.24%	7 319
2012	8 225	2.71%	8 002
2013	9 441	5.75%	8 898

结果分析：通过对图 8-8 和表 8-8 进行分析可以看出，等幅调整该路径上各因素的影响系数，对利润总额的影响是不同的。其中将新产品开发经费对企业创新花费系数下调 1%，到 2013 年时，企业利润总额由 8 898 亿元增加到 9 441 亿元，增长率为 5.75%，在趋势变化图中为曲线 3；下调企业创新花费对总成本的系数后，2013 年企业利润总额由 8 898 亿元增加到 9 985 亿元，增长率为 10.89%，在趋势变化图中为曲线 2，位于最上方；下调总成本对成本变化量的系数后，2013 年企业利润额由 8 898 亿元增加到 9 177 亿元，增长率为 3.04%，在趋势变化图中为曲线 1。三条曲线相差很小，企业利润值变化较小。因此，路径二上的关键因素为企业创新花费。

综上所述，通过对图 8-7、图 8-8 和表 8-7、表 8-8 的分析可知，在两条路径中路径一对企业利润总额影响较大，增长率分别为 1.05%、19.18%、46.47%和 69.05%，而路径二增长率最大为 10.89%，因此路径一为关键路径。

第9章 制造业转型升级与技术创新协同发展路径实现的对策研究

9.1 基于技术创新能力路径实现的对策研究

9.1.1 创新构思能力路径实现对策研究

由第 8 章创新构思能力灵敏度分析可以得，影响创新构思能力的关键路径是：创新构思数量→创新构思立项数→新产品销售收入与开发经费比→创新构思投入→创新频率→创新构思增量，其中关键因素是新产品销售收入与开发经费比。据此，提出以下对策。

（1）建立良好的企业创新氛围。企业鼓励员工不断提出好的创新构思，激发全体员工的创造性思维，不断收集企业内外部的创新构思。提出正确丰富的创新构思主要依赖于 R&D 和影响部门间、顾客和外部机构之间连续和多方向的信息流。

（2）增加构思立项的数量并提高其质量，建立一套科学的构思过滤机制。以利润为目标对构思进行评价筛选，建立一套科学的构思过滤准则和评价机制。根据技术可行性和市场潜力，进行构思立项。选择真正优秀的构思。

通过第 5 章复合 DEA 的分析可以看出，辽宁在 2013 年的创新构思能力投入产出效率比达到最高。这主要取决于以下两点：①辽宁拥有众多高校，为企业输送了大量科技人才，在创新计划执行情况的分析中，已经有 55 所大学与辽宁重点产业集群实现对接，创新综合能力持续增强。②辽宁加大了创新资金投入力度，取得了很好的经济效益。辽宁正从传统老工业基地向创新型省份转型。

江苏具有较好的经济基础和科研条件，科技进步在经济增长中的贡献份额相对更大，在中国，江苏在新产品销售收入与开发经费比上投入产出效率比例达到最高。这主要取决于以下几点：①产学研结合紧密，科技成果转化较快。江苏拥有南京大学、东南大学等一大批国家"985工程"、"211工程"全国重点高校及各领域的科研机构，具有较强的科技实力，这也为江苏传统工业企业走产学研合作道路提供了保障。②江苏 R&D 力度逐年增强。政府、工业企业和金融机构不断调整各项创新决策，为科技创新企业提供有效的资金支持。③江苏注重科技人力的有效配置，不断提升科技人员质量。江苏科技人力投入数量居于全国前列，普通人才供给已经相当充足，而苏南和苏中地区更是聚集丰富的 R&D 人员、科学技术研究者及顶尖人才。

9.1.2　技术 R&D 能力路径实现对策研究

由第 8 章对技术 R&D 能力灵敏度的分析可得，影响技术 R&D 能力的关键路径是：技术 R&D 成果数量→技术 R&D 效益→主营业务收入→技术获取与技术改造费用→技术 R&D 投入→技术 R&D 成功率→技术 R&D 投入增量，关键因素是主营业务收入。据此，提出以下对策。

（1）建立人才培育和激励机制。对于企业的转型升级，高素质人才是企业获得竞争力和持续发展的根本动力，技术 R&D 成果的多少取决于高素质人才的能力高低，企业要充分发挥 R&D 人才的积极性，增加技术 R&D 成果数量，从而增强技术 R&D 能力。

（2）增强资金实力，形成资金支持系统。资金支持是技术创新能力、R&D 能力的保障，完善的资金支持系统对于制造业的转型升级的成功尤为重要。资金支持系统的形成需要一定的财政金融援助手段。第一，对符合条件的企业发行项目债券，发挥中央和地方财政的信用功能；第二，给予一定数量的政府直接投资；第三，鼓励银行提高对制造业转型升级的贷款力度。

（3）加强技术引进及技术获取与技术改造费用。合理地利用现有的先进技术，有助于降低技术开发活动的风险，减少企业 R&D 的成本，提高技术 R&D 成功率。制造业的自主 R&D 活动，需要大量的人力、物力、财力的投入，而且技术变革日新月异使得自主开发的代价颇高。因此，引进国外发达先进而适用的技术，对于中国现阶段整体技术创新能力比较弱的现实来说是经济、有效和可行的方式。与此同时，通过第 5 章复合 DEA 的分析可以看出，河南在 2013 年的 R&D 能力投入产出效率比和技术成果商业化能力投入产出效率比达到最高，这主要取决于以下几点：①"十一五"以来，河南共获得国家科技奖励 49 项，申请专利数量总量比"十一五"末增长 105%、专利授权总量比"十一五"末增长 144%；②创新主体不断壮大。全省拥有省级 R&D 中心 690 家，国家级 R&D 中心 45 家；③河南制定了一系列促进科技创新的政策，创新环境逐步优化，出台了一批加快科技创新的重大措施。

9.1.3　技术生产能力路径实现对策研究

由第 8 章技术生产能力灵敏度分析可以得出，影响技术生产能力的关键路径是：企业总产值→工业增加值→全员劳动生产率→生产能力→生产产值变化量，其中关键因素为全员劳动生产率。由于全员劳动生产率为中间变量，影响它的变量主要是工业增加值和企业职工人数，据此，提出以下对策。

（1）加强生产制造环节的配套能力建设，提高企业总产值。工艺技术与装备能力决定制造能力。制造业应加强相关工艺技术的改进，和装备能力共同促进生产能力的提高，从而提高企业总产值。

（2）优化技术工人结构。通过第 5 章复合 DEA 的分析可以看出，2013 年河北的技术生产能力投入产出效率比达到最高。河北已经确定了"打造沿海经济隆起带，建设沿海经济社会发展强省"的发展战略。高效率投入产出来自于其区位优势，河北环抱京津，把发展和振兴制造业融入京津冀产业发展的大格局中。

9.1.4　技术成果商业化能力路径实现对策研究

（1）不断营销创新，提升持续商业化能力，获得持久的产品利润。营销创新要求制造业具备弹性的思维模式，制造业应随着消费者需求而变化，应随市场变化而变化。灵活的营销创新能力能够保证企业获得持久利润，企业内部营销机构及时调整营销策略，从而进一步提高技术成果商业化的能力。

（2）加大新产品科研经费的投入。提高中国企业技术成果商业化能力，提高市场竞争力，就必须加大对制造业新产品科研经费的投入力度。

与此同时，通过第 3 章复合 DEA 的分析可以看出，河南在 2013 年的技术成果商业化能力投入产出效率比达到最高，前文已有介绍，此处不再赘述。

2015 年山东政府工作报告中对转型升级提出了以下政策：一是介绍打破行政垄断。政府要把该放的放到位，该管的管到位。二是广泛开展行业对标挖潜活动，加快缩小与国内外标杆企业的差距。三是大力推进标准建设。四是发挥企业家作用。五是鼓励市场化兼并重组，实现企业再生和产业升级。

9.2　"工业 4.0"时代下实现"中国制造 2025"

"工业 4.0"时代给中国传统工业发展带来机遇，中国制造业转型升级可以从中国特色新型工业化道路、信息技术与工业技术紧密结合、产业技术创新联盟建设、绿色低碳发展等方面采取一些对策及措施。

第一，推动技术创新和市场拓展，联合科研实力雄厚的大学和科研机构，以行业骨干企业为龙头，组建多种形式的产业技术创新联盟，依靠科技创新探索制造业升级路径。

第二，坚持走中国特色新型工业化道路。以提质增效为中心，以推进智能制造为主攻方向，以加快新一代信息技术与制造业融合为主线，强化工业基础能力，完善多层次人才体系，提高综合集成水平，促进产业转型升级，实现制造业由大变强的历史跨越。

第三，加快推动高技术产业和战略性新兴产业的发展，优化产业结构。在调整产业结构转型的过程中，突破制约产业结构升级的关键环节。

9.3 "互联网+"时代下制造业的发展对策研究

互联网与制造业的融合成为工业化与信息化深度融合最活跃的新方向，各种新模式、新业态层出不穷。但互联网行业与传统制造业，是两种价值观、两种思维方式、两种文化的问题。"互联网+制造业"是一项系统工程，需要充分发挥企业、政府、社会机构的推动作用。

1）给予资金扶持和政策导向

互联网在企业的应用需要一个过程，对于传统制造企业来说，"互联网+制造业"计划的实施是企业管理者理念的变革、制造企业生产经营的变革，政府需要在一定程度上对实施互联网计划的企业给予一定的资金与政策的扶持。

2）制定实施"互联网+"战略规划

"互联网+制造业"计划的实施需要政府制定合理的产业战略规划。应从信息化应用状况、产业发展现状、信息技术需求度等方面综合评价，预测信息技术的应用效果，分析产业与信息技术融合的可行性，从而选取重点企业、重点信息，根据实际效果的不同，对计划予以改进、推广、实施。

3）将信息技术全面应用于制造业的每个环节

当今，互联网技术对制造业转型升级与技术创新的影响范围更加广泛，这就要求制造业企业改变制造业的生产、管理、经营模式。在产品的 R&D、构思、生产、制造、商业化等过程全面融入信息技术，使制造业产业链合理延伸，将信息技术与后续产品服务及前期个性化定制生产相结合，既控制了成本，又增加了利润，有效地提升了制造业企业的竞争力。

9.4　借助"一带一路"倡议走出去

根据"一带一路"沿线各国产业发展特点，积极响应并融入"一带一路"建设，创新合作模式，利用境外园区这一新的平台，迅速扩大与沿线国家的产业对接与合作，加快"一带一路"建设，利用产业集聚特点和平台优势。借助"一带一路"平台，加强自主营销、成本控制、应对商业危机方面能力，实现自主品牌"走出去"战略，加大市场开拓力度。

充分发挥人才优势、技术优势、产能优势、竞争力较强的优势，抓住新兴市场之间产业加快转移形成上下游产业链分工的机遇，通过链条式转移、园区化经营、集群式发展、设立 R&D 中心等方式，抢占价值链、产业链的高端。

9.5　提高制造业创新管理能力

管理是制造业重要的生产力，是全面提升制造业转型升级与技术创新协同发展的先决条件。本书认为制造业管理创新活动是协调、指引其他创新活动的重要保障。

一是从制造业内部制度建设方面着手，加强组织制度、管理制度、产权制度和制造业转型升级与协同发展文化等因素，鼓励员工大胆尝试，尊重员工创造性思维，强调以人为本，重视人才主观能动性的巨大作用。

二是实施企业营销创新战略。一方面，为及时掌握顾客需求动向，制造业应强化营销部门与产品 R&D 部门的协调与交流，快速抢占市场，从而有效缩短产品市场商业化周期时间。另一方面，制造业营销部门不仅要关注货款回收速度和销售额，更应该加强对产品信息关注的做法和观念。

三是实施战略管理，管理人员应制定出战略目标并实施，从制造业外部角度来综合分析并预测其拥有的各种有形与无形资源，以市场需求为导向，立足长远实现制造业的长期、稳定、可持续发展。

9.6　制造业技术创新与营销创新协同作用提升对策研究

根据前文对我国制造业现状及创新协同作用的相关分析，本节就如何提升技术创新与营销创新协同产出，进而促进企业整体绩效的提升，提出具有针对性的建议。

9.6.1 不同生命周期的制造业创新协同管理对策

通过前文对不同生命周期阶段企业技术创新与营销创新协同动力导向机制的分析可以看出，有效解决技术与营销创新体系时间不适应问题的手段就是资源共享、求同存异，使技术创新与营销创新互补、共赢。

1）初生阶段技术创新与营销创新协同管理策略

初生阶段制造业技术创新与营销创新协同作用的影响因素主要集中在环境层次方面。出生阶段，企业技术创新的主要目标是寻找有市场前景的产品，以填补市场的空白。利用领导者的创新意识、R&D人员的研究能力、政府的资金支持等手段进行新产品的R&D，力争研制出功能创新或是形式创新的产品，满足部分消费者的需求或为消费者提供更加便利的服务，为企业的不断发展奠定基础。出生阶段是靠技术创新取胜的，利用技术创新获得竞争优势，让企业获得一定的市场地位，保证自己的生存。出生阶段新产品的推广离不开市场营销。但是，出生阶段营销的目的主要是宣传，由于企业资金的限制，对营销创新的投入相对较少，营销的手段比较简单，营销方式上创新性不强，因此，出生阶段企业营销创新的产出不显著。

出生阶段是技术创新与营销创新的协同度最低的阶段，所以协同创新策略在该阶段正向促进作用是比较明显的。以新产品为核心，把握企业的营销策略，进而根据产品特点，不断创新营销策略。

因此，建议企业在出生阶段，时刻关注外部环境的变化，在关注政府对本行业支持力度的同时，深入分析市场需求与市场竞争情况。深入调研细分市场需求，加大技术创新，调整资源侧重于营销创新。

2）成长阶段创新协同管理策略

成长阶段，技术创新活动的工作重点是确保产品质量与竞争优势，充分运用企业的各种资源，提高产品的性价比与客户满意度，逐渐建立企业品牌与企业信誉。这一阶段，替代品逐渐出现，市场竞争加大，企业仅仅进行技术创新并不能获得最大产出，因此营销创新的作用开始凸显。在创新营销方式推广企业产品的同时，企业又要反过来通过营销过程中的市场反馈，不断改进技术创新。

成长阶段技术创新与营销创新的协同程度要高于初生阶段，技术创新与营销创新之间越来越适应，二者的互相促进作用越来越明显。因此，本阶段企业协同管理的重点是如何在企业高效运行的过程中，优化资源配置，通过营销创新过程中的市场反馈推动产品的技术创新。

因此，建议企业在成长阶段重点关注个体层次要素对技术创新与营销创新协同的影响，提高信息化程度；充分发挥领导者的管理能力，如领导者可以经常参加行业的相关调研与论坛活动，保持对市场的敏感度；加大创新活动的投入力度；保证企业的高素质人才供给等。

3）成熟阶段创新协同管理策略

成熟阶段，企业技术创新的重点不再是提供新产品，而是要提供与新产品配套的相关服务，充分挖掘客户的需求，不断改进产品。经过成长阶段后，企业已经具有相当的规模，企业品牌和企业信誉也已经树立，较少技术改进的产品在维持企业正常运营的同时，仍可为企业带来可观的效益，因此该阶段企业技术创新的动力逐渐降低。制造业的一大特点是企业实施订单化生产，成长阶段固定客户的积累，加之企业品牌与企业信誉的不断形成，对营销创新的投入会适当减少。经历出生与成长阶段后，企业技术创新与营销创新的协同度在成熟阶段达到更高水平，虽然技术创新与营销创新的强度有所降低，但技术创新与营销创新之间的相互适应性良好，资源共享程度高，更大程度地发挥相互促进作用。

因此，建议企业在成熟阶段重点关注组织层次要素对技术创新与营销创新协同的影响，降低企业高素质人才的流失，维持良好的企业运营状况，用高质量的产品与服务树立良好的企业信誉，进一步引导技术创新与营销创新的协同发展，以尽可能地延长良性发展的成熟阶段。

4）转型阶段创新协同管理策略

企业在转型阶段开始利用丰富的资源实施全面创新战略，但该阶段不能持续太长时间，这就要求企业提高创新活动的效率，在尽可能短的时间内完成技术创新与营销创新的升级。

由于转型阶段的特殊性，企业要提高技术创新与营销创新的协同作用不得不同时关注各个层次的影响因素。在降低企业高素质人才流失的同时，增加领导者外部学习的机会，充分发挥企业管理者的创新意识；提高创新活动中资金利用的效率；充分利用区域提供的创新机会与相关服务政策，进一步挖掘市场潜力，在最短的时间内，高效利用企业资源，提高企业创新的效率。

综合以上分析可以看出，制造业不同生命周期的技术创新与营销创新协同作用的关键路径是不同的，因此，企业要想提高技术创新与营销创新协同作用对企业绩效的贡献，应结合本企业所处的生命周期的特定阶段，有针对性地加大某一层次或者某几个层次指标的投入，以提高企业的投入产出率，降低企业成本。

9.6.2　制造业成熟阶段的良性延长

成熟阶段的企业规模较大，在市场竞争中处于优势地位。在企业管理方面，完善的制度保障与迎合当下企业发展的组织结构容易使企业安于现状，导致企业的创新停滞不前，进而落后于市场发展。通过前文对制造业不同生命周期阶段创新协同特点的讨论发现，成熟阶段制造业技术创新与营销创的协同度要高于出生与成长阶段，有效的创新协同对成熟阶段企业的效益有积极作用。

技术创新与营销创新协同方式的综合利用。当管理者发现企业当前状况不足以应对外部环境的变化时，必然会以预期利润为目标，寻找应对市场变化的新方法。在推动企业创新行为时，由于环境的不确定性、管理者自身认知的局限性、企业掌握信息的有限性，短时间内搜寻应对市场变化的新方法将会面临很高的成本。此时，之前技术创新与营销创新协同实现的客观存在，能够为管理者的战略决策节约时间和成本。

根据市场导向来调整技术创新与营销创新的协同作用方式。企业创新活动的协同随着企业内外部环境的变化而变化，创新协同的动力主要是战略规划与市场需求。内部规划是指企业的利润需求与不断发展的需求；外部市场来源于消费者的需求。企业创新协同必须与市场需求相结合，R&D、生产符合市场需求的产品与服务，才会最大限度地发挥协同作用。因此，在坚持企业战略规划的基础上，成熟阶段的良性延长必须实施以市场为导向的技术创新与营销创新的协同创新方式。

9.6.3　制造业转型阶段的加速推进

当前，我国制造业特别是传统制造业产能过剩严重，仅仅依靠产品创新的技术创新不再是提升制造业优势地位的主要途径，而加快制造业向智能化、绿色化，向服务业的转型升级才是改变现状的主要途径。

1）加速推进智能制造

在加速推进智能制造的过程中，在R&D、生产、销售等各个环节中充分发挥技术创新与营销创新的协同作用，让技术符合并满足市场需求；整合资源，通过创新协同提高资源有效利用率。除了企业内部技术创新与营销创新的协同外，企业也可以加强与外部企业、科研院所、高校等的协作，成立制造业智能制造协作联盟。

2）加速推进绿色发展

绿色发展理念逐渐成为各行各业的发展共识，节能、环保、可循环利用的绿色创新在降低资源消耗和环保方面的优势，符合经济社会可持续发展的要求，对制造业的发展产生极大的吸引力。

从近几年我国对生态环境的整治力度来看，绿色发展不仅仅是对环保制造业的要求，更是对整个制造业的要求，绿色设计、绿色制造、绿色供给、绿色服务，力求绿色开展制造业的各个环节，以实现经济社会的可持续发展，促进持续健康发展，实现有效供给。

3）打造高附加值的制造业

在同质化竞争日趋激烈和供大于求的全球市场环境下，仅提供产品的企业将会逐渐失去竞争优势，制造业产业价值链的高端逐渐向 R&D 和产品运营维护等服务转移，制造业开始向提供产品外的相关服务转化。产品与服务相互渗透融合的制造业更是如此，向服务型的转型升级是大势所趋，不断提高产品的附加值是增加竞争优势的必备砝码。

价值链的转型升级也是促进企业转型升级的重要途径，附加值质量的改善是国民经济提质的关键。在技术创新与营销创新协同过程中，知识和技术对增加企业 R&D、设计环节附加值的贡献较大；管理对增加企业营销创新附加值的贡献较大。因此，打造高附加值的制造业首先要理清本企业所处的生命阶段，以影响创新协同的关键因素为中心，增加产品附加值，进而推进企业的转型升级。

参 考 文 献

白海青，毛基业. 2011. 影响ERP成功应用的关键因素因果模型——上线后的视角[J]. 管理世界，
　　（3）：102-111.

白小涛，李为吉. 2006. 利用协同优化方法实现复杂机械系统的设计优化[J]. 机械设计，
　　（3）：31-34.

毕克新，郭文刚. 2004. 中小企业技术创新社会化服务体系中外比较[J]. 中国软科学，（1）：
　　93-98.

毕克新，孙德花. 2010. 制造业企业产品创新与工艺创新协同发展博弈分析[J]. 管理评论，
　　（5）：104-111.

博西迪 L，查兰 R. 2003. 执行：如何完成任务的学问[M]. 刘祥亚译. 北京：机械工业出版社.

蔡莉，葛宝山，朱秀梅，等. 2007. 基于资源视角的创业研究框架构建[J]. 中国工业经济，
　　（11）：96-103.

蔡希贤，史焕伟. 1995. 技术创新扩散及其模式研究[J]. 科研管理，（6）：22-26.

陈传明，张敏. 2005. 企业文化的刚性特征：分析与测度[J]. 管理世界，（6）：101-106.

陈光，方新. 2014. 关于科技政策学方法论研究[J]. 科学学研究，（3）：321-326.

陈国权，马萌. 2000. 组织学习——现状与展望[J]. 中国管理科学，（1）：66-74.

陈剑辉. 2005. 基于多智能代理决策系统的建设项目协同管理问题研究[J]. 广东电力，18（4）：
　　12-16.

陈金贤，杨凤林. 1996. 贸易战略与经济增长——基于海峡两岸的比较研究[J]. 陕西师范大学学
　　报（哲学社会科学版），（10）：20-25.

陈劲，朱朝晖. 2003. 我国企业技术创新国际化的资源配置模式研究[J]. 科研管理，（5）：
　　76-83.

陈劲，王方瑞. 2005. 突破全面创新：技术和市场协同创新管理研究[J]. 科学学研究，（12）：
　　249-254.

陈劲，陈钰芬. 2006. 开放创新体系与企业技术创新资源配置[J]. 科研管理，（5）：1-8.

陈劲，张炯. 2008. 打造高绩效中层管理队伍初探[J]. 浙江理工大学学报，（4）：488-492.

陈劲，郑刚. 2013. 创新管理：赢得持续竞争优势[M]. 第二版. 北京：北京大学出版社.

陈劲，吴航，金珺. 2012. 企业如何实施开放式创新：组织变革的视角[J]. 中国地质大学学报

（社会科学版），（1）：74-80.

陈文化，彭福扬. 1998. 关于创新理论和技术创新的思考[J]. 自然辩证法研究，（6）：37-41.

程源，傅家骥. 2002. 企业技术战略的理论构架和内涵[J]. 科研管理，（5）：75-80.

池仁勇. 2003. 企业技术创新效率及其影响因素研究[J]. 数量经济技术经济研究，（6）：
　　105-108.

党兴华，成泷，魏龙. 2016. 技术创新网络分裂断层对子群极化的影响研究——基于网络嵌入
　　性视角[J]. 科学学研究，（5）：781-793.

邓寿鹏. 1996. 中国企业技术创新政策基础及实证研究——福建、甘肃工业企业技术创新调查
　　总报告[J]. 管理世界，（2）：120-129.

段成. 2013. 基于SD的组织知识创造能力仿真分析与对策[D]. 沈阳师范大学硕士学位论文.

段小芳. 2008. 运用系统动力学对三种产业结构调整方案结果的预测研究——以武汉市为例[D].
　　华中科技大学硕士学位论文.

冯根福，温军. 2008. 中国上市公司治理与企业技术创新关系的实证分析[J]. 中国工业经济，
　　（7）：91-101.

傅家骥. 1998. 技术创新学[M]. 北京：清华大学出版社.

傅家骥，仝允桓，高建. 1998. 技术创新学[M]. 北京：清华大学出版社.

傅家骥，雷家骕，程源. 2003. 技术经济学前沿问题[M]. 北京：经济科学出版社.

龚三乐. 2009. 产业集群对全球价值链内企业升级的影响[J]. 经济与管理，（4）：42-45.

龚三乐. 2011. 全球价值链内企业升级动力实证研究[J]. 求索，（7）：11-13.

辜胜阻，杨威. 2011. "十二五"时期中小企业转型升级的新战略思考[J]. 江海学刊，（5）：
　　81-88.

顾新一，许庆瑞，陈劲，等. 1993. 技术创新的财政、金融政策与量化分析模型[J]. 管理工程学
　　报，（3）：133-140.

关士续. 2002. 区域创新网络在高技术产业发展中的作用——关于硅谷创新的一种诠释[J]. 自然
　　辩证法通讯，（2）：30，51-54.

官建成，王军霞. 2002. 创新型组织的界定[J]. 科学学研究，（3）：319-322.

官建成，陈凯华. 2009. 我国高技术产业技术创新效率的测度[J]. 数量经济技术经济研究，
　　（10）：19-33.

郭丽凤. 2012. 辽宁高端装备制造业技术创新的影响因素与对策研究[D]. 沈阳工业大学硕士
　　学位论文.

国家统计局，国家发展和改革委员会. 2016a. 2016中国统计年鉴[M]. 北京：中国统计出版社.

国家统计局，国家发展和改革委员会. 2016b. 2016工业企业科技活动统计年鉴[M]. 北京：中国
　　统计出版社.

哈肯 H. 2001. 协同学——大自然构成的奥秘[M]. 凌复华译. 上海：上海译文出版社.

韩立丰，王重鸣. 2011. 基于创业视角的组织变革与市场过程研究[J]. 南开管理评论，（5）：

74-82.

侯经川，姜彦福. 2004. 比较优势与赶超战略[J]. 公共管理学报，（4）：65-72.

侯润秀，官建成. 2006. FDI对我国大中型工业企业技术创新能力的影响[J]. 研究与发展管理，（3）：59-65.

黄恒学. 1992. 论技术创新与需求创新[J]. 科技进步与对策，（5）：42-44.

黄擎明，蔡宁. 1994. 技术创新、企业与企业家[J]. 软科学，（3）：40-46.

黄席樾，刘卫红，马笑潇，等. 2002. 基于Agent的人机协同机制与人的作用[J]. 重庆大学学报，（9）：32-35.

霍国庆. 2002. 企业战略信息管理的理论模型[J]. 南开管理评论，（1）：55-59.

贾蔚文，金履忠. 2000. 若干重点产业技术创新战略设想[J]. 宏观经济研究，（1）：29-33.

蒋春燕，赵曙明. 2006. 社会资本和公司企业家精神与绩效的关系：组织学习的中介作用——江苏与广东新兴企业的实证研究[J]. 管理世界，（10）：90-99.

金占明，刘静国. 2004. 关于国内企业电子商务战略的实证研究[J]. 清华大学学报（哲学社会科学版），（5）：78-85.

雷家骕，施晓江. 2007. 中国技术创新学术研究18年述评（上）[J]. 中国青年科技，（9）：51-57.

李柏洲，李海超. 2004. 层次分析法在高新技术企业成长力评价中的应用[J]. 高科技与产业化，（9）：17-19.

李彬. 2008. 管理系统的协同机理及方法研究[D]. 天津大学硕士学位论文.

李华. 2015. 城市应急指挥系统效能综合评价研究[D]. 西安科技大学博士学位论文.

李维安. 2001. 国际经验与企业实践制定适合国情的中国公司治理原则[J]. 南开管理评论，（1）：4-8.

李响，李为吉. 2004. 利用协同优化方法实现复杂系统分解并行设计优化[J]. 宇航学报，（3）：300-304.

李新春. 1996. 国家在技术创新与经济增长中的作用[J]. 科学管理研究，（4）：22-26.

李兴宽. 2010. 基于持续创新动力、能力、绩效的创新型企业评价研究[D]. 昆明理工大学博士学位论文.

李元旭. 2001. 电子商务的交易费用基础和发展障碍[J]. 预测，（4）：4-6，27.

李元旭，谭云清. 2010. 国际服务外包下接包企业技术创新能力提升路径——基于溢出效应和吸收能力视角[J]. 中国工业经济，（12）：66-75.

李垣，陈浩然，赵文红. 2008. 组织间学习、控制方式与自主创新关系研究——基于两种技术差异情景的比较分析[J]. 科学学研究，（1）：199-204.

李媛，关士续. 2007. 品牌价值与创新的时间过程模型[J]. 生产力研究，（3）：10-11，50.

林忠，鞠蕾，孙灵希. 2009. 中日韩中小企业技术创新环境比较研究[J]. 经济社会体制比较，（6）：162-167.

刘国新，张巍. 2016. 非核心企业参与分布式创新网络的风险识别[J]. 武汉理工大学学报（信息与管理工程版），（3）：281-284.

刘明广. 2006. 复杂群决策系统协同优化方法研究[D]. 天津大学博士学位论文.

刘明周，李军鹏，张铭鑫，等. 2005. 基于协同管理模式的企业员工招聘模型研究[J]. 合肥工业大学学报（自然科学版），28（5）：550-553.

刘文光. 2012. 区域科技创业生态系统运行机制与评价研究[D]. 天津大学博士学位论文.

刘翔. 2006. 智能协同管理模式研究[J]. 太原理工大学学报（社会科学版），（3）：10-14.

刘友金. 2003. 企业技术创新论[M]. 北京：中国经济出版社.

柳卸林. 2008. 全球化、追赶与创新[M]. 北京：科学出版社.

罗森伯格 N. 2004. 探究黑箱：技术、经济学和历史[M]. 王文勇，吕睿译. 北京：商务印书馆.

毛蕴诗，郑泳芝，叶智星. 2016. 从ODM到OBM升级的阶段性选择[J]. 技术经济与管理研究，（2）：45-51.

孟范祥. 2010. 组织惯性对企业组织变革影响机理及系统动力学模型研究[D]. 北京交通大学博士学位论文.

莫洁. 2010. 黑龙江省装备制造企业营销创新能力研究[D]. 哈尔滨工程大学硕士学位论文.

潘安成. 2006. 基于组织适应力与战略选择协同演化的企业持续成长研究[D]. 东南大学博士学位论文.

潘开灵，白烈湖. 2006. 管理协同理论及其应用[M]. 北京：经济管理出版社.

潘开灵，白列湖. 2006. 管理协同机制研究[J]. 系统科学学报，（1）：45-48.

彭志高. 2007. 基于SD的制造业企业供应链网络仿真模型及应用研究[D]. 哈尔滨理工大学硕士学位论文.

齐建国. 2014-01-10. 雾霾的技术经济学分析[N]. 中国社会科学报，A04.

覃征，汪应洛，张磊，等. 2001. 网络企业管理[M]. 西安：西安交通大学出版社.

屈贤明. 2002. 装备制造业的振兴和产品创新[J]. 中国机械工程，（4）：282-284.

饶扬德，宋红霞. 2006. 基于资源整合的企业技术能力提升机理研究[J]. 科学管理研究，（6）：9-12.

任金玉，王辉，张翠华. 2005. 浅议供应链协同管理[J]. 冶金经济与管理，（3）：18-20.

司春林，孙鲁峰，赵明剑. 2003. 创新流程与创新模式[J]. 研究与发展管理，（3）：22-26.

孙冰，赵健. 2011. 技术创新协同研究综述[J]. 情报杂志，30（11）：76-81.

谭力文，马海燕，刘林青. 2008. 服装产业国际竞争力——基于全球价值链的深层透视[J]. 中国工业经济，（10）：64-74.

唐方成. 2010. 新技术的商业化战略[M]. 北京：经济科学出版社.

仝允桓，戴浩. 1995. 企业核心能力与技术创新[J]. 经济管理，（6）：33-36.

汪建成，毛蕴诗. 2007. 技术引进、消化吸收与自主创新机制[J]. 经济管理，（3）：22-27.

王君华. 2006. 基于系统协同管理的概念模型[J]. 经济师，（9）：212-213.

王其藩. 1994. 系统动力学[M]. 北京：清华大学出版社.

王谦，张子刚. 2003. 企业并购中的协同机制研究[J]. 企业经济，（7）：21-22.

王婷. 2011. 传统产业高新技术改造的运行模式与机制研究[D]. 中国海洋大学硕士学位论文.

王益谊，席酉民. 2001. 企业创新管理系统的特征分析[J]. 南开管理评论，（3）：11-14.

王建秀，林汉川，王玉燕. 2013. 企业转型升级文献主题分析——基于英文文献的探讨[J]. 经济问题探索，（12）：177-183.

王玉梅，刘伟，罗公利，等. 2018. 高新技术企业成长创新要素协同分析与绩效测度研究[J]. 南大商学评论，（4）：193-209.

王玉燕，林汉川，王建秀，等. 2013. 中国企业转型升级获取竞争优势研究：一个文献综述[R]. 第八届中国管理学年会.

王勇. 2009. IT企业成长的关键影响因素实证研究[D]. 清华大学博士学位论文.

王峥. 2008. 集群创新网络的演进：对小榄镇锁具产业集群的实证研究[M]. 北京：经济科学出版社.

魏达志，陈光. 2002. 高科技产业的十大条件[M]. 深圳：海天出版社.

魏江，叶波. 2002. 企业集群的创新集成：集群学习与挤压效应[J]. 中国软科学，（12）：38-42.

魏江，李拓宇，赵雨菡. 2015. 创新驱动发展的总体格局、现实困境与政策走向[J]. 中国软科学，（5）：21-30.

翁君奕. 2002. 竞争、不确定性与企业间技术创新合作[J]. 经济研究，（3）：53-60.

吴鹏，苏新宁，邓三鸿，等. 2005. 知识管理系统中的智力协同框架研究[J]. 研究与发展管理，17（2）：20-27.

吴淑琨，席酉民. 2000. 国有企业治理改革的障碍及其政策性建议[J]. 南开管理评论，（6）：43-47.

吴晓波，耿帅，徐松屹. 2004. 基于共享性资源的集群企业竞争优势分析[J]. 研究与发展管理，（4）：1-7.

吴晓波，马如飞，毛茜敏. 2009. 基于二次创新动态过程的组织学习模式演进——杭氧1996~2008纵向案例研究[J]. 管理世界，（2）：152-164.

武常岐，钱婷. 2011. 集团控制与国有企业治理[J]. 经济研究，（6）：93-104.

夏晖，曾勇. 2005. 不完全竞争环境下不对称企业技术创新战略投资[J]. 管理科学学报，（1）：30-41.

向刚，倪标，李晨，等. 2012. 创新型企业持续创新重大风险和应对方法研究——以云南铜业股份有限公司为例[J]. 科技进步与对策，（21）：82-86.

项保华. 1994. 我国企业技术创新动力机制研究[J]. 科研管理，（1）：44-49.

谢勒 F M. 2001. 技术创新——经济增长的原动力[M]. 姚贤涛，王倩译. 北京：新华出版社.

谢伟. 2006. 全球生产网络中的中国轿车工业[J]. 管理世界，（12）：67-87.

谢伟，孙忠娟，李培馨. 2011. 影响技术并购绩效的关键因素研究[J]. 科学学研究，（2）：

245-251.

邢以群，周建华. 2000. 高技术企业经营管理论[M]. 杭州：浙江大学出版社.

熊彼特 J A. 2012. 经济发展理论[M]. 邹建平译. 北京：中国画报出版社.

徐二明，徐凯. 2012. 资源互补对机会主义和战略联盟绩效的影响研究[J]. 管理世界，（1）：
　　93-103.

许庆瑞. 1990. 技术创新管理[M]. 杭州：浙江大学出版社.

许庆瑞，谢章澍. 2004. 企业创新协同及其演化模型研究[J]. 科学学研究，（3）：327-332.

许庆瑞，刘景江，赵晓庆. 2002. 技术创新的组合及其与组织、文化的集成[J]. 科研管理，
　　23（6）：38-44.

许志晋，毛宝铭. 2005 .风险社会中的科学传播[J]. 科学学研究，（4）：439-443.

薛彩军，聂宏，姜少飞. 2005. 机械产品协同优化设计研究综述[J]. 机械科学与技术，（5）：
　　620-623.

闫清卿. 2006. 赤峰市可持续发展能力的系统动态仿真研究[D]. 哈尔滨理工大学硕士学位论文.

杨德林. 2006. 新产品概念开发[M]. 北京：清华大学出版社.

杨发明，许庆瑞，吕燕. 1997. 绿色技术创新功能源研究[J]. 科研管理，（3）：57-62.

杨建君，李垣，薛琦. 2002. 基于公司治理的企业家技术创新行为特征分析[J]. 中国软科学，
　　（12）：124-127.

杨勇，朱乾. 2011. 企业技术创新能力的构成因素实证研究——来自江苏的证据[J]. 科技与经
　　济，（5）：27-31.

于成永，施建军. 2012. 独占机制、跨国并购边界与企业绩效——基于诺西并购摩托罗拉案例
　　的研究[J]. 国际贸易问题，（2）：101-112.

于洪洋. 2009. 基于系统动力学的两级供应链库存控制的仿真研究[D]. 哈尔滨理工大学硕士学
　　位论文.

余力，左美云. 2006. 协同管理模式理论框架研究[J]. 中国人民大学学报，（3）：68-73.

曾勇，郭文新，李典蔚. 2008. 风险投资合约及治理机制实证研究综述[J]. 管理科学学报，
　　（1）：110-121.

张翠华，任金玉，于海斌. 2006. 非对称信息下基于惩罚和奖励的供应链协同机制[J]. 中国管理
　　科学，（3）：32-37.

张钢，陈劲，许庆瑞. 1997. 技术、组织与文化的协同创新模式研究[J]. 科学学研究，（2）：
　　56-61.

张运凯，王方伟，张玉清，等. 2004. 协同进化遗传算法及其应用[J]. 计算机工程，（15）：
　　38-40.

赵昌平，王方华，葛卫华. 2004. 战略联盟形成的协同机制研究[J]. 上海交通大学学报，
　　（3）：417-421.

赵丰义. 2010. 我国装备制造业技术创新路径优化研究[D]. 辽宁大学博士学位论文.

赵曙明. 2001. 人力资源管理研究[M]. 北京：中国人民大学出版社.

郑刚. 2006. 全面协同创新——迈向创新型企业之路[M]. 北京：科学出版社.

朱玉胜. 2012. 基于系统协同的装备制造企业整合营销创新研究[D]. 天津大学博士学位论文.

庄志彬. 2014. 基于创新驱动的我国制造业转型发展研究[D]. 福建师范大学博士学位论文.

卓剑. 2006. 基于SD-BSC的动态绩效评价方法及应用研究[D]. 哈尔滨理工大学硕士学位论文.

Adeoti J O. 2000. Small enterprise promotion and sustainable development：an attempt at integration[J]. Journal of Developmental Entrepreneurship, 5（1）：57-71.

Amburgey T L，Miner A S. 1992. Strategic momentum：the effects of repetitive, positional, and contextual momentum on merger activity[J]. Strategic Management Journal, 13（5）：335-348.

Anderson P，Tushman M L. 1990. Technological discontinuities and dominant designs：a cyclical model of technological change[J]. Administrative Science Quarterly, 35（4）：604-633.

Ansoff H I. 1965. Corporate Strategy：An Analytic Approach to Business Policy for Growth and Expansion[M]. New York：McGraw-Hill.

Ansoff H I. 1979. The changing shape of the strategic problem[J]. Journal of General Management, 4（4）：42-58.

Arranz N，de Arroyabe J C F. 2008. The choice of partners in R&D cooperation：an empirical analysis of Spanish firms[J]. Technovation, 28（1）：88-100.

Bhatt G D. 2000. A resource-based perspective of developing organizational capabilities for business transformation[J]. Knowledge and Process Management, 7（2）：119-129.

Bititci U S. 2007. An executive's guide to business transformation[J]. Business Strategy Series, 8（3）：203-213.

Bleaney M，Wakelin K. 2002. Efficiency, innovation and exports[J]. Oxford Bulletin of Economics and Statistics, 64（1）：3-15.

Caverlee J，Bae J，Wu Q，et al. 2007. Workflow management for enterprise transformation[J]. Information Knowledge Systems Management, 6（1/2）：61-80.

Chandler A D. 1962. Strategy and Structure：Chapters in the History of the Industrial Enterprise[M]. Boston：MIT Press.

Clemons E K，Hann I. 1999. Rosenbluth international：strategic transformation of a successful enterprise[J]. Journal of Management Information Systems, 16（2）：9-27.

Crampes C，Haritchabalet C，Adertisign J B. 2009. Competition and entry in media industires[J]. The Journal of Industrial Economics, 57（1）：7-31.

Cusmano L，Morrison A，Rabellotti R. 2010. Catching up trajectories in the wine sector：a comparative study of Chile, Italy, and South Africa[J]. World Development, 38（11）：1588-1602.

D'Aveni R. 1994. Hypercompetition[M]. New York：Free Press.

Daniel E M，Wilson H N. 2003. The role of dynamic capabilities in e-business transformation[J]. European Journal of Information Systems，12（4）：282-296.

Davidson W H. 1999. Beyond re-engineering：the three phases of business transformation[J]. IBM Systems Journal，32（1）：485-499.

Eggers J P. 2015. Reversing course：competing technologies，mistakes，and renewal in flat panel displays[J]. Strategic Management Journal，37（8）：1578-1596.

Enos J L. 1962. Petroleum progress and profits[J]. Journal of Political Economy，4（1）：82.

Eriksen G. 2010. Shaping a transformation strategy[J]. Baseline，1（2）：40.

Gereffi G. 1999. International trade and industrial upgrading in the apparel commodity chain[J]. Journal of International Economics，48（1）：37-70.

Gereffi G. 2009. Development models and industrial upgrading in China and Mexico[J]. European Sociological Review，25（1）：37-51.

Gersick C J. 1991. Revolutionary change theories：a multilevel exploration of the punctuated equilibrium paradigm[J]. Academy of Management Review，16（1）：10-36.

Ghandour F A，Swartz P，Grenek H M，et al. 2004. E-business transformation via alliance clusters[J]. Technology Analysis & Strategic Management，16（4）：435-455.

Giuliani E，Pietrobelli C，Rabellotti R. 2005. Upgrading in global value chains：lessons from Latin American clusters[J]. World Development，33（4）：549-573.

Gupta A，Rogers E M. 1991. Internal marketing：integrating R&D and marketing within the organization[J]. Journal of Services Marketing，5（2）：55-68.

Haspeslagh P C，Jemison D B. 1991. The challenge of renewal through acquisitions[J]. Strategy and Leadership，19（2）：27-30.

Haveman H A. 1992. Between a rock and a hard place：organizational change and performance under conditions of fundamental environmental transformation[J]. Administrative Science Quarterly，37（1）：48-75.

Herbert I. 2009. Business transformation through empowerment and the implications for management control systems[J]. Journal of Human Resource Costing & Accounting，13（3）：221-244.

Humphrey J，Schmitz H. 2001. Governance in global value chains[J]. IDS Bulletin，32（3）：19-29.

Ishengoma E K，Kappel R. 2011. Business environment and growth potential of micro and small manufacturing enterprises in Uganda[J]. African Development Review，23（3）：352-365.

Jonathan D. 2000. Corporate transformation without a crisis[J]. The McKinsey Quarterly，4：116-128.

Kahn K B. 2001. Market orientation，interdepartmental integration，and product development performance[J]. The Journal of Product Innovation Management，18（5）：314-323.

Lawrence P R, Lorsch J W. 1967. Differentiation and integration in complex organizations[J]. Administrative Science Quaterly, 12（1）: 1-47.

Leifer R. 1989. Understanding organizational transformation using a dissipative structure model[J]. Human Relations, 42（10）: 899-916.

Lengnick-Hall C A, Beck T E. 2005. Adaptive fit versus robust transformation: how organizations respond to environmental change[J]. Journal of Management, 31（5）: 738-757.

Linder J C. 2004. Outsourcing as a strategy for driving transformation[J]. Strategy & Leadership, 32（6）: 26-31.

Mainga W, Hirschsohn P, Shakantu W. 2009. An exploratory review of the relationship between enterprise training and technology upgrading: evidence from South African manufacturing firms[J]. The International Journal of Human Resource Management, 20（9）: 1879-1895.

McDermott G A, Corredoira R A, Kruse G. 2009. Public-private institutions as catalysts of upgrading in emerging market societies[J]. Academy of Management Journal, 52（6）: 1270-1296.

Meyer A D. 1982. Adapting to environmental jolts[J]. Administrative Science Quarterly, 27（4）: 515-537.

Meyer K E, Sinani E. 2009. When and where does foreign direct investment generate positive spillovers? A meta-analysis[J]. Journal of International Business Studies, 40（7）: 1075-1094.

Molla A, Bhalla A. 2006. Business transformation through ERP: a case study of an Asian company[J]. Journal of Information Technology Case and Application Research, 8（1）: 34-54.

Murray A J, Greenes K A. 2006. A research agenda for the enterprise of the future[J]. VINE, 36（2）: 119-124.

Navas-Alemán L. 2011. The impact of operating in multiple value chains for upgrading: the case of the Brazilian furniture and footwear industries[J]. World Development, 39（8）: 1386-1397.

Nelson R R, Phelps E S. 1966. Investment in humans, technological diffusion, and economic growth[J]. American Economic Review, 56（1/2）: 69-75.

Nelson R R, Winter S. 1982. An evolutionary theory of economic change[M]. Cambridge: Harvard University Press.

Newman K L. 2000. Organizational transformation during institutional upheaval[J]. Academy of Management Review, 25（3）: 602-619.

Nightingale D J, Mize J H. 2002. Development of a lean enterprise transformation maturity model[J]. Information Knowledge Systems Management, 3（1）: 15-30.

Parry M E, Song M X. 1993. Determinants of R&D—marketing integration in high-tech Japanese firms[J]. Journal of Product Innovation Management, 10（1）: 4-22.

Penrose E. 1995. Theory of the Growth of the Firm[M]. Oxford: Oxford University Press.

Philip G, McKeown I. 2004. Business transformation and organizational culture: the role of competency, IS and TQM[J]. European Management Journal, 22（6）: 624-636.

Prahalad C K, Hamel G. 1990. The core competence of the corporation[J]. Harvard Business Review, 68（3）: 79-91.

Rabiner L R. 1989. A tutorial on hidden Markov models and selected applications in speech recognition[J]. Proceeding of the IEEE, 77（2）: 257-286.

Robles G C, Rodriguez A M, Negny S, et al. 2011. The TRIZ-CBR synergy: a knowledge based innovation process[J]. International Journal of Manufacturing Technology & Management, 22（3）: 233-246.

Saxberg B O, Slocum J W. 1968. The management of scientific manpower[J]. Management Science, 14（8）: 473-489.

Silvestre B S, Dalcol P R T. 2010. Innovation in natural resource-based industrial clusters: a study of the Brazilian oil and gas sector[J]. International Journal of Management, 27（3）: 713-727.

Solow R M. 1956. A contribution to the theory of economic growth[J]. Quarterly Journal of Economics, 70（1）: 65-94.

Song X M, Berends H, van der Bij H, et al. 2007. The effect of IT and co-location on knowledge dissemination[J]. Journal of Product Innovation Management, 24（1）: 52-68.

Srinivasan M. 2010. E-business and ERP: a conceptual framework toward the business transformation to an integrated e-supply chain[J]. International Journal of Enterprise Information Systems, 6（4）: 1-19.

Tidd J, Bessant J R, Pavitt K. 2001. Managing Innovation: Integrating Technological, Market and Organizational Change[M]. 2nd ed. Chichster: John Wiley & Sons.

Tsui A S, Schoonhoven C B, Meyer M W, et al. 2004. Organization and management in the midst of societal transformation: The People's Republic of China[J]. Organization Science, 15（2）: 133-144.

Utterback J M. 1974. Innovation in industry and the diffusion of technology[J]. Science, 183（4125）: 620-626.

van Leeuwen G, Klomp L. 2006. On the contribution of innovation to multi-factor productivity growth[J]. Economics of Innovation and New Technology, 15（4~5）: 367-390.

Wheelwright S C, Clark K B. 1992. Creating project plans to focus product development[J]. Harvard Business Review, 70（2）: 70-82.

附　录　1

装备制造业技术创新与营销创新协同作用评价调查问卷

为了研究装备制造业技术创新与营销创新之间的协同关系，调查采取匿名的方式进行，调查结果仅用于研究，不会透露相关信息，敬请放心！

再次感谢您的支持与帮助！谢谢！

第一部分　企业基本信息

1. 企业名称：

2. 企业主导业务所属行业：

（1）金属制品业

（2）通用设备制造业

（3）专用设备制造业

（4）汽车制造业

（5）铁路、船舶、航空航天及其他运输设备制造业

（6）通信、计算机、其他电子设备制造业

（7）电气机械和器材制造业

（8）仪器仪表制造业

3. 企业员工总数为：

（1）1 000 人以下　（2）1 001~3 000 人　（3）3 001~5 000 人

（4）5 001~10 000 人　（5）10 000 人以上

4. 目前企业处在生命周期的_____阶段。

（1）出生　（2）成长　（3）成熟　（4）转型

第二部分　企业创新影响要素调查

1. 企业高层领导者年龄的分布范围：

（1）30~40 岁（2）41~45 岁（3）46~50 岁（4）51~60 岁（5）60 岁以上

2. 对于企业高层领导者学历，将相关学历数量根据人数的多少排序：
（1）大专以下（2）大专（3）本科（4）硕士研究生（5）博士研究生

多层次要素	请您根据实际情况选择	得分（1~7，1表示最差，7表示最好）
个体层次要素	1. 企业高层管理者有呈现年轻化的趋势	
	2. 企业高层领导者的受教育水平越来越高	
	3. 企业集权程度较高	
	4. 企业少数几个领导者对企业行为做出决策	
	5. 企业高层领导者对创新信息、行为及时做出反映	
	6. 企业高层领导者对创新行为给予鼓励和财力支持，并能容忍失败	
	7. 高层领导者具有较强的创新意识，能率先把握市场机会	
	8. 企业高层领导者重视 R&D 部门的建设与发展	
	9. 企业 R&D 人员都是本科以上学历	
	10. 企业高层领导者为技术 R&D 部门与营销部门的沟通、交流创造机会	
组织层次要素	11. 企业高层领导者为 TI 与 MI 的实施组建跨职能团队	
	12. 企业开展程序活动之前要经过很多审批程序	
	13. 企业信息化程度很高	
	14. 企业提供的产品或服务众多	
	15. 企业经营收入呈上升趋势	
	16. 企业提供的产品和服务技术更新快，容易遭到淘汰	
	17. 企业经常提供外出参观或邀请其他企业到本企业参观、交流的机会	
	18. 企业 R&D 投入随着新产品销售收入的增加而增加	
环境层次要素	19. 难以预测企业所在行业的技术变化情况	
	20. 企业所在地区经济发展越来越快	
	21. 企业所在地区的基础设施完备程度较高	
	22. 企业所在地区产业结构很合理	
	23. 企业所在地区没有出现恶性竞争对手	
	24. 客户群体特征对企业产品有较大的影响	
	25. 企业提供的产品和服务可替代性强	
	26. 企业所在区域为企业创新提供支持政策	
	27. 企业所在行业竞争对手较多，价格竞争激励	
	28. 企业难以预测竞争对手的行为	
	29. 企业所在区域为企业创新提供支持政策	
	30. 企业所在的区域政府支持R&D创新活动，并提供财政补贴、减免税收等优惠政策	
	31. 企业信誉是客户选择的主要原因	
	32. 市场需求是企业进行创新活动的主要动力	

附 录 2

个体层次指标的 KMO 和 Bartlett 球形检验

变量	KMO 检验	Bartlett 球形检验		
		近似卡方分布	df	Sig.
领导者把握市场机会的能力	0.684	1 207.879	276	0.000
领导者对失败的容忍性	0.739	647.611	567	0.000
领导者年轻化趋势	0.677	451.762	154	0.000
领导者受教育水平	0.701	341.500	65	0.000
领导者对管理费用的投入	0.885	753.374	254	0.000

组织层次指标的 KMO 和 Bartlett 球形检验

变量	KMO 检验	Bartlett 球形检验		
		近似卡方分布	df	Sig.
企业研究人员数量	0.953	853.893	67	0.000
产品种类数	0.740	2 319.100	45	0.000
协同创新工作程序的复杂性	0.688	234.772	10	0.000
企业获取信息的及时性	0.633	454.889	58	0.000
企业与外部环境的交流情况	0.648	676.124	25	0.000
固定资产所占比例	0.894	1 187.473	34	0.000
新产品销售收入	0.774	2 452.783	6	0.000
企业整体获利情况	0.913	2 352.852	87	0.000
创新活动投入产出情况	0.820	742.848	15	0.000

环境层次指标的 KMO 和 Bartlett 球形检验

变量	KMO 检验	Bartlett 球形检验		
		近似卡方分布	df	Sig.
竞争激烈程度	0.736	123.100	6	0.000
政府政策支持	0.935	421.293	6	0.000
外部环境的变化	0.660	2 341.203	21	0.000
竞争公平程度	0.892	239.122	43	0.000

变量	KMO 检验	Bartlett 球形检验		
		近似卡方分布	df	Sig.
客户群体特征与产品的匹配性	0.890	1 211.783	7	0.000
企业信誉	0.715	235.473	43	0.000
区域经济发展水平	0.600	2 103.193	23	0.000
区域创新与服务能力	0.688	892.001	15	0.000
产品市场认同度	0.915	799.214	7	0.000

附　录　3

创新协同产出水平关键路径的系统动力学方程

（1）企业经营目标达成水平=企业规模的适宜性×0.32+市场竞争的公平性×0.03+新产品销售收入目标达成水平×0.41+环境的不确定性×0.01-0.16

Units:**undefined**

（2）企业规模的适宜性=组织结构的合理性*0.13+0.02

Units:**undefined**

（3）区域创新与服务能力=区域经济增长水平与产业结构的完善程度×0.15-0.03

Units:**undefined**

（4）区域经济增长水平与产业结构的完善程度=企业经营目标达成水平×0.04+政府支持力度×0.11+0.14

Units:**undefined**

（5）协同创新产出变化量=区域创新与服务能力/2.11+0.03

Units:**undefined**

（6）协同创新产出水平=INTEG（协同创新产出水平+协同创新产出变化量，2.25）

Units:**undefined**

（7）协同创新工作程序的复杂性=领导者的风险承受力×（-0.03）-企业信息化程度×0.12+0.12

Units:**undefined**

（8）协同创新战略目标前瞻性=协同创新产出水平×0.21+政府支持力度×0.03+领导者受教育水平×0.01+领导者年龄的适宜性×0.01

Units:**undefined**

（9）客户群体特征与产品的匹配性=人力资本素质×0.05+企业开放程度×0.01+新产品研发投入产出合理性×0.21+0.07

Units:**undefined**

（10）市场竞争的公平性 $= \mathrm{WITHLOOKUP}\Big(\mathrm{Time},\big(\big[(1,2)-(4,6)\big],(1,2.2),$ $(2,5),(3,5.3),(4,5.8)\big)\Big)$

Units:**undefined**

（11）市场需求程度 $= \mathrm{WITHLOOKUP}\Big(\mathrm{Time},\big(\big[(1,2)-(4,7)\big],(1,2.8),(2,6.1),$ $(3,5.4),(4,5.2)\big)\Big)$

Units:**undefined**

（12）政府支持力度 $= \mathrm{WITHLOOKUP}\Big(\mathrm{Time},\big(\big[(1,2)-(4,7)\big],(1,4.8),(2,5.3),$ $(3,5.6),(4,6.2)\big)\Big)$

Units:**undefined**

（13）新产品研发投入产出合理性=企业信息化程度×0.03−协同创新工作程序的复杂性×0.17

Units:**undefined**

（14）新产品销售收入目标达成水平=客户群体特征与产品的匹配性×0.04+替代品威胁与同业竞争者的竞争力×0.02+领导者管理方式的科学性×0.06+0.32/企业信誉水平

Units:**undefined**

（15）替代品威胁与同业竞争者的竞争力 $= \mathrm{WITHLOOKUP}\Big(\mathrm{Time},\big(\big[(1,2)-(4,7)\big],(1,2.3),(2,5.5),(3,4.6),(4,6.1)\big)\Big)$

Units:**undefined**

（16）环境的不确定性= $\text{WITHLOOKUP}\Big(\text{Time},\big(\big[(1,2)-(4,7)\big],(1,4.5),(2,5.3),$ $(3,58),(4,6.2)\big)\Big)$

Units:**undefined**

（17）组织结构的合理性=领导者管理方式的科学性×0.04+0.01

Units:**undefined**

（18）领导者受教育水平 = $\text{WITHLOOKUP}\Big(\text{Time},\big(\big[(1,2)-(4,5)\big],(1,2.4),$ $(2,4.4),(3,5.6),(4,4.7)\big)\Big)$

Units:**undefined**

（19）领导者年龄的适宜性 = $\text{WITHLOOKUP}\Big(\text{Time},\big(\big[(1,2)-(4,5)\big],(1,2.3),$ $(2,3.1),(3,4.4),(4,4.7)\big)\Big)$

Units:**undefined**

（20）领导者的风险承受力=协同创新战略目标前瞻性×0.02+市场需求程度× 0.03+0.12

Units:**undefined**

（21）领导者管理方式的科学性= $\text{WITHLOOKUP}\Big(\text{Time},\big(\big[(1,2)-(4,7)\big],(1,2.1),$ $(2,4.7),(3,6.3),(4,5.8)\big)\Big)$

Units:**undefined**

附　录　4

尊敬的各位专家：

本书采用德尔菲法对"影响山东省制造业转型升级与技术创新协同发展的因素进行调查问卷"中所设计的各指标（5 个一级指标，36 个二级指标）进行第一轮筛选，请根据二级指标对企业转型升级的重要程度进行打分（从 5 个评语选项中画√），多谢！

一级指标	二级指标	很小	较小	一般	较大	很大
创新构思能力	创新构思数量					
	创新频率					
	人员流动率					
	企业创新意识					
	产学研合作					
	员工定期再培训情况					
	领导与协调能力					
构思评价能力	资产负债率					
	成本费用利润率					
	技术含量					
	总资产贡献率					
	风险控制能力					
	新产品销售收入与开发经费比					
	市场需求程度					
	资源可支持性					
技术 R&D 能力	R&D 资金投入强度					
	技术引进、吸收能力					
	技术 R&D 成果数量					
	申请专利数量					
	R&D 人员数量					

续表

一级指标	二级指标	很小	较小	一般	较大	很大
技术R&D能力	技术改造力度					
	研究成果投产率					
	创新产品附加值					
	外部资助强度					
技术生产能力	固定资产投资总额					
	固定资产装备率					
	全员劳动生产率					
	企业生产总值					
	生产设备先进性					
	企业职工人数					
	工业增加值					
技术成果商业化能力	新产品销售情况					
	产品的市场占有率					
	市场营销费用					
	产品销售率					
	企业创新花费					
	市场开发人员比重					
	新产品开发经费					
	企业利润总额					
	市场控制体系合理性					

第一轮打分结果:

一级指标	二级指标	很小	较小	一般	较大	很大
创新构思能力	创新构思数量		1	1	2	3
	创新频率		1		4	2
	人员流动率		1	2	3	1
	企业创新意识	1	2		2	2
	产学研合作		2	1	2	2
	员工定期再培训情况		2	1	2	2
	领导与协调能力		3	1	2	1
构思评价能力	资产负债率	1	1	2	2	1
	成本费用利润率	1		3	1	2
	技术含量		2	1	2	2
	总资产贡献率		1		3	3

续表

一级指标	二级指标	很小	较小	一般	较大	很大
构思评价能力	风险控制能力		2	1	2	2
	新产品销售收入与开发经费比			2	3	2
	市场需求程度		3		2	2
	资源可支持性	2	2	2	1	
技术 R&D 能力	R&D 资金投入强度			1	4	2
	技术引进、吸收能力		2	1	2	2
	技术 R&D 成果数量			2	3	2
	申请专利数量			2	3	2
	R&D 人员数量		1		2	4
	技术改造力度	2	1	1	3	
	研究成果投产率		2		3	2
	创新产品附加值	1	3	1	2	
	外部资助强度	1	2	3	1	
技术生产能力	固定资产投资总额	1	1	1	2	2
	固定资产装备率		2	1	2	2
	全员劳动生产率		2	1	2	2
	企业生产总值			2	2	3
	生产设备先进性	1	2	1	3	
	企业职工人数	2	2	3		
	工业增加值	2	2	1	2	
技术成果商业化能力	新产品销售情况		1	1	3	2
	产品的市场占有率		2	2	1	2
	市场营销费用		2	3	1	1
	产品销售率	1	1	1	3	1
	企业创新花费	1	1	2	3	
	市场开发人员比重	1	1	1	2	2
	新产品开发经费		2	1	2	2
	企业利润总额		1	1	3	2
	市场控制体系合理性	1	2	3	1	

针对专家的打分结果，进行因素的调整，从而进行第二轮专家打分。

第二轮打分结果：

一级指标	二级指标	很小	较小	一般	较大	很大
创新构思能力	创新构思数量			1	3	3
	创新频率			1	4	2
	人员流动率		1	2	3	1
	企业创新意识	1	2	2	2	
	产学研合作	1	1	1	3	1
构思评价能力	资产负债率			1	3	2
	成本费用利润率			2	2	2
	技术含量	2	1	1	2	1
	总资产贡献率			3	2	2
	风险控制能力	1	1	2	3	
	新产品销售收入与开发经费比			1	3	3
技术R&D能力	R&D资金投入强度				3	4
	技术引进、吸收能力	1	1	1	2	2
	技术R&D成果数量			1	3	3
	申请专利数量			1	3	3
	R&D人员数量			2	2	3
	技术改造力度		3	2	1	
	研究成果投产率	1	1	1	2	2
技术生产能力	固定资产投资总额		2	1	2	2
	固定资产装备率		1	1	3	2
	全员劳动生产率			2	3	2
	企业生产总值			1	3	3
	生产设备先进性	1	3	1	2	1
技术成果商业化能力	新产品销售情况			1	4	2
	产品的市场占有率	1	2	1	2	1
	市场营销费用		1	1	4	1
	产品销售率			2	3	2
	市场开发人员比重	1	2	1	2	1
	新产品开发经费	1	2	1	1	2
	企业利润总额			1	4	2

根据专家的打分结果，进行因素的调整，从而进行第三轮专家打分。

第三轮打分结果：

一级指标	二级指标	很小	较小	一般	较大	很大
创新构思能力	创新构思数量			1	3	3
	创新频率			1	4	2
	人员流动率		1	2	4	
	产学研合作	1	3	1	1	1
构思评价能力	资产负债率		2	2	2	1
	成本费用利润率		1	1	3	2
	总资产贡献率			3	2	2
	风险控制能力	1	3	2	1	
	新产品销售收入与开发经费比			1	3	3
技术 R&D 能力	R&D 资金投入强度			1	3	3
	技术引进、吸收能力	2	2	1	1	1
	技术 R&D 成果数量			1	4	2
	申请专利数量			1	3	3
	R&D 人员数量			2	2	3
	研究成果投产率	3	2	1	1	
技术生产能力	固定资产投资总额		1	1	2	3
	固定资产装备率		1	1	3	2
	全员劳动生产率			2	3	3
	企业生产总值			1	3	3
技术成果商业化能力	新产品销售情况			1	4	2
	市场营销费用		1	1	4	1
	产品销售率			2	3	2
	企业利润总额			1	4	2

专家的打分趋于平稳，整理最后一轮专家的打分结果调整因素，从而形成最后的影响山东省制造业转型升级与技术创新协同发展的因素表。

一级指标	二级指标
创新构思能力	创新构思数量
	创新频率
	人员流动率
构思评价能力	资产负债率
	成本费用利润率
	总资产贡献率
	新产品销售收入与开发经费比

续表

一级指标	二级指标
技术 R&D 能力	R&D 资金投入强度
	技术 R&D 成果数量
	申请专利数量
	R&D 人员数量
技术生产能力	固定资产投资总额
	固定资产装备率
	全员劳动生产率
	企业生产总值
技术成果商业化能力	新产品销售情况
	市场营销费用
	产品销售率
	企业利润总额

附 录 5

"C:\Users\Ma\Documents\C-Free\Temp\未命名1.exe"
```
观测序列deta[1]的概率为：0.001251
观测序列deta[2]的概率为：0.563585
观测序列deta[3]的概率为：0.193304
观测序列deta[4]的概率为：0.808741
观测序列deta[5]的概率为：0.585009
请按任意键继续. . .
```

HMM：

HMM 解码问题运行结果如下：

"C:\Users\Ma\AppData\Roaming\C-Free\5.0\samples\main1.exe"
```
====================deta[1]====================
deta1_[1]:  0.054000
deta1_[2]:  0.024000
deta1_[3]:  0.350000
deta1的最大值为：0.350000,最大值时对应的状态:3
====================deta[2]====================
deta2_[1]:  0.006160
deta2_[2]:  0.003325
deta2_[3]:  0.005670
deta2_[4]:  0.000000
deta2的最大值为：0.006160,最大值时对应的状态:1
====================deta[3]====================
deta3_[1]:  0.000062370011
deta3_[2]:  0.000022175998
deta3_[3]:  0.000508815981
deta3_[4]:  0.000080079997
deta[3]的最大值为：0.000508815981,最大值时对应的状态:3
====================deta[4]====================
deta4_[1]:  0.000001119395
deta4_[2]:  0.000001272040
deta4_[3]:  0.000006542536
deta4_[4]:  0.000001068514
deta[4]的最大值为：0.000006542536,最大值时对应的状态:3
====================deta[5]====================
deta5_[1]:  0.000000030096
deta5_[2]:  0.000000196276
deta5_[3]:  0.000000043768
deta5_[4]:  0.000000014552
deta[5]的最大值为：0.000000196276,最大值时对应的状态:2
最优序列为：3 1 3 3 2
请按任意键继续. . .
```

环境：Win 10

编译器：mingw5